现代会展经济与管理教材

# 会展礼仪

## （修订本）

主　编　潘月杰
副主编　李艳爽

清华大学出版社
北京交通大学出版社
·北京·

## 内 容 简 介

本书共 11 章，以会展活动中要求掌握的相关礼仪知识为背景组织编写内容，主要内容包括会展礼仪概述、会展人员的仪表礼仪、会展人员的着装礼仪、会展人员的见面礼仪、会展人员的言谈礼仪、会展人员的沟通礼仪、会议礼仪、会展仪式活动礼仪、宴请礼仪、社交活动礼仪、世界主要会展国与客源国的礼仪概述等。全书脉络清晰、循序渐进，与会展实践紧密结合，体现了较强的行业性和针对性。

本书可作为高等院校会展经济与管理专业学生的教材使用，同时也可作为会展从业人员的学习参考资料。

**图书在版编目（CIP）数据**

会展礼仪／潘月杰主编．—修订本．—北京：清华大学出版社；北京交通大学出版社，2011.8（2023.8 重印）

现代会展经济与管理教材

ISBN 978－7－5121－0681－9

Ⅰ．① 会…　Ⅱ．① 潘…　Ⅲ．① 展览会-礼仪-教材　Ⅳ．①G245

中国版本图书馆 CIP 数据核字（2011）第 163467 号

**会展礼仪**

HUIZHAN LIYI

责任编辑：张利军　　　特邀编辑：吕　宏

出版发行：清 华 大 学 出 版 社　　邮编：100084　　电话：010－62776969
　　　　　北京交通大学出版社　　邮编：100044　　电话：010－51686414

印 刷 者：北京鑫海金澳胶印有限公司

经　　销：全国新华书店

开　　本：185×230　　印张：14　　字数：314 千字

版 印 次：2019 年 7 月第 1 版第 1 次修订　　2023 年 8 月第 8 次印刷

印　　数：14 001～15 000 册　　定价：35.00 元

本书如有质量问题，请向北京交通大学出版社质监组反映。对您的意见和批评，我们表示欢迎和感谢。

投诉电话：010－51686043，51686008；传真：010－62225406；E-mail：press@bjtu.edu.cn。

# 前　言

《左传》有云："礼，经国家，定社稷，序民人，利后嗣者也。"孔子说："不学礼，无以立。"礼仪教育在中华民族古代教育中曾占有极其突出和重要的位置。《仪礼》、《周礼》、《礼记》合称"三礼"，是我国古代最早、最重要的礼仪著作。崇尚礼仪是中华民族的传统美德，礼仪文明作为中国传统文化的一个重要组成部分，对中国社会历史发展起着广泛深远的影响。礼仪所涉及的范围十分广泛，几乎渗透于古代社会的各个方面。

随着社会活动的发展，文明程度的提高，礼仪的内容和形式不断增容和变革，新的礼仪标准更加深入人心。随着中外经济文化交流的不断加强，西方先进的礼仪、礼节陆续传入我国，同我国的传统礼仪一道融入社会生活和经济的各个方面。礼仪体现着历史的传承性、地域的包容性和经久不衰的生命力。

会展礼仪正是在会展活动中形成和发展起来的礼仪应用的分支，是礼仪在会展经济活动领域的具体运用，是会展业发展的必然要求。会展从业人员掌握和应用会展礼仪知识，对提升自身形象、增强自身竞争力，展示会展企业的管理水平和文化氛围，以及提升会展企业的经济效益，促进会展行业的发展都起着至关重要的作用。

本书正是基于会展业发展的需要而编写，旨在为会展企业及其从业人员提供较为系统的、实用的现代礼仪规则、规范和技巧，是会展专业学生、会展企业和其他企业会展相关工作人员的良师益友。

与同类书籍相比，本书具有以下特点。

**1. 内容丰富、针对性强**

本书以会展活动中要求掌握的相关礼仪知识为背景组织编写内容，包括会展礼仪概述、会展人员的仪表礼仪、会展人员的着装礼仪、会展人员的见面礼仪、会展人员的言谈礼仪、会展人员的沟通礼仪、会议礼仪、会展仪式活动礼仪、宴请礼仪、社交活动礼仪、世界主要会展国与客源国的礼仪概述等11个主题内容，脉络清晰、循序渐进，力图结合会展业实际，体现较强的行业性和针对性。

**2. 体例创新、形式新颖**

本书大量引入知识链接，摘录与礼仪相关的内容和案例，使学习者开阔视野，开启心智。此外，适度穿插了具有现场感的图片，图文并茂，增强了可视性和吸引力。

**3. 实用性突出、先进性强**

本书淡化理论，突出应用能力的培养，强调会展实务活动中的礼仪规范和技巧。在编写中大量吸收了会展业发达国家在会展礼仪方面的一些成功经验，并将其有机地融入到各个章节之中，从而使全书具备了较强的先进性。

本书由潘月杰担任主编，李艳爽担任副主编。全书共 11 章，具体编写分工为：潘月杰负责编写第 1、2、3、8、9、10、11 章，李艳爽负责编写第 4、5、6、7 章。

本书在编写过程中参考的著述和引用的资料，未能逐一注明出处，在此深表歉意和谢意。由于水平有限，加之时间仓促，书中难免有遗漏或不足之处，敬请有关专家和读者斧正。

编　者
2019 年 7 月

# 目　　录

# 第1章 会展礼仪概述

## 1.1 礼仪的起源及含义

礼仪是人们在社会生活中经常提及的一个话题。一般来讲，它是人们在长期社会实践中形成的、约束和规范人与人交往的一种社会规范。在现代社会，礼仪已成为衡量个人素质、企业形象乃至国家文明程度的重要工具。会展业作为现代服务业的重要组成部分，是人际、组织交流的重要平台，对礼仪规范有着很高的要求。作为会展工作人员，如何能够使自己的言行举止符合现代礼仪，特别是会展礼仪的要求呢？首先要了解礼仪及会展礼仪的内涵和本质。

### 1.1.1 中国古代关于"礼仪"起源的探讨

中国素有"礼仪之邦"的美称，礼仪的历史源远流长。据有关学者考证，"礼"字在甲骨文中就已存在，"礼"字与"履"字相通，"履"即鞋子，它是指人们只有穿了合适的鞋子才能走路；延伸之意是人们的言行举止只有中规中矩，才能与他人进行交流与交往。有关礼仪的起源，古人也进行了探讨，归纳起来，大体有5种礼仪起源说。

**1. 天神生礼说**

"天神生礼说"是在中国原始社会末期诞生的一种观点。该观点认为，礼仪是上天形成的，是冥冥之中主宰人类命运的万能神灵为了维持人们的生活秩序，而形成的一种社会规范。《左传》曰："礼以顺天，天之道也。"意思是说，礼是用来顺乎天意的，人们顺乎礼的安排也就合乎"天道"。"天神生礼说"反映了在远古时期科学不发达的情况下，对礼仪的一种朴素认识。

**2. 天地人一统说**

"天地人一统说"是中国由奴隶社会向封建社会过渡时期兴起的一种观点。该观点认为，天地与人既有制约关系又有统一性，礼仪把天地人三者统一起来。它不仅强调礼仪是上天的安排，还强调礼仪在人们社会生活中的重要性，把礼引进到人际关系中来讨论，比单纯的"天神生礼说"有了很大进步。

**3. 人性说**

礼仪起源于人性是中国儒家思想的重要观点。儒家学派把"礼"和人性结合起来，认为"礼"起源于人的本性。孔子以"仁"释"礼"，一方面把"礼"作为处理人际关系的基本准则，另一方面把"仁"当做"礼"的心理依据。克己以爱人，就是"仁"；用仁爱之心正确而恰当地处理好人际关系，就是"礼"。

**4. 调和矛盾说**

"调和矛盾说"认为人性和环境之间是存在矛盾的，而解决矛盾的方法就是遵守礼仪规范。后代学者从孔子"克己复礼"的观点出发，强调"克己"和节制贪欲在社会生活中的重要性。为了避免这些矛盾和冲突，"止欲制乱"，防止发生坏事和不轨行为，于是圣人制礼。

**5. 礼俗结合说**

"礼俗结合说"是对礼仪起源更深入的探讨。"礼"在此与"理"相通，"理"是指事物的必然性的道理。人们为了正常生存和发展，根据面临的生存条件，制定出合乎人类生存发展必然性和道理的行为规范，就是"礼"。"礼"是理性认识的结果。事物的礼落到实处，使之与世故习俗相关，所以又有了礼起源于俗的说法。荀子说："礼以顺民心为本……顺人心者皆礼也。"从理和俗上说明礼的起源。

## 1.1.2　西方关于礼仪起源的认知

**1. 礼仪起源于风俗习惯**

人是社会性动物，人们在相互交往的过程中，渐渐地养成了一些约定俗成的习惯。久而久之，这些习惯成为了人与人交际的规范，当这些交往习惯以文字的形式被记录并同时被人们自觉地遵守后，就逐渐成为了人们交际交往固定的礼仪。1922年《西方礼仪集萃》一书问世，开篇中这样写道：外表上礼仪有无数的清规戒律，但其根本目的在于使世界成为一个充满生活乐趣的地方，使人变得平易近人。

**2. 礼仪起源于法庭规定**

西方，"礼仪"一词源于法语"etiquette"，原意是法庭上的通行证。古代法国为了保证法庭中各项程序活动的有序进行，将印有法庭纪律的通告证发给进入法庭的每个人，作为遵守的规矩和行为准则。后来"etiquette"一词进入英文，演变为"礼仪"含义，成为人们交往中应遵循的规矩和准则。

综观国内外关于礼仪起源的观点，认为礼仪起源于原始社会末期人们出于对神灵畏惧的祭祀活动。人们在祭祀过程中需要遵循一定的先后顺序、合理地摆放祭祀器皿和供品，同时还要举行一系列的仪式活动，这些方面的习惯久而久之慢慢地被固化下来，成了约束人们行为的重要规范。随着社会的进步，人们的生活也更加丰富，除了祭祀活动，政治活动、经济活动、文化活动也逐渐多了起来，在这些活动领域也形成了一些习惯，这些习惯慢慢沉淀就变成了礼仪。

## 1.1.3 礼仪的含义

**1. "礼"和"仪"的词源含义**

"礼仪"是"礼"和"仪"两个字的合成词，要真正理解现代礼仪的概念，首先要弄清"礼"和"仪"的含义。

"礼"的含义主要有4项：① 礼物，如送礼、礼品；② 表示敬意的通称，如敬礼、礼貌；③ 为表示敬意或表示隆重而举行的仪式，如婚礼、丧礼、典礼；④ 泛指社会生活中的某种社会规范和道德规范，如"齐之以礼"；朱熹语曰，"礼，谓制度品节也。"

"仪"的含义也有4项：① 指人的外表，如仪表、仪态；② 指形式、仪式，如仪式、司仪；③ 指典范、表率，如"上者，下之仪也"，礼仪小姐；④ 指礼物，如贺仪、谢仪。

**2. 现代"礼仪"的含义**

结合礼仪的起源和礼仪的词源，可以给礼仪下一个定义：礼仪是指人们在长期的社会交往活动中约定俗成的，尊重他人并美化自身的一系列行为规范和准则。这个定义有以下3层含义。

（1）礼仪的本质是一种行为规范。一方面，礼仪与法律法规、道德、公众舆论一样，是一种社会行为规范，它对人们的言行举止、交往活动具有普遍的约束和规范作用，是评判组织与个人社会交往效果好坏的重要标准；另一方面，与国家法律法规相比，礼仪的规范作用不具有强制性，它主要靠人们的认识和自觉行为来实现。例如，在会展活动中工作人员的着装要遵循庄重、保守的礼仪规范，但这个规范往往不具有强制性，也会有人穿便装和休闲装。当然，这并不说明礼仪规范不重要，这样的穿着往往会让组织与个人形象产生负面影响，并进而影响到会展活动效果。

（2）礼仪是人们在长期交往中形成的，而且是约定俗成的产物。礼仪规范具有历史积淀性，它是人们长期社会活动的产物。礼仪的形式受到历史传统、风俗习惯、宗教信仰和时代潮流等因素的广泛影响。例如，在中国传统政务礼仪中，以左为尊是礼仪规范；但在西方商务礼仪中，以右为尊是礼仪规范。这反映出礼仪规范受历史传统的影响。

（3）尊重他人和美化自身是礼仪的两个基本效果。一方面，礼仪可以体现出对他人的尊重，如在会展活动中，可以通过接待的高规格、座次的安排、仪式活动的设计、细致入微的服务等体现出对参会嘉宾的尊重和理解，从而密切和嘉宾的关系，促进其他商务活动的开展；另一方面，礼仪本身也能反映出东道主的管理水平和其工作人员的良好素质，从而达到美化自身、树立良好形象的效果。

 【知识链接】

**"是可忍，孰不可忍"与礼仪规范**

日常生活中，气急败坏的人们常常说出"是可忍，孰不可忍"这句话。这句话的意思是说：如果这件事情能容忍，那还有哪件事情不能容忍！也就是说这是最不能容忍的事情。这句话出自《论语·八佾》。孔子谓季氏："八佾舞于庭，是可忍，孰不可忍也！"《论语》中的季氏是春秋末期鲁国的新兴地主阶级贵族，也称季孙氏，世代为卿，权重势大，好几代都操纵着国家政权，鲁国国君实际上已在他们的控制之下。季氏不仅不把国君放在眼里，而且甚至自比天子。以当时宫廷的舞乐队来说，按制度是：天子八佾（八人为一行，叫一佾，八佾是八八六十四人）、诸侯六佾（四十八人），卿、大夫四佾（三十二人）。可是季氏却故意打破传统的礼仪规制，偏要设置64人的大型舞乐队。孔子是站在维护传统礼制的立场上，反对违反礼制的行为；所以他谈到季氏的时候，就愤怒地说："八佾舞庭，是可忍，孰不可忍也！"因此，"是可忍，孰不可忍"这句话和礼仪规范有关，即违反礼仪规范的行为是最不可接受的行为，由此可见礼仪规范的重要性。

# 1.2　会展礼仪

会展礼仪是在会展活动中会展人员应遵循的行为准则和规范，它是礼仪在会展行业中的运用与发展。会展礼仪与一般礼仪的关系是特殊与一般的关系，它约束和规范的是人们在会展活动中的言行举止。

## 1.2.1 会展礼仪的特点

**1. 会展礼仪是不断发展变化的**

会展礼仪是在会展实务活动中形成与发展起来的，它会随着会展活动的变化而不断变化。例如，在改革开放前，中国的会展活动都是由政府举办的，会展活动无疑会受到政务礼仪的广泛影响。改革开放之后，越来越多的会议与展览具有了国际化特征，在会展礼仪上更多地参照和遵循国际惯例。会展礼仪不断发展变化的特点说明了会展礼仪不是一成不变的，它会随着社会大环境、会展的发展而不断发展，对会展礼仪的认识也要与时俱进。

**2. 会展礼仪有趋同化趋势**

会展礼仪是会展实践者与会展学者在会展活动实践中共同探寻和总结出来的一种行为规范，是会展有关各方共同认识的一种表达。随着会展活动范围的延伸，尤其是国际性会展活动的增多，原先由地域和文化交流限制所形成的礼仪规范的差异正逐步弱化，共同遵守的会展礼仪形式增多，会展礼仪在更大范围内出现趋同化趋势。例如，在会展活动中，称呼礼仪的差异正在缩小，泛尊称（××先生、××女士）的称呼方式在许多国家基本上通用。

**3. 会展礼仪强调实用**

与政务礼仪、社交礼仪相比，会展礼仪在形式方面的内容相当简化，强调实用。例如，政府在迎接与接待上，政务礼仪有一套完整的繁文缛节，机场的接机仪式、广场阅兵、燃放礼炮的数量等都有严格的规范。在会展活动中也有迎接与接待，但形式就大大简化了。再如，在西方社交活动中，女士优先是一项重要的原则，如在门口，身边的男士当仁不让地要为女士开门，并请女士先进或先出。在会展活动中，就不会刻意强调女士优先的原则，而是强调效率和实用的原则，即谁方便谁开门的原则。由此可见，与其他礼仪形式相比，会展礼仪具有实用性的特点。

**4. 会展礼仪具有严肃性**

会展礼仪的严肃性是指会展礼仪虽然形式相对简单、仪式相对简化，但它对会展活动仍然具有很强的规范作用，不允许会展人员随意违背。例如，座次安排是会展活动中经常遇到的一个问题，乘车、召开会议、仪式活动、拍照、宴请等一系列活动都涉及座次安排。会展礼仪在这些方面对座次都作了清晰的规定。会展人员在会展活动中要认真地遵守这些规定，如果违反这些规范，可能会使客户无所适从甚至产生不满，从而使会展活动效果大打折扣。

## 1.2.2 会展礼仪的一般原则

**1. 遵时守信的原则**

遵时守信是现代礼仪的首要原则，也是会展礼仪的首要原则。该原则要求会展人员在与客户打交道的过程中，要有强烈的时间观念，交往过程中不迟到、不早退；答应客户的工作按时完成，不拖延；不随便许诺，"言必行，行必果"，不失信于人。

**2. 主客有别的原则**

在会展活动中，一方面强调主人要尊重客人的意愿和习俗；另一方面也强调客随主便。这些都反映了主客双方在礼仪方面的要求是有差异的，这种差异性就体现了主客有别的原则。

**3. 真诚相待的原则**

礼仪中有许多形式方面的内容，虚情假意的客套也有许多形式方面的内容。礼仪和客套的区别在哪里？礼仪和客套的区别不在于形式，而在于会展人员从内心里对客户是否真诚、友善，能否做到以诚相待。真诚相待的原则是要求会展人员在实务活动中要能够真正地善待和尊重客户。

**4. 热情适度的原则**

中国人在人际交往中主张礼多人不怪，但在会展活动中，尤其是与国外客户打交道的过程中，对客户过分关心或干预过多，反而会令对方反感。因而在会展活动中，礼仪安排既要热情友好，又要尊重客户的个人尊严与独立自由，反对过分热情甚至谄媚。

**5. 服务至上的原则**

服务是会展人员的天职，礼貌、真诚、专业的服务是对会展人员的基本要求。礼貌服务就是要把对客户的热情友好恰当地表现出来，接待有三声、文明用语十字常说、热情要三到；真诚服务表现在对客户不撒谎、不虚伪、不骗人、不辱人；专业服务是指会展人员要掌握会展知识，提高服务技能，高效地为客户提供服务。

【知识链接】

---

**现代商务礼仪的"3A原则"**

"3A原则"又称为布吉尼理论，是美国学者布吉尼教授首先提出来的。"3A原则"是3个以A开头的英语单词，它有以下含义。

（1）接受别人（Accept）的原则。客户永远是正确的，要宽以待人，不要麻烦客人，更不要让客人感到不舒服。例如，在与客户交谈的时候，除非是原则性的问题，否则不要贸然地打断对方；也不要轻易地补充对方；更不要随便地去更正对方。再如，乘车的座次，接受对方的意见，不要强迫对方。比如客户喜欢随意就坐，接待人员就不要强迫客户一定按照礼仪来。

（2）重视别人（Appreciate）的原则。例如，在接待上超规格和超标准接待；在见面、交谈的时候使用尊称；在接电话的时候能够准确地确认并称呼对方。

（3）赞美别人（Admire）的原则。适时适度地赞美对方也是人际交往中轻松获取别人好感而又简单易行的一种方法。例如，办公室的女同事刚做了一个发型，刚穿了一件新衣服，就应该适时地去夸奖，千万不要视而不见。再如，与客户沟通时，要学会讲"你讲得很棒，你讲得真好"。要学会时时地肯定对方，赞美对方。

---

### 1.2.3 会展礼仪的作用

**1. 会展礼仪的规范作用**

会展礼仪是会展人员在整个会展活动过程中应遵循的行为规范，是约定俗成的一种美好自身、尊重他人的惯用形式。会展人员可以规范组展工作人员、参展工作人员和观展群众的言行，减少他们之间的矛盾与冲突，促使他们更好地协作，提高工作效率，圆满地完成会展活动。

**2. 会展礼仪的协调作用**

在会展活动中，如果会展人员都能够自觉主动地遵守礼仪规范，按照礼仪规范要求自己，彼此之间就容易建立起信任关系，增进感情沟通，继而形成友善、良好的合作关系。反之，则会导致信任缺失、感情不和、沟通不畅，从而使合作关系受到影响甚至破裂。

**3. 会展礼仪的宣传作用**

在会展活动中，会展礼仪不仅能体现会展人员的良好素质与精神面貌，也能展示出会展企业的管理水平和文化氛围。会展企业和参展企业可以通过工作人员良好的仪表、优雅的言行举止，以及企业的礼仪活动向公众宣传企业的信誉与形象，以感召公众，使公众认同企业，产生信任与好感，提高企业在社会上的地位与声誉。

思 考 题

---

1. 礼仪与道德、社会舆论、法律这些社会规范相比，有什么异同点？
2. 礼仪与会展礼仪是什么关系？
3. 谈谈如何将礼仪的"3A原则"贯彻到会展工作实务中？
4. 从国家、企业和个人不同的层次上谈谈会展礼仪在会展实际工作中的作用。

---

# 第 2 章　会展人员的仪表礼仪

【学习目标】了解仪表礼仪在人际交往特别是会展实务活动中的重要性；掌握会展人员在个人卫生、发型选择、化妆技巧、面部表情、举止动作方面的礼仪规范。

【主要内容】个人卫生礼仪、发型设计原则、化妆技巧与禁忌、目光交流技巧、微笑的技巧、站坐走蹲等基本姿态礼仪规范、手势动作礼仪规范。

在人际交往中，存在着"首轮效应"。它是指在人际交往过程中，见面之初的 3 分钟甚至头 30 秒非常关键，它直接决定某人给交往对象留下的印象；而且这种印象一旦形成，容易形成定势，很难改变。首轮效应的形成在很大程度上依赖人的仪表。仪表通常是指人的外观、外貌，尤其是指人的容貌。仪表礼仪则是规范与约束人的外观、外貌方面的礼仪规范，具体包括个人卫生礼仪、发型礼仪、表情礼仪、举止礼仪、着装礼仪。会展人员在会展活动中，经常需要与陌生客户接触与交流，良好的仪容就变得非常重要，它会直接影响到客户对你的印象和整体评价。因此，会展人员要重视个人的仪表礼仪。

## 2.1　会展人员的个人卫生礼仪

清洁卫生是仪容美的基础。一个人容貌、身材再好，服饰再华贵，若蓬头垢面、满身异味，也很难给交往对象留下一个好的印象。个人卫生礼仪的基本要求是全身上下无异物、无异味。具体地说包括以下几个方面的内容。

### 2.1.1　头发的清洁卫生

头发是个人形象的制高点，在人际交往中最容易引起交往对象的重视，也是个人卫生的重点。头发清洁要做到"三不原则"：不能有味，不能出绺，不能有头皮屑。会展人员工作强度大，经常要出入人员比较密集的活动现场，头发很容易出油、出头屑，应该养成定期洗发、勤洗发的习惯。头发较长的女士，还要注意头发的保养，避免头发干枯分叉。男士要注意头发造型，有条件应该坚持早上洗头，避免睡眠导致的头发变形。

### 2.1.2　面部的清洁卫生

面部清洁卫生是个人卫生礼仪的另一个重点。"素面朝天"在现代礼仪中并不提倡，不修面、不化妆是对交往对象的不尊重。面部清洁要做到以下几个方面。首先，清除附在面部的污垢、汗渍等不洁之物，要养成每日早晚洗脸的习惯。其次，脸上不能有异物。男士在会展活动中要注意修剪鼻毛和胡须，以保持面部的清洁。女士更要防止鼻毛过长，鼻毛迎风招展可大杀风景。再次，要定期对面部进行深度保养和维护。无论是男士还是女士，每天都要用适当的清洁剂（洗面奶、香皂、洗面膏等）进行洗脸，洗完脸后要使用必要的润肤产品。如果有条件，女士应该定期去美容场所进行面部的美容和保养。

### 2.1.3　口腔的清洁卫生

保持牙齿清洁，要坚持早晚刷牙。常规的牙齿清洁应做到：每天早晚要刷牙；每次刷牙时间不少于 3 分钟；三餐之后要漱口。口腔异味影响交际，会展人员在参加重要活动或接待重要客户之前，尽量避免进食带有强烈气味的食品，如韭菜、大蒜、臭豆腐等食物。必要时可以用口香糖来减少口腔异味，但应注意，在正式场合与人交谈时嚼口香糖是不礼貌的，应避免。

### 2.1.4　手的清洁卫生

在工作中，手起着重要作用。接待中，会展人员通过握手表示对客户的欢迎，用手来交换名片，也会经常用手给客户指示方向和传递资料，尤其是对女士而言，手被称为女士的第二张脸。手的清洁要做到：手上无汗渍；手上无异物；指甲要定期修剪，尽量不留长指甲；指彩不要太夸张。

### 2.1.5　身体的清洁卫生

会展人员要养成良好的卫生习惯，要求身体不能有异味。常常洗澡是必要的，尤其是参加重大活动之前一定要洗澡。如果有异味，应及时治疗，避免在工作场所引起交往对象的反感。会展人员尤其是女士，在工作中应尽量避免使用比较浓烈的香水，处处留香是失礼的行为。

### 2.1.6　鞋袜的清洁卫生

在个人卫生上，鞋袜的卫生往往被人们忽视。许多人在早上出门前花了较长时间用于洗漱、化妆、选配衣服，鞋子和袜子干净与否往往无暇顾及。其实鞋袜的干净与否往往最能反映一个人真实的个人卫生状况。会展人员应在头一天晚上把第二天要穿的鞋子打理好，清洁上油。另外要特别注意袜子的整洁和干净，首先袜子不能残破，其次袜子不能有异味，避免在一些特殊的场合造成尴尬，如有些餐厅进门需要脱鞋。

## 2.2　会展人员的发型选择礼仪

### 2.2.1　礼仪上对发长的规定

会展业作为现代服务业的一种，对其工作人员的发型要求是庄重保守，因此在发长上要遵循现代服务业的一般规定。男士发长的基本要求是：前发不掩额，侧发不掩耳，后发不及领。礼仪上更为准确的说法是：男士的发长应该介于 0～7 厘米，原则上从事会展工作的男士不能留光头，即头发等于零厘米；也不能长于 7 厘米，长于 7 厘米就相当于长发了。相对于男士而言，女士的发长自由度则较大，既可以剪短发，也可以留长发，但在发长方面应符合以下 4 个方面的规定。

（1）女士发长不宜太长。从事会展工作的女士可以留长发，但发长不宜过腰。如果发长过腰，打理起来就不太方便，而且发型选择也受到限制。

（2）女士额前的头发不宜过长，避免额前的头发挡眼影响工作。

（3）在会展活动中不宜长发披肩。一头飘逸披肩的长发能够充分显示女士的性别魅力，但在会展工作中，工作人员需要展示的是个人的素质和能力，而不是性别魅力。

（4）在正式场合长发要盘头定型。在会议开幕式、闭幕式、会议磋商、展览洽谈等正式场合，应该盘头定型，既不能长发披肩，也不宜简单挽发。

### 2.2.2　发型选择的协调技巧

发型对人的仪容具有很强的修饰作用，选择恰当可以彰显自己的优点，弥补自己容貌、身形的不足；选择不当则会暴露自己的缺点。发型选择要遵循有关的协调原则，具体来说有以下几点内容。

**1. 发型要和脸型相协调**

脸型是指人脸所呈现的基本轮廓。中国人经常把脸型分为椭圆形、圆形、长脸、方脸和菱形脸。脸型是发型选择的重要考虑因素，人的脸型除非整容是很难改变的，因此发型要与脸型相协调，就意味着要根据脸型选择适合的发型。这几种脸型在发型选择上可以遵循以下技巧。

椭圆形脸，俗称鸭蛋脸，是东方女性的标准脸型，这种脸型特征是上下比较窄，中间宽，整个脸部线条比较圆润。这种脸型是女性的理想脸型，在发型选择上的自由度比较大，既可以选长发，也可以选短发；既可以选择自然发型，也可以烫发。

圆形脸会给人年轻、可爱和甜美的感觉，但缺点是脸颊过宽。年纪较轻时这种脸型会给人亲和力，但稍稍上年纪之后这种脸型会略显缺乏力度和权威。圆形脸从总体上适合短发，特别是 V 字形状的发型，适应将头顶部的头发梳高，使脸部显长；另外，侧发尽量贴近脸颊，以减少脸颊的宽度。圆形脸不适合大波浪和披肩发，也不适合蓬松过大，尤其是两侧发型蓬松。

长脸又称目字脸，缺点是脸型过长，不够活泼。对于长脸来说，可适当保留发帘，尤其是不规则的刘海；在脸的两侧增多发量，削出发式的层次感或使两侧的发型适当蓬松，从而减少脸的长度。长脸形的人顶发不宜过高，头后部头发不宜膨胀、高耸，也应避免垂直线条的长发和中长发。对于从事会展工作的男士而言，长脸不宜留太短的头发。

方脸又称国字脸，它的优点是端庄、稳重，给人信任感；缺点是缺乏生机，略显呆板。对男士而言，方脸是一种理想脸型，发型选择上比较灵活，但不宜留寸头。对女士而言，方脸不太理想，脸颊太宽，显得脸盘比较大。方脸比较适合的发型有 V 字形发型、不对称的几何型发型、翻翘或斜拉式的发帘、短发、饱满的短烫发。两侧蓬松、头部高耸等拉宽、拉高脸型的发型不适合方脸型。

菱形脸又称申字脸，其典型特征是额头窄、颧骨高、下颌窄的特点。菱形脸宜采用刘海修饰额部，头发不要内收并紧贴脸部，头发宜淡烫。该脸型比较禁忌菱形的发型。

**2. 发型要和体形相协调**

体形也是发型选择的重要考虑因素。人的体形通常分为身材高大型、身材矮小型、身材高瘦型、身材矮胖型 4 种类型。不同体形适合及禁忌的发型有如下几种。

身材高大型的人适宜留短发，男士可以理寸头，也可酌情选择直发、长波浪、中长发、盘发，但不宜留过分蓬松的发型。

身材矮小型的人适合选择精致的短发型，女士也可盘发，不宜留长发、披肩发，也不宜选择蓬松的发型。

身材高瘦型的人适合留长发、直发或波浪式卷发，以使自己显得丰盈些，不宜留后部高耸的发型，也不宜把头发剪得过短。

身材矮胖型的人可选择有层次感的短发，以便在视觉上增加一定的高度，但不宜选择将头发做得过分蓬松宽大。

**【知识链接】**

### 头身比例、头颈比例与发型选择

衡量人体形是否理想有两个重要指标：头身比例和头颈比例。头身比例是指头长与身长之比。模特的身材最魔鬼，头身比例约为1:9；西方人身材比较高大，头身比例达到1:8，中国人头身比例约为1:7.5，低于1:7的头身比例就不理想了。如果头身比例低于1:7，发型上就不宜选择过分扩大头部面积的发型，如蓬松、高耸的发型。头颈比例则是指头部与颈部长度的比例，理想的头颈比例是2:1。如果头颈比例大于2:1则表现为头大颈短。头颈比例不理想的人应尽量选择短发，将颈部露出来，不宜选择长发、中长发或大波浪的发型，也不宜选择颈部两侧发量较多的发型（见图2-1）。

图2-1 头身比例、头颈比例与发型选择

**3. 发型要和年龄相协调**

发型选择还要考虑年龄因素。青春期年纪尚小应以清爽、简便为原则，短发、长发均可，但不宜烫发，也不需要刻意去做发型。刚入职场的青年女性可选择新颖、时尚的发型，但不要选择过分夸张前卫的发型。中年女性已渐显成熟，以整洁、柔和为准，既适合自然的发型，也适合各种成熟的烫发。老年女性要结合自己的特点，以庄重、大方为宜，适合短发或简单的烫发，不宜留长发，更不宜披肩发。

**4. 发型要和服饰相协调**

在重要会议、展览或仪式活动中，女士着礼服或正式套裙宜将长发挽起并结低发髻。在会展现场，作为礼仪小姐穿着传统的旗袍，则宜将头发高高地盘起。在非正式的社交场合，如酒会、晚宴、自助餐、冷餐会等场合，穿着休闲便装时可将长发自然披肩，以彰显个人魅力。

**5. 发型要和职场相协调**

发型选择还要考虑职场因素。现代职场分为3类。

（1）保守职场，如政府公务员、法律界人士、金融界人士、市场营销人员、客户服务人员、企业事业单位的高管等。保守职场的发型要求是庄重、保守，发型不能追求时尚，也不过分彰显个性。

（2）创意职场，如文化媒体行业、广告公关行业、教育培训行业等。这类职业对发型的要求不像保守职场那么保守，可适当追求时尚，也可适当彰显个性特质，但不能过分前卫夸张。

（3）随意职场，如SOHO一族、研发人员、演员导演等。这类职场对发型选择没有限制，可任意选择，新奇、前卫的发型都可选择。

# 2.3 会展人员的化妆礼仪

## 2.3.1 化妆的基本原则

**1. 自然淡雅的原则**

"妆成有却无"是化妆的最高境界。对女士而言，化妆是要用心的，但用心的结果不是让人一眼就看到化妆了，而要给人一种天生如此的感觉。要和其他部位协调一致。有些女士喜欢化浓妆，要视场合而定，如上镜可以适当浓一些，但在一般场合要化淡妆。

**2. 庄重保守的原则**

庄重保守是指在会展活动中，化妆要符合传统的、常规的审美要求，不能过分追求时尚、前卫的化妆。例如，在年轻人化妆聚会中出现的鬼魅妆、晒伤妆等时尚前卫的妆容在工作场合都不能出现。女士在会展工作现场要慎用指彩，指彩颜色要单一，指彩应和唇彩呼应。

**3. 美化避短的原则**

化妆的基本要求是扬长避短。扬长是指要通过化妆把容貌中的优点突出出来，让对方更容易发现你的美。假如眼睛在五官中长得最出众，可以通过对眼睫毛、眉线的化妆把对方的注意力吸引到眼睛上。避短是指要通过化妆遮掩不足，如脸上雀斑比较多，可以适当使用遮瑕膏遮掩。

**4. 协调的原则**

化妆要协调具有下列3层含义。

（1）各个部位的化妆要协调。粉底、眼影和腮红要协调，唇彩和指彩要协调。

（2）化妆要和服装相协调。唇彩的选择要考虑到衬衫、内衣领子的颜色。穿黑色套装宜选用色彩稍浓一些的化妆品，如枣红色口红或大红色指甲油，忌选用粉红等色彩偏浅的化妆品。穿蓝色套装宜选用色彩较浅的化妆品，如粉红色的粉底、咖啡色的眉笔，忌选用绿色的化妆品。穿白色套装要选用深色的化妆品，如深色粉底、枣红色或橘红色的唇膏；忌选用较浅的化妆品，如银白的指彩、浅粉红或浅橘黄的口红等。

（3）化妆品本身要协调。应尽量选用一个品牌一个系列的化妆品，这样，颜色搭配和香味的配合会比较和谐。

**5. 区分场合的原则**

根据化妆适合的场所，可将化妆分为3类：① 在工作场合的化妆称为职业妆；② 在宴会、酒会等较为正式的社交场所的化妆称为社交妆；③ 在生日派对、酒吧、迪厅娱乐等场所的化妆称为时尚妆。不同妆容有不同的特点，职业妆强调庄重保守，社交妆彰显个人魅力，时尚妆追求前卫、时尚，不同的妆容适合不同的场所。在正式商洽签约的场合以前卫冷傲的时尚妆出席，会给人傲慢无礼甚至轻浮的印象；在聚会或晚宴中，以过于简朴的淡妆出席，则有缺乏热情和不合群的嫌疑。

 【知识链接】

**"第一化妆"的常识你懂吗**

第一化妆是指在时间紧迫的情况下，如果只能对面部做一个化妆修饰，最容易使个人妆容得到提升的那个化妆。在礼仪上，刷睫毛是第一化妆，这是因为眼睛是心灵的窗口，眼神的互动与交流是人际交流中的重要内容。刷睫毛可以使人的精神面貌在短时间内焕然一新，引起交往对象的关注。

## 2.3.2 化妆的基本步骤

**1. 清洁皮肤**

洁净的皮肤是化好妆的基础，可以用洗面奶、清洁霜等清洁类化妆品清洁皮肤。在清洁皮肤的同时可适当加些按摩指法和力度，舒张皮肤张力，以增强化妆效果。

**2. 打粉底**

如果是粉底液，就用手指蘸取少量，分别点在额头、鼻梁、脸颊、下巴等处，然后轻轻推匀。如果是粉饼，那就变得容易一些了，只要用粉扑均匀地扑上即可。

**3. 描眉型**

描的时候尽量淡，从眉头到眉梢依次地描，眉头最好一笔一笔地描，从下到上，从内到外地描，眉梢要一笔带过，避免修改。画眉最重要的是经验，描的次数多了自然也就轻车熟路了。眉笔的颜色也很重要，眉笔颜色要尽量选与自己眉毛颜色最接近的，东方人通常为咖啡色、棕色或灰色。

**4. 施眼影**

施眼影的方法有很多种。最普通也最简单的一种方法：同一色彩自眼睑下方至上方、由深至浅渐次画上，可以塑造目光深邃的效果。眼睛看起来至少会变大 1/3，且很有神、很亮。

**5. 刷睫毛**

刷睫毛前以睫毛夹夹卷后再刷，睫毛应夹 3 次。第 1 次夹睫毛根部；第 2 次夹睫毛中段轻轻向上弯；第 3 次夹睫毛尾端。

**6. 涂腮红**

腮红可使人显得健康精神，并可弥补脸形的不足。选出适合色系的腮红，腮红的颜色应与口红、眼影色相协调。对着镜子微笑，颧骨的部位就是腮红可以打上的部位。使用时每次的腮红量要少、要淡；可多刷几次直至效果完美。

**7. 涂唇彩**

先用唇线笔或羊毛唇笔描画轮廓，再涂抹与妆色相协调的唇膏和上光油。唇彩的颜色最好跟着装的主题色一致。

在面部化妆完成之后，记得要适当修妆。修妆是指在整体化妆完成后，稍稍靠后站远一点，观察化妆的整体效果，如整体妆形、妆色是否协调，左右是否对称，底色是否均匀。如果不足加以修改。

【知识链接】

---

### 男士化妆 ABC

在现代社会，化妆早已不是女士的专利。从事会展工作的男士，为了在交往对象面前能留下一个良好的个人形象，化妆也是必备的。与女士相比，男士的化妆重在气质的表现，而不是着重化妆描绘，所以男士化妆重点是突出力度。男士化妆主要包括以下基本步骤。

（1）清洁皮肤。使用洗面奶对面部由上而下顺毛孔方向清洗。

（2）使用化妆水。男性的皮肤多偏油性，可选用收敛、防止脱妆的收敛水。用棉片沾收敛水轻拍面部，尤其是鼻翼两侧，出油较多的部位。

（3）打基础底色。最好用湿粉，先打外轮廓，包括耳朵、脖子。若皮肤白，选择颜色偏浅的湿粉，大脸盘或皮肤稍黑者，湿粉选择应偏深；如果这个男性皮肤瑕疵太多，中间可用深点的湿粉局部遮盖。如果疲劳纹较多，可用与内轮廓一致的湿粉，对疲劳纹进行掩盖，使化妆对象看起来年轻，精神饱满。

（4）提亮色。男性化妆中，一般不使用提亮色，但在鼻部化妆中，可使用提亮色，使鼻梁挺立。

（5）眉毛、眼线适当修整。可用眉刷沾眉粉轻刷眉毛，使眉毛自然不露痕迹。男性眼线应不同于女性，不能有形状，做到里深外浅，且靠近睫毛根部，男性一般不涂眼影。

（6）涂唇油。男性一般不需要口红，只需使用一点无色唇油滋润一下嘴唇。

---

### 2.3.3　香水的使用技巧

无论是在工作场合，还是社交场合，女士身上淡淡的香水味会增强交往对象的好感，提高沟通效果。熟知香水的使用技巧，也是女士化妆的必备之课。香水的使用常识包括如下内容。

**1. 香水要涂抹在合适的位置上**

高明的香水使用者知道身体何处是香味点。耳后、脖子、手腕、腿关节、脚踝等脉搏跳动明显的部位都是理想的香味点。少量多处是香水使用的一个重要技巧，耳根、手肘内侧，膝盖内侧是用香的佳处。均匀而淡薄的香气，带来的是若有若无的朦胧之美，亦可增加香味的持久性。

**2. 往衣服上喷洒香水的距离要合适**

喷洒香水时，喷口应与身体保持约 30 厘米的距离，这样才可使香水香味均匀分布在衣服上。如果距离过近则会使香水集中在某一处，不利于香味的均匀分布。香水应避免直接喷洒在白色的衣服上，因为多数的香水都含有色素，直接喷洒在白色衣服上使衣服上有香水残留的色素而影响到衣服的美观。

**3. 香水选择要依时而变**

春天温度偏低，但气候已开始转向潮湿，香气挥发性较低，适宜选用清新花香或水果花香的香水。夏天气候炎热潮湿，动辄汗流浃背，一定要气味清新挥发性较高的香水，中性感觉的青涩植物香和天然草木清香都是理想选择。秋季气候干燥，秋风送爽，可试用香气较浓、带辛辣味的植物香型，带甜调的果香，或化学成分较高的乙醛花香。冬季更需浓浓的香氛驱走寒气，清甜花香和辛辣味的浓香都是理想选择。

**4. 香水使用要区分场合**

在车厢、戏院等空气循环不佳的密闭空间里不要涂浓烈的香水，以免刺鼻的香味影响他人，所以最好免涂浓度低、挥发性强的香氛。上班时用的香水宜清淡优雅，社交活动时可选用浓烈的香水。餐厅用餐最好不要涂浓烈的香水，以免香气影响别人的食欲。另外在探视病人、参加葬礼等最好不要使用香水。

**5. 香水使用的禁忌要熟知**

常见的香水使用禁忌包括：香水不要一次涂抹太多；请勿同时重叠使用不同的香水，以免香水串味；流汗时不可直接在肌肤上使用香水；不可将香水涂抹在阳光直接照射的地方；香水不要碰到珠宝、金、银制品；丧礼时请勿涂抹任何香水；探视病人也不要涂抹香水。

### 2.3.4　化妆的禁忌

### 1. 化妆技法出错

化妆效果与化妆的技法有很大关系。要达到一个好的化妆效果，需要遵循一定的化妆之道。违反化妆的基本原则、方法与步骤，则极有可能达不到美容的效果，甚至会闹笑话。例如，化妆时要考虑协调的原则，强调化妆时各个部位要协调，化妆要与穿着相协调。如果忽略了这一原则，眼部化浓妆，眼线、眼影都很浓艳，而腮红与唇膏则很淡，穿着又比较淡雅，这显然不是一个好的化妆。

**2. 化妆不分场合**

化妆分为职业妆、社交妆和时尚妆，在不同场合应选择不同的化妆类型。会展工作人员不能以不变应万变，以一套化妆去适应所有的场合。在工作中，尤其要避免下列两种情形。

（1）不区分场合一律浓妆出席。在一些重要的仪式活动、晚间重要活动或者需要录像等活动中，化妆可稍浓一些；而在平时工作、与客户交往的过程中通常则不需要化浓妆。

（2）过分追求时尚、前卫甚至新奇的化妆。会展人员在工作中，需要展示的是个人的能力与素质，而不是个人魅力，更不是对新鲜乃至新奇事物的理解和接受能力。过分时尚、前卫和新奇的化妆手法或化妆风格都不应该出现在工作场所中。

**3. 当众化妆**

化妆是一种私人行为，只适合于在无人的场合下悄然进行。在西方国家，当众化妆是一种极其没有教养的体现，是自辱其身，有时还会招惹是非。喜欢化妆的会展人员，一定要谨记这一点，这不仅与个人尊严有关，也会影响国格。不要当众化妆包含以下 3 层含义：不在公共场所化妆；不在众人面前尤其是熟人面前化妆；更不要在异性面前化妆。

**4. 残妆示人**

会展工作时间长，节奏快，环境嘈杂，很容易对妆容造成影响，这就需要时常对妆容进行检查。一旦妆容出现残缺，应立即进行补妆，避免以残妆示人，从而破坏化妆效果乃至个人形象。为了避免残妆示人，就应做到：化妆后常做检查；妆容出现残破后，应立即补妆；补妆时应尽量回避；补妆时要小心，避免妆容越补越"脏"。

# 2.4　会展人员的表情礼仪

## 2.4.1　表情及表情礼仪的重要性

表情是人的面部情态，是指人的眼、眉毛、嘴巴、面部肌肉及它们的综合运用反映出的心理活动和情感信息，是人们心理状态的外在表现。人的眉毛、眼睛、鼻子、嘴巴、下巴甚至耳朵都可以独立地显示各自的表情，也可以联合表达一种情感。

面部表情在人们情感交流和表达的过程中起着重要的作用。通常用这样一个公式来表达人们的情感交流和传递过程。

$$感情的表达 = 7\% 的言语 + 38\% 的语音 + 55\% 的非语言符号$$

在非语言符号中，表情语言的词汇最为丰富，最能生动表达人的感情。

## 2.4.2 面部表情的基本要求

### 1. 面部表情要自然

自然就是指表情要发自内心，不做作，如领导经常要求员工对客户保持微笑。这种甜美的微笑是发自内心的，是真情的自然流露。如果在内心里没有形成客户至上的职业意识，微笑就不会自然。

### 2. 面部表情要友善

友善的表情是一个人有教养和自信的表现，也是一个工作人员具有良好职业素养的体现。会展人员在工作中保持友善的表情，尤其是在自己处于优势地位或有理的情景下，不能咄咄逼人，更不能仗势欺人。

### 3. 面部表情要互动

互动是指在交往的过程中，要随着交往对象情感的变化，面部表情要相应变化。当客人高兴的时候，你要表现出高兴的面部表情；当客人着急的时候，你也要表现出担心的面部表情。互动的表情表示你能感受和体会到客人的心情与情感。在工作中切记不能以一种表情示人，即使是保持一贯的微笑、友善的表情，也是不恰当的。

### 4. 面部表情要适度

适度是指在工作中不能有过分夸张的面部表情。表情往往是一个人情感的自然流露，在工作中情感的流露要适度，不能不顾他人的感受，过分或夸张地表达自己的喜怒哀乐。例如，在工作中要保持微笑，微笑的基本要求是笑不出声，在工作中不能哈哈大笑，更不能大笑不止。另外，在其他的情绪流露中表情更要适度，如表达不满要适度，不能歇斯底里。

## 2.4.3 目光使用礼仪

人们常说"眼睛是心灵的窗户"。在人的面部表情中，目光是表情达意的核心。

### 1. 目光注视时间

目光注视交往对象时间的长短及注视的方式代表着不同的含义。

（1）表示友好。向对方表示友好时，应不时地注视对方。注视对方的时间占全部相处时间的 1/3 左右。

（2）表示重视。向对方表示关注，应常常把目光投向对方那里。注视对方的时间约占相处时间的 2/3。

（3）表示轻视。目光常游离对方，注视对方的时间不到全部相处时间的 1/3，就意味着轻视。

（4）表示敌意。目光始终盯在对方身上，注视对方的时间占全部相处时间的 2/3 以上，被视为有敌意，或有寻衅滋事的嫌疑。

（5）表示感兴趣。目光始终盯在对方身上，偶尔离开一下，注视对方的时间占全部相处时间的 2/3 以上，同样也可以表示对对方较感兴趣。

**2. 目光注视部位**

目光注视交往对象的不同部位往往也代表着不同的含义。

（1）注视双眼。注视对方双眼，表示自己重视对方，但时间不要太久。

（2）注视额头。注视对方额头，表示严肃、认真、公事公办。

（3）注视眼部—唇部。注视这一区域，表示礼貌、尊重对方。

（4）注视眼部—胸部。注视这一区域，多用于关系密切的男女之间，表示亲近、友善。

（5）眼部—档部。适用于注视相距较远的熟人，也表示亲近、友善，但不适用于关系一般的异性。

（6）任意部位。对他人身上的某一部位随意一瞥，多用于公共场合注视陌生人。

**3. 目光凝视区域**

在人际交往中，有 3 种目标凝视区域。

（1）公务注视。公务注视的凝视区域是以对方双眼为底线，额中为顶角的正三角形。公务注视用于主客双方正式交往场所中，如在会展现场的商务谈判或交流。这种凝视区域表示对交往对象的尊重和重视。

（2）社交注视。社交注视的凝视区域是以双眼为上线，以唇心为下顶角的一个倒三角形。社交注视往往用于各种社交场合中，如正式会展活动结束后的酒会、晚宴、自助餐、沙龙活动。这种凝视区域表示希望增进与交往对象的关系。

（3）亲密注视。亲密注视的凝视区域是从双眼到胸部之间，它通常只用于家人、恋人之间，它表达的是双方亲密的关系。工作期间，通常都不采用这样的注视方法。

**4. 善用目光的技巧**

目光使用的技巧有以下几点。

（1）目光要柔和、友善。柔和、友善的目光是指在交往过程中，对交往对象要采用散点柔射的目光，避免瞪着看和盯着看，尤其不能长时间瞪大眼睛、盯着对方某一部位看。

（2）初次见面要瞪大眼睛。瞪大眼睛表示的含义是你对交往对象感兴趣，对认识对方感到高兴。

（3）与人交谈时目光要有对视。在与对方交流的过程中，目光要时不时地与对方进行对视；尤其是当对方讲到重点内容、讲到情绪比较高涨的时候，适时的目光对视与交流是尊重对方的重要体现。

（4）注视对方的时间、角度、部位要符合场合和关系。目光注视的时间、方式和部位代表着不同的含义，在人际交往的过程中，要根据不同的情形选择不同的目光注视方式。

（5）对方尴尬时要移开目光。有时候把目光从对方身上移开也是尊重对方的体现，如演讲中找不到下一页发言稿、对方的穿着或化妆有不合适的地方等，都要避免过多地注视对方；尤其是对方出错的地方，不要盯着看，目光应该适度地从对方身上移开。

## 2.4.4　微笑

微笑是人际交往中最富有吸引力的面部表情，它可以缩短人与人之间的心理距离，为深入沟通与交往创造温馨和谐的氛围，因此人们把微笑比做人际交往的润滑剂。微笑是一种世界的通用语言，世界各民族普遍认同微笑是传递友爱、友善的面部表情。

**1. 微笑的基本要求**

面带微笑是许多服务性工作的基本要求，这也是对会展工作人员的普遍要求。如何能够做到面带微笑与人交往呢？

（1）要保持愉悦的心情。真正的微笑是发自内心的，只有心情愉悦才能有真诚、自然、亲切的微笑。会展人员要学会迅速地调整自己的心情与情绪，能够以一个愉悦的心情面对客户，这样的微笑才够灿烂。

（2）微笑要适度。中国传统的微笑标准是"笑不露齿"，它的含义是指微笑要含蓄、内敛。按照现代礼仪规范，微笑要适度有两层含义：笑不出声；微笑最好只露八颗牙齿。

（3）微笑需要多个部位互动配合。真正的微笑不仅需要内外互动，它也需要面部多个部位互动配合。恰当的微笑要由眼神、眉毛、嘴巴、表情等方面协调来完成，而不仅仅是嘴角上扬这一个动作。

**2. 微笑的训练方法**

微笑是可以通过一定的方法训练出来的。最常见的微笑训练方法是含箸微笑训练法（见图2-2），即拿一根筷子，把它含在嘴里，对着镜子记住这时面部和嘴部的形状，同时在内心里回忆愉快或高兴的生活细节，通过内部心情和面部动作的配合达到面带微笑的实际效果。

图2-2 含箸微笑训练法

微笑的另外一个训练方法是模拟微笑训练法，它的基本步骤如下：对着镜子轻合双唇；两手食指伸出，指尖对接，放在嘴前15~20厘米处；让两食指尖以缓慢匀速分别向左右移动，使之拉开5~10厘米的距离；嘴唇随两食指移动速度而同步加大唇角的展开度，在意念中形成美丽的微笑；让微笑停留数秒钟；两食指再以缓慢匀速向中间靠拢，直至两食指尖相接；微笑的唇角开始以两指移动的速度，同步缓缓收回。

其他的微笑训练方法有情绪诱导法、观摩欣赏法、口型对照法等。不管何种训练方法，真正的微笑一定是发自内心的。因此，自信、真诚、豁达的心态及待人友善是微笑的前提和保证。

 【知识链接】

### "微表情"知多少

面部表情在人脸上的停留时间是几分之一秒到几秒之间，它能够受到人们意识的控制。因此在很多场合，人们可以根据需要向交往对象呈现特定的面部表情。也有一种表情，它停留时间很短，最短的只有1/25秒，可以说是稍纵即逝，它被心理学家称之为微表情。微表情由于时间短暂，人们很难用意识进行控制，通常更真实地反映了人们的真实意图。现在越来越多的心理学家、人际沟通专家、HR管理者开始关注微表情，试图通过对微表情的分析来掌握对方的真实意图和心理状况。常见的微表情及其代表的含义有：抿嘴唇表示窘迫；嘴角向下瘪是犯错的表情；嘴唇紧闭，左嘴角上扬表示鄙视；嘴巴微张，眼睛瞪大表示错愕；眼睛向上看表示迟疑；明知故问的时候眉毛会微微上扬；嗤鼻、上嘴唇上抬、眉毛下垂、眯眼表示厌恶等。

# 2.5 会展人员的举止礼仪

实际工作中，会展人员会以不同的姿态与交往对象进行交流。会谈与谈判中主要以坐姿为主，会议展示与交流主要是以站姿为主，展览参观是以走姿，有些特殊情形可能会以蹲姿形式进行；同时在会展活动中，人们还常用手势跟人打招呼。这些行为举止是否规范、合理，也会影响到会展人员在交往对象中的形象，因此会展人员要掌握举止礼仪的基本规范。

## 2.5.1 站姿

站姿是会展人员在会展实务活动中最常使用的姿态，也是最能反映其精神面貌与职业素养的一种姿态。古人云"站如松"，意指站得要像松树一样挺拔、直立。会展人员要重视站姿。

**1. 标准站姿的基本要求**

标准站姿有以下基本要求。

（1）头要正。颈脖要挺直，头部不能左右倾斜或摇晃，双目平视，嘴唇微闭，下颌微收。

（2）肩要平。双肩放松，稍向下沉，身体有向上的感觉，呼吸自然。

（3）躯干要挺。胸部挺立，收紧腹部，腰不能塌。

（4）双臂要垂。双臂要放松，自然下垂于体侧，手指自然弯曲。

（5）双腿要并拢。双膝并拢贴紧，脚后跟靠拢，脚尖分开呈60°。

**2. 会展活动中常见的站姿类型**

标准站姿是最严谨的站姿，一般用于特别正式的场合，如集体受阅、聆听重要领导讲话、商务谈判后的合影等。但在许多场合，这一站姿略显呆板。因此，在会展活动中，还有其他几种常见的站姿。

（1）腹前握手式。这是会展人员最常采用的一种站姿，可广泛应用于各种场合。它的基本要求是身体直立，双臂下垂置于腹部。女性将右手搭握在左手四指，四指前后不要露出，两脚可平行靠紧，也可前后略微错开；男性左手握住右手腕，贴住臂部，两脚平行站立，略窄于肩宽。

（2）双臂后背式。在标准站姿的基础上，双脚可适当展开，但两脚之间的距离不能超过肩宽；双手在身后相握，右手握住左手手指或手腕部位，置于髋骨处，两臂肘关节自然内收。这种站姿比较威严，易产生距离感。

（3）女士的优雅站姿。与男士站姿相比，女士的站姿需要更多地表现出文静优雅的阴柔之美。女士最常见的优雅站姿是一只脚略前，一只脚略后，两腿贴近，双手叠放在下腹部。另外在朝向上也可呈现一定的变化，除了正面面对交往对象外，也可使身体转45°方向站立，斜对交往对象，面部朝向正前方的交往对象。

**3. 会展活动中禁忌的站姿类型**

会展人员在正式场合的站姿要符合礼仪规范，切不可过分随便，出现以下不良站姿。

（1）躯体歪斜。例如，头偏、肩斜、身体弯曲或膝部不直等。

（2）趴伏依靠。这种站姿是指在工作中，随便趴在某个地方或伏在某处，倚着墙壁、柱子或桌椅。这种站姿会给人一副慵懒、懈怠的印象。

（3）双脚交叉站立。这种站姿是指一条腿为重心腿，另一只腿随意地交叉在重心腿的前面。这种站姿很容易给人以轻佻的感觉。

（4）手臂摆放不当。恰当站立也要注意手臂的摆放。正常情况下，手臂可自然下垂、握于腹前或背后，也要注意一些不雅的手臂摆放影响站姿。例如，双手抱臂或者交叉着抱于胸前、双手叉腰，这些姿态都带有某种戒备，甚至敌意的意思，在工作中应尽量避免。

**4. 站姿的训练方法**

站姿的基本训练方法如图2-3所示，头顶一本书以保证头正并保持稳定，双膝夹一张纸，以保证双腿并拢。收颌、挺胸、收腹、立腰、双膝双脚并拢，目视前方。

常见的站姿训练还有其他方法。① 提踵训练法。脚跟提起，头向上顶，身体保持直立，姿态稳定，练习平衡感。② 背靠背训练法。两人一组背靠背站立，脚跟、腿肚、臀部、双肩和后脑勺贴紧。为加强效果可在5个触点夹上夹板。③ 背靠墙练习法。基本训练方法同背靠背训练法。

## 2.5.2 坐姿

除了站立之外，会展人员也经常需要与交往对象落座交谈，因此优雅的坐姿也是会展人员所必备的。

**1. 坐姿的基本要求**

坐姿有如下基本要求。

（1）入座要缓，落座要轻，起座要稳。入座时要有长幼尊卑之分，不能抢先入座。落座要轻，避免座椅晃动或产生较大的响声。起座的时候要向在座的人示意，同时考虑礼仪的先后顺序。

（2）落座后要求头正颈直，双面平视，下颌微收，面部表情自然，躯体尽量保持直立，不要随意后仰或斜靠。

图2-3 站姿的基本训练方法

（3）座椅通常不要坐得太满。在一般情况下，落座时只坐满椅子的 2/3，不要直接坐满，靠到椅子或沙发的后背上；尤其是较为柔软的沙发，更不能坐得太满。

（4）两臂自然弯曲，或握于腹前，或放于双腿或单腿上，不能随意放于脑后或交叉于胸前。

**2. 男士坐姿的常见类型**

（1）双脚垂直型。这是男士的基本坐姿，头正颈直，上身保持直立，双膝并拢，小腿与地面垂直，脚跟靠拢，双臂自然弯曲，双手放在双腿上。这种坐姿非常正式，但略显呆板，在会展实务中并不常见。

（2）垂腿开膝型。上半身与基本坐姿相同，双膝平移分开，双膝外层可与肩同宽，两小腿垂直于地面。双手自然放在双腿上或握拳放在腹前双腿间。

（3）双腿叠放式型。这种方式俗称二郎腿，上半身与基本坐姿相同，右小腿垂直于地面，左腿叠放在右腿上，左小腿向里收，脚尖向下，双手交叉放在左腿上。这种坐姿不是非常正式，在特别正式的场合要慎用。另外，若在工作中采用这种坐姿，叠放在上面的左腿不能抖动，更不能脚尖朝上。

（4）曲直型。这种坐姿的上半身仍然与标准坐姿相同，右小腿回屈，前脚掌着地，左腿仍然保持基本坐姿姿势，双手叠放于左腿上。

**3. 女士坐姿的常见类型**

（1）双脚垂直型。该坐姿是女士的基本坐姿，基本要求与男士基本坐姿相同。不同之处在于：双手相握，叠放在两腿之间；双脚要平行并拢。

（2）双腿斜放型。这是女士最常见的补充坐姿，可分为左斜放型或右斜放型。以左斜放型为例：上半身与基本坐姿相同，左脚向左平移一步，左脚内侧着地，右脚跟着左移，右脚脚弓靠于左脚脚跟处，右脚掌着地，右脚跟提起，双脚、双膝靠拢斜放。这种坐姿尤其适合低矮座位的入座方式。

（3）双腿叠放型。在基本坐姿的基础上，右脚向右平移一步，右脚掌内侧着地，左腿交叠于右腿上，左脚挂在右脚踝处，双腿收紧，脚尖向下。女士的二郎腿坐姿与男士的相比，更加强调双腿要叠放在一起，不能随便分开。

（4）双脚斜交叉型。左脚向左平移一步，左脚掌内侧着地，右脚左移，从左腿后面与左脚在脚踝部交叉。这种坐姿特别强调双膝要靠拢，不能分开，否则极不雅观。

**4. 坐姿的禁忌**

坐姿的常见禁忌有：① 仰头靠在座位背上，这种坐姿显得过于随意；② 身体倒向或靠在一边的座椅扶手上；③双脚纠缠在座位下方，给人留下不自信和局促不安的印象；④把双腿分开伸得很长，那样不仅仅让人产生这个人没有教养的想法，还会让人产生受到歧视的想法；⑤ 跷二郎腿，尤其是双手扣住膝盖不停晃动脚尖，这是一种傲慢无礼的表现。

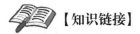【知识链接】

**不同坐姿呈现的心态差异**

落座的动作与坐姿多种多样。这些坐姿动作与坐姿往往与人的心理状态相关。心理学家往往会通过落座的快慢缓急及具体的坐姿来判断当事人当时的心理状态。最常见的有3种。

(1) 猛坐与轻坐。大喜大怒时，性格强悍的人、不拘小节的人，落座时动作大而猛；悲怨沉思时，性格谨慎的人，落座时动作小而迟缓。同自己熟悉要好的亲友会面时，性格开朗的人，落座时动作幅度大，速度快；同初次交往的人相会，会见尊长时，个性文静的人，落座时动作小而轻缓。

(2) 深坐与浅坐。与人交谈时，坐得靠后——深坐或坐得靠前——浅坐，可以反映不同的心理状态和待人态度。深坐，表现出一定的心理优势和充满自信；浅坐，表现出尊重和谦虚；过分的浅坐，则有自卑和献媚之嫌了。

(3) 张腿坐与并腿坐。男子张开双腿而坐，表示个性奔放坦率，胸怀开阔，且有较强的自信和支配欲。女性张腿而坐是不雅观的，不论何时、何地、任何情况，都不可采取这种坐姿。男子并腿坐，表示出严肃、郑重和认真。女子常常采用这种坐姿，表现出端庄和郑重。

## 2.5.3　走姿

### 1. 走姿的基本要求

(1) 头要正，双目平视，收颌。

(2) 肩要平。行走时双肩要保持平稳，避免前后晃动，双臂前后自然摆动，前后摆动幅度控制在30°~40°。

(3) 身体要挺。上身挺直，要收腹立腰，身体稍向前倾，但要避免驼背弓腰。

(4) 脚位要直。双脚尽量走在同一条直线上，脚尖应对正前方，切莫呈内八字或外八字。

(5) 步幅要适中。行走中步幅的大小因性别、身高、年龄等而有差异。一般来讲，行走中两脚落地的距离大约为一个脚长。具体地说，男士约40厘米，女士约30厘米。

(6) 步频要平稳。行走要自然舒缓，避免慌慌张张。男女步频略有差别，女士要走出轻盈的步频感来，通常比男士略快，每分钟120步左右；男士走姿要稳健、洒脱，大约每分钟110步。

**2. 女士穿高跟鞋的走姿**

（1）穿上高跟鞋后，脚跟提高了，身体重心自然地前移。为了保持身体平衡，膝关节要绷直，胸部自然挺起，并且收腹、提臀、直腰。

（2）穿高跟鞋走路，步幅要小，脚跟先着地，两脚落地脚跟要落在一条直线上，像一枝柳条上的柳叶一样，这就是所谓的"柳叶步"。

（3）有人穿高跟鞋走路时，用屈膝的方法来保持平衡，结果走姿不但不挺拔，反而因屈膝、撅臀显得非常粗俗不雅。有这种毛病的人，要训练自己，注意在行进时一定保持踝、膝、髋关节的挺直，保持挺胸、收腹、向上的姿态。

**3. 走姿的禁忌**

行走常见的禁忌有：① 走路时脚位不正，走出内八字或外八字；② 行走时上身不挺立，弯腰驼背，肩歪膀晃；③ 脚不离地，走路蹭地；④ 双手插兜行走；⑤ 遇事慌张，在狭窄的过道疾跑。

## 2.5.4　蹲姿

蹲姿并不常用，但蹲姿却是最能反映一个人举止礼仪素养的姿态。下面以蹲下来捡物来说明蹲姿的基本要求：① 走近物品，让物品在你的右前方；② 左脚在前右脚在后向下蹲去；③ 左小腿垂直于地面，全脚掌着地，大腿靠紧，右脚跟提起，前脚掌着地，左膝高于右膝，臀部向下，上身稍向前倾，以左脚为支撑身体的主要支点（见图 2 - 4）。

蹲姿的禁忌是重心不下降，翘臀弯腰。

图 2 - 4　蹲姿

## 2.5.5　手势动作

会展人员在工作中经常用手来强化表达，并为客户提供服务。举止礼仪对手势的使用也有较为细致的规定。

**1. 手势使用的基本要求**

手势使用不宜过多，尤其是在演讲、会谈中，过多地使用手势会干扰对方对言语的理解；手势不宜过大，避免手舞足蹈、张牙舞爪；手势不宜过快，过快给人压迫感；手势的使用要规范，要合乎惯例。

**2. 几种常见的手势**

（1）"请"的手势。请的起始动作从腹部开始；五指伸直并拢，手心向上，肘微弯曲，腕低于肘；以肘为轴轻缓地向一旁摆出，到腰部并与身体正面成45°时停止；头部和上身微向伸出手的一侧倾斜；另一只手下垂或背在背后；目视宾客，面带微笑。

（2）指示方向。指示方向时与对方的距离要合适，身体稍稍前倾；要用手掌而非手指，手掌呈斜上 45°；手掌高度不能过肩；指尖指向指示方向；前进方向有变化时手势要配合。

（3）传递物品。传递物品要坚持双手递，双手接；同时交换物品时要右手递，左手接；递送物品最好能有高度的变化，在递送的过程中，自下而上有一个高度的弧度，避免直来直去的递送。

**3. 同样的动作不同的含义**

会展人员除了掌握基本的手势动作规范外，还应该知晓在不同文化背景下，同样的动作具有不同的含义，有时甚至有截然相反的含义。会展人员在接待不同的外宾时，首先要了解这个国家在通用手势使用上有没有特别之处。

（1）"OK"不一定 OK。"OK"这个手势是非常熟悉的一个手势，它代表着"好"、"完成"等含义。在美国表示"同意"、"很好"；在法国表示"零"和"没有价值"；在日本则是钱的象征；在巴西则是粗俗下流的意思。

（2）竖大拇指不一定就很棒。竖大拇指在许多国家均表示"好、妙、很出色"等含义，在欧美很多国家还有"搭便车"的含义。在德国代表数字 1；在日本代表数字 5；在澳大利亚则是骂人；在尼日利亚被认为是污辱性的动作。

## 2.5.6　上下车的姿势

会展人员在工作中经常要乘坐交通工具。上下车姿势也有礼仪规范。上下车姿态的基本要求是：上车时重心要下降，臀部先入座，双脚一起收进车里；下车时脚以 45°斜出，站稳后身体重心上移。

上下车的禁忌是：上车时忌讳一只脚先进，爬进车里的动作；下车时忌讳停车先探头。

【知识链接】

---

**细微动作泄露你的心思**

心理学家揭示，人在说话的时候，通常会在不经意之间做出一些小动作。下面 7 个小动作则极有可能暗示你在撒谎。

1. 触摸鼻子

触摸鼻子的手势一般是用手在鼻子的下沿很快地摩擦几下，有时甚至只是略微轻触。和遮住嘴巴一样，说话者触摸鼻子意味着他在掩饰自己的谎话，聆听者做这个手势则说明他对说话者的话语表示怀疑。

---

### 2. 用手遮住嘴巴

下意识地用手遮住嘴巴，表示撒谎者试图抑制自己说出那些谎话。有时候人们是用几个手指或紧握的拳头遮着嘴，但意思都一样。有的人会假装咳嗽来掩饰自己遮住嘴巴的手势。

### 3. 摩擦眼睛

当一个小孩不想看见某样东西时，他会用手遮住自己的眼睛。大脑通过摩擦眼睛的手势企图阻止眼睛目睹欺骗、怀疑和令人不愉快的事情，或是避免面对那个正在遭受欺骗的人。电影演员们常用摩擦眼睛的手势表现人物的伪善。男人在做我不想看它这个手势时往往会使劲揉搓眼睛；如果他试图掩盖一个弥天大谎，则很可能把脸转向别处。相比而言，女人更少作出摩擦眼睛的姿势，她们一般只是在眼睛下方温柔地轻轻一碰。这一方面是因为淑女风范限制她们作出粗鲁的手势，另一方面也是为了避免弄坏妆容。不过，和男人一样，女人们撒谎时也会把脸转向一边，以躲开听话人注视的目光。

### 4. 抓挠脖子

抓挠脖子的手势是：用食指（通常是用来写字的那只手的食指）抓挠脖子侧面位于耳垂下方的那块区域。根据观察得出的结论是，人们每次做这个手势，食指通常会抓挠5次。食指运动的次数很少会少于5次或者多于5次。这个手势是疑惑和不确定的表现，等同于当事人在说："我不太确定是否认同你的意见。"

### 5. 拉拽衣领

撒谎会使敏感的面部与颈部神经组织产生刺痒的感觉，于是人们不得不通过摩擦或者抓挠的动作消除这种不适。这种现象不仅能解释为什么人们在疑惑的时候会抓挠脖子，它还能解释为什么撒谎者在担心谎言被识破时，就会频频拉拽衣领。这是因为撒谎者一旦感觉到听话人的怀疑，血压就会升高，使脖子不断冒汗。

当一个人感到愤怒或者遭遇挫败的时候，也会用力将衣领拽离自己的脖子，好让凉爽的空气传进衣服里，冷却心头的火气。当看到有人做这个动作时，你不妨对他说，"麻烦你再说一遍，好吗？"或者"请你有话就直说吧，行吗？"这样的话会让这个企图撒谎的人露出马脚。

### 6. 手指放在嘴唇之间

将手指放在嘴唇之间的手势，与婴孩时代吸吮母亲的乳头有着密切的关系，是潜意识里对母亲怀抱里的安全感的渴望。人们常常在感受到压力的情况下作出这个手势。

### 7. 抓挠耳朵

小孩为了逃避父母的责骂会用两只手堵住自己的耳朵，抓挠耳朵的手势则是这一肢体语言的成人版本。抓挠耳朵的手势也有多种变化，包括摩擦耳郭背后，把指尖伸进耳道里面掏耳朵，拉扯耳垂，把整个耳郭折向前方盖住耳洞，等等。

思　考　题

1. 个人卫生"六清洁"指的是什么？
2. 发型选择"五协调"的含义是什么？
3. 化妆的五原则与七步骤有哪些内容？
4. 怎样理解目光凝视区域？
5. 微笑有哪些基本要求与训练方法？
6. 常见的微表情有哪些？各自代表什么含义？
7. 站姿有哪些基本要求与类型？
8. 坐姿有哪些基本要求与类型？
9. 蹲姿有哪些基本要求？
10. 怎样理解"请"、"指示方向"、"传递物品"等基本手势动作的礼仪规范？
11. 请举例说明文化差异对手势动作所代表含义的影响。

# 第3章 会展人员的着装礼仪

> 【**学习目标**】理解着装的原则；掌握并践行男士着装、女士着装的礼仪规范；了解着装的礼仪禁忌；掌握饰物搭配技巧。
>
> 【**主要内容**】着装的 TOP 原则、Dress Code 的各种具体含义，男士西装穿着的基本技巧，男士西装穿着的禁忌，男士礼服的类型及穿着场合，女士着装的基本要求与禁忌，首饰、手表、皮具与围巾的搭配技巧。

英国文学大师莎士比亚说："一个人的穿着打扮是他自身教养的最形象的说明。"对会展企业或参展企业而言，现场工作人员的穿着绝不仅仅是个人的爱好与兴趣，它直接体现了公司的管理水平，影响公司的形象。因此，许多公司对员工在工作场合的穿着都有明确的规定。所谓着装礼仪是指个人在穿着方面，尤其是在正式场合的穿着方面应该遵循的礼仪规范。

## 3.1 着装的原则

### 3.1.1 着装的 TOP 原则

国际上公认的着装原则是 TOP 原则。TOP 是 3 个英语单词的缩写，它们分别代表时间（Time）、场合（Occasion）和地点（Place），即着装应该与当时的时间、所处的场合和地点相协调。

**1. 着装要和时间相符的原则**

着装应考虑时代变化、四季变化和一天各个时段的变化。

（1）无论是男士还是女士的服装，每个时期流行的款式都不一样。着装时要尽量避免已经明显过时的款式。

（2）春夏秋冬不同季节气候、温度会有很大变化，着装上也会有所不同。

（3）在有些地方早中晚温差变化大，着装也要随着变化。会展人员活动范围大，奔波于不同地区，要想穿着适度，就需要提前了解目的地的气候和温度变化情况。

**2. 着装要和场合相符的原则**

会展人员与客户会谈、参加正式会议等，衣着应庄重考究；听音乐会或看芭蕾舞，按惯例应着正装；女士出席正式宴会时应穿中国的传统旗袍或西方的长裙晚礼服；而在朋友聚会、郊游等场合，着装应轻便舒适。试想一下，如果大家都穿便装，你却穿礼服就有欠轻松；同样的，如果以便装出席正式会议，不但是对会议举办者的不尊重，也会令自己颇为尴尬。

**3. 着装要和地点相符的原则**

如果在自己单位里接待客户，穿着可以稍稍休闲一些。如果是去客户公司拜访，穿着一定要非常正式。去外地出差还要顾及当地的传统和风俗习惯，如去中东伊斯兰国家拜访客户，女士都不能穿过露或过短的服装，甚至需要准备裹头和包脸的纱巾。

## 3.1.2　着装应遵循的其他原则

除了遵循国际上公认的着装 TOP 原则之外，会展人员的着装还应该遵循以下原则。

**1. 正式和整洁的原则**

在各种会展活动中，会展人员应遵循正式和整洁的原则。正式是指在绝大多数场合下，应着正装参加。一般地来讲，男士要穿西装，女士要穿套裙。正式的原则另外一层含义是，在不知道如何穿着合适的时候，穿着正式强于穿着随意。整洁的原则是指着装要整洁干净，衣服上不能有灰尘、污垢和褶皱，也不能有头皮屑等异物。

**2. 着装要符合企业文化的原则**

会展人员在工作场合的着装还要考虑企业文化氛围，与公司办公环境与同事的穿着相吻合。例如，许多会展公司策划部的文化都强调个性和随意，夹克、牛仔、休闲服是员工的最爱。在这种环境下，西装革履反而显得格格不入。

【知识链接】

**Dress Code 知多少**

参加西式社交场合，请柬上往往会注明 Dress Code，即着装规则。会展人员要理解这些着装规则的具体含义。具体地说来有以下几点。

（1）White Tie，超正式礼服，在目前的日常社交中并不多见，只适合非常正式的场合。男士一般要穿燕尾服，女士要穿正式的晚礼服。在这种场合，男士穿西装，女士穿套裙通常也被认为不合时宜的。

（2）Black Tie/Formal，正式礼服，男士通常穿无尾的礼服，女士通常穿比较正式的晚礼服或小礼服。

（3）Black Tie Optional，随意正式礼服，男士通常不必穿 Tuxedo（无尾晚礼服），只要穿着质量很好的深色西装就可以了，黑色的西装是最好的选择；女士礼服的长短可随意，或穿考究的西服。

（4）Creative Black Tie，创意正式礼服，男士可穿摩登礼服，以无尾晚礼服为基础，作出个性化的时尚搭配；女士可穿正式晚礼服，搭配有个性的时尚饰物。

（5）"Semi-formal"，半正式礼服，半正式是指着装稍稍正式即可，适用于半正式场合，如出席鸡尾酒会。男士穿着深色西装，女士穿着小礼服或优雅大方的套装。

（6）Business Casual，商务便装，适合于非正式、比较随意的商务场合。男士不必穿成套的西装，也不必打领带；女士不必穿套装。商务便装不同于休闲便装，牛仔裤、运动鞋、无领 T 恤衫等休闲装束并不属于这类着装。

（7）Holiday Casual，节日便装，男士与女士的着装与 Business Casual 着装要求相同，需要加些节日的主题色彩和配饰。

# 3.2 男士着装的礼仪

在现代社会，会展人员在各种正式场合的穿着主要是西装，因此主要介绍西装的着装礼仪。

## 3.2.1 男士西装的类型

男士西装的变化主要在于领口的样式和大小、扣子的排数与个数、垫肩的有无、西服后片开衩、有无收腰等。根据这些方面的变化，人们通常将西装分为以下几种。

**1. 欧式西装**

欧式西装是欧洲大陆流行西装的泛称，主要包括意式（意大利）和法式西装。欧式西装的基本特征是：轮廓是倒梯形，双排扣、收腰、肩宽，实际上就是肩宽收腰，这和欧洲男人比较高大魁梧的身材相吻合。选西装时，对这种欧版西装，要三思而后行，因为中国人的肩不是太宽。

**2. 英式西装**

英式西装是在欧式西装的基础上变化而来的。它的主要特征是单排扣，但是领子比较狭长，和盎格鲁－撒克逊人这个主体民族有关。盎格鲁－撒克逊人的脸形比较长，所以他们的西装领子比较宽广，也比较狭长。英版西装，一般是三个扣子的居多，其基本轮廓也是倒梯形。

**3. 美式西装**

美式西装的基本特征是 O 型。它宽松肥大，适合于休闲场合穿。所以美版西装往往以单件者居多，一般都是休闲风格。美国人一般着装的基本特点可以用 4 个字来概括，就是宽衣大裤。强调舒适、随意，是美国人的特点。与欧式、英式西装相比，美式西装不是太正式。

**4. 日式西装**

日式西装的基本轮廓是 H 型的，它多是单排扣式，衣后不开衩。它适合亚洲男人的身材，没有宽肩，也没有细腰。

会展人员没有必要记住这些西装的特征，但应该明白的一个常识是：不同体态的人适合不同类型的西装。每个人应根据自己的体貌特征选择适合自己的西装类型，而不要盲目跟风。

## 3.2.2　男士西装的颜色

男士在正式场合穿着的西装都应该是深色的。会展人员应该有 3 套不同颜色的正装西装。首选的颜色是藏蓝色。藏蓝色西装适合绝大多数场合，假如只有一套西装，应该选藏蓝。其次是灰色。灰色西装显得成熟和典雅，浅灰色适合年轻人，深灰色适合年龄稍长者。再次是黑色。黑色西装比较酷，它适合具有一定娱乐性的场合，如年会等。会展人员还应该有一套浅色西装，如米色西装，它适合于各种休闲场合，尤其是夏天露天活动时穿着。

## 3.2.3　男士西装的"三色定律"与"三一定律"

"三色定律"是指男士穿西装时，全身的颜色（包括西服、皮鞋、衬衣、领带、袜子、腰带和公文包）应该控制在 3 种颜色以内，而不应该超过 3 种或 3 种以上。当然这里所说的 3 种颜色是指 3 大色系，而不是指 3 种具体的颜色，如深蓝与浅蓝可以归为一种颜色。"三色定律"是保证男士穿西装时达到干净利落的整体穿着效果。颜色太多则很难达到这一效果。

"三一定律"是指男士在穿西装时，皮鞋、腰带和公文包要尽量保持一个颜色，通常情况下以黑色为佳。"三一定律"同样是为了达到上述效果。

### 3.2.4　男士西装的大小与长短

西装不能太宽松，一般是按自己的胸围放松 10～12 厘米。

西装上衣合适的长度是：双手自然下垂，上衣下边缘位于食指的第二关节处或衣长正好到臀部下缘。合适的袖长是：双手自然下垂，袖口刚好到手掌虎口。西裤合适的长度是：站直后裤脚盖住脚背，穿上皮鞋之后裤脚与鞋跟上沿齐平。

### 3.2.5　穿西装配衬衣

男士在正式场合穿西装，一定要配衬衣、打领带。西装的衬衣首选白色、淡蓝、中蓝等单色衬衫，上述颜色的衬衣比较容易搭配领带。另外，嫩黄、粉红的衬衣也很受欢迎。除了单色衬衣之外，白底条纹、小格子衬衫也适合穿西装，这类穿着会显得比较时尚。但穿这类衬衣时，领带最好是单色，无图案的。

深色衬衫和花纹衬衫一般不适合配正式西装。会展人员在较为正式的工作场合中应尽量避免穿上述衬衣。

### 3.2.6　领带的打法与搭配

会展人员从事正式的商务活动应始终打领带，因为领带是"尊重、信任、有文化"的象征。

**1. 领带的图案与款式**

领带的图案比较多，一般来讲，素色、斜纹、圆点和几何图案的领带都能够与任何款式的西服或衬衫搭配。但是要注意的是，草履虫的图纹却只能在休闲时穿戴，在正式场合要慎用，否则会有失大雅。

领带的款式主要在领带的宽度上，常用的领带宽度多为 8～9 厘米，最宽的可达 12 厘米，最窄的仅有 5～7 厘米。领带基本上分为上述 3 种，可以根据自己的爱好来选择。

**2. 领带的打法**

领带的打法比较多，有马车夫结、亚伯特王子结、浪漫结、双交叉结、双环结、交叉结、平结、半温莎结（十字结）、四手结、温莎结等近 10 种。每种打法形成的领结大小各有不同，适合不同的领带。常见的打法有如下几种。

（1）马车夫结。马车夫结的打法如图3-1所示，其特点在于先将宽端以180度由上往下扭转，并将折叠处隐藏于后方完成打结，这种领结非常紧，适用于质地较厚的领带。因流行于18世纪末的英国马夫中而得名。

（2）双环结。双环结的打法如图3-2所示，该领结的特色在于第一圈会稍露出于第二圈之外，切勿刻意将其掩盖。双环结适用于细领带，双环结能营造时尚感，适合年轻的上班族。

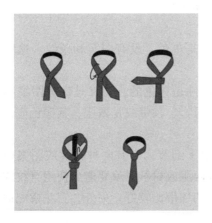

图3-1　马车夫结的打法

图3-2　双环结的打法

（3）温莎结。因温莎公爵而得名的领带结，是最正统的领系法，打出的结成正三角形，饱满有力，适合搭配宽领衬衫，用于出席正式场合（见图3-3）。切勿使用面料过厚的领带来打温莎结。

（4）半温莎结（十字结）。顾名思义，它是温莎结的改良版，较温莎结更为便捷，适合较细的领带及搭配小尖领与标准领的衬衫，但同样不适用于质地厚的领带（见图3-4）。

图3-3　温莎结的打法

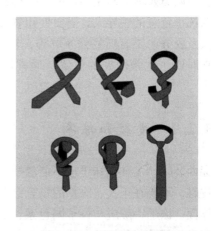

图3-4　半温莎结的打法

**3. 领带与西装、衬衣的搭配方式**

单纯从色彩上来讲，领带和衬衣的搭配方法有 3 种。

（1）同色系层次搭配法，如深蓝色西装、蓝色条纹衬衣配上浅蓝斜纹领带。

（2）对比色搭配法，如深蓝色西装、白色衬衣配上红色领带。

（3）相近色搭配法，如咖啡、卡其色配上绿色或金黄色。

西装、衬衣、领带的整体搭配，也有 3 种情形。

（1）三单搭配法，也就是说西装、衬衣和领带都是单色，没有图案和条纹。这种搭配最保险，因为色彩单一，不容易出差错。

（2）二单一花搭配法，即西装、衬衣和领带有两件是单色的，一件是带有图案和条纹的。这种搭配要注意：有花纹或图案的那件，无论是衬衫、领带或是西服，其颜色应该与其他两种颜色的一种相同。

（3）二花一单搭配法。这种搭配方法需要注意以下细节：当有两种花纹或图案时，必须先区分出图案的强弱和图案的走势。如果穿直条纹西服或衬衫时就要避免使用直纹或横纹的领带，最好用斜纹、圆点或草履虫色等没有方向性的领带比较好。另外，三花搭配通常不允许，因为三花搭配太乱，达不到干净利落的效果。

**4. 领带的长短**

领带的长短要适宜。过短压不住衬衫，仿佛脖子上套了根绞索，又好像大人系了根孩子的领带；过长则易左右晃荡，显得不稳重。领带的长度应以领带尖下垂触及裤带扣为宜，身材过高或过矮的男士，不妨定制与自己合适的领带，以防因领带长短失当而贻笑大方。

**5. 领带夹的使用**

领带夹的主要作用是固定领带，在一般场合下，会展人员不需要使用领带夹。在通常情况下，有两类人需要使用领带夹。一种是 VIP，重要的领导，经常有户外活动；尤其是经常跟民众挥手致意的领导人，需要使用领带夹固定领带。另外一个群体是穿制服的工作人员，如军人及税务、工商机关公务员等，领带夹上有 Logo，是整套装饰的一个组成部分。使用领带夹时要注意领带夹的位置，通常情况下，领带夹的位置在衬衣从上面数第四粒扣子附近。

### 3.2.7　皮鞋和袜子

穿西装时，皮鞋和袜子也不能忽视。常规的做法是皮鞋应是黑色或棕色的，最安全的是黑色皮鞋。不要在正式、隆重的场合穿着非黑色皮鞋，即使它被擦拭得十分体面，也会显得不够体面。袜子一般应与裤子同色系，作为礼仪场合应穿黑袜。在西方社会，深色西装、黑皮鞋配白袜子被戏称为毛驴腿，这是最没有教养的男士的表现。穿西装只有一种情形可以穿白袜子，浅色的休闲西装，尤其是白色西装配白皮鞋。

### 3.2.8  穿西装扣扣子

单排扣西服可以把衣襟敞开而不扣。具体来说，单排一粒扣，较随意，可扣可不扣；二粒扣时，只扣上面一粒或全扣上；三粒扣时，只扣中间一粒或扣上面两粒，同时也可三粒扣全扣上；四粒扣时，则综合上面的方法。双排扣西服则在稍正式场合都应把纽扣扣上。

### 3.2.9  男士西装着装的禁忌

**1. 西装不合身**

西装不合适是男士穿西装的一大忌，它会直接影响到穿着效果。西装不合身的表现有：裤腿太短，这会有失庄重，略显滑稽；裤裆太大，这会使人显得不整洁、拖拉、不挺拔利落；衬衣过分肥大，领脖间存在较大空隙；西服上衣袖子过长，无法使衬衣的袖口露出来。

**2. 穿西装套内衣或毛衣**

在西方，西服套装有两件套与三件套之分。两件套包括一衣和一裤，三件套则包括一衣、一裤和一件背心。男士在穿西装时，除了穿两件套、三件套之外，就是衬衣。不管是衬衣里面套内衣还是衬衣外面套毛衣，都会使西装显得鼓鼓囊囊，不够利落。

**3. 西装、衬衣、领带搭配不和谐**

穿西装时上身的搭配很重要，西装上衣、衬衣和领带搭配不和谐，很容易出现问题。在这方面常见的问题有：西装、衬衣、领带的色彩太杂乱；穿条纹西装配方格衬衣；穿纯白衬衣不打领带；不扣衬衫扣就戴领带；领带系得过长或过短。

**4. 西装口袋和腰间装挂太多物件**

有些男士胸前口袋中放着烟，甚至笔和笔记本，胀得鼓鼓的，腰间也挂着钥匙、小钱包，甚至手机之类的物品。男士穿西装时上衣口袋及西裤口袋尽量少放物品，腰间只保留腰带即可。

**5. 西装与腰带、公文包不配套**

腰带和公文包是男士穿西装时重要的配饰。西装的三一定律要求皮鞋、腰带和公文包最好保持在同一个色系，最好是同一个颜色。如果颜色过多，则显得杂乱。

**6. 西装与鞋袜不配套**

鞋袜与西装不配套也是穿西装的大忌。这方面的禁忌有：男士穿西装时穿运动式皮鞋，甚至穿运动鞋；穿正式西装穿浅色皮鞋和浅色袜子；穿西装时穿尼龙袜；鞋袜比较脏或有破损。

【知识链接】

---

**西方社会礼服的类型及穿着场合**

在国际社交场合，男士的正装是礼服。将礼服的主要类型及穿着场合叙述如下。

（1）晨礼服（Morning Coat or Cutaway）。上装为灰、黑色，后摆为圆尾形，下衣为深灰色底、黑条子裤。系灰领带、黑皮鞋，黑礼帽等。这种礼服在白天参加典礼，星期日教堂礼拜，以及参加婚礼等场合穿用。

（2）小礼服。也称晚餐礼服或便礼服（Tuxedo, Smoking Dinner Jacket or Black Tie），为全白色或全黑色西装上衣，衣领镶有缎面，腰间仅一纽扣，下衣为配有缎带或丝腰带的黑裤。系黑色领结，黑皮鞋。穿着这种礼服一般为参加晚6时以后举行的晚宴、音乐会、剧院演出等活动。

（3）大礼服。或称燕尾服（Full Evening Dress or Tail Coat），为黑色或深蓝色上装，前摆齐腰剪平，后摆剪成燕尾样子。翻领上镶有缎面。下衣为黑或蓝色配有缎带、裤腿外面有黑丝带的长裤，系白色领结。配黑色皮鞋黑丝袜、白色手套。燕尾服也属于晚礼服，一般在下午6时以后穿着，所以又称为夜间的大礼服。燕尾服一般在婚礼后夜宴、迎宾入席、晚间陪客等社交场合穿用。

---

# 3.3 女士着装的礼仪

## 3.3.1 女士正装的基本要求

女士在正式场合下的标准职业着装是西服套裙，有如下基本要求。

**1. 女士正装在面料、款式等方面自由度比较宽泛**

与男士西装相比，女士正装在面料、款式和颜色等方面自由度都宽泛得多。面料方面首选毛料；款式方面则为套裙，即西装上衣和裙子是成套的；颜色方面以冷色调为主，灰色、黑色、淡蓝、棕色、驼色都可。但在正式场合，应尽量避免浅黄、粉红、浅绿或橘红色等颜色的套装，因为它们的颜色过于抢眼。

**2. 女士穿套裙最好配衬衣**

衬衫的颜色可以是多种多样的，但要注意与套装相配。面料上丝绸衬衣是首选，但干洗会比较麻烦；纯棉衬衣也可，但要保证浆过并熨烫平整。衬衣领既可以是自带花边修饰的，也可以是普通衬衣领。但如果是普通衬衣领，最好打领花或丝巾。

**3. 套裙的长短要合适**

西服套裙的裙子既不能过长，也不能过短，合适的长度是女士落座后，裙边在膝上 10 厘米左右。

**4. 套裙要配长筒丝袜或连裤袜**

颜色以肉色、黑色为主，尤以肉色长筒丝袜最为得体。袜子大小要合适，太大会往下掉，或者显得一高一低。尤其要注意，女士不能在公众场合整理自己的长筒袜，而且袜口不能露在裙摆外边。不要穿带图案的袜子，因为它们会惹人注意你的腿部。应随身携带一双备用的透明丝袜，以防袜子拉丝或跳丝。

**5. 脚上要穿正装皮鞋**

女士穿套裙时，鞋跟不要太高，以三四厘米为主。正式场合不要穿凉鞋、后跟用带系住或露脚趾的鞋。皮鞋的颜色应与衣服下摆一致或再深一些。衣服从下摆到鞋的颜色一致，可以使大多数人显得高一些。一般来讲，皮鞋的颜色以黑色、藏青色、暗红色、灰色或灰褐色为佳。不要穿红色、粉红色、玫瑰红色和黄色的鞋。

### 3.3.2　西式社交场合女士礼服的类型及适合场合

在西方，女士的礼服常分为常礼服、大礼服和小礼服等。

（1）常礼服为质料、颜色相同的上衣与裙子，可戴帽子与手套。特指白天外出作正式拜会访问时穿的正式服装，如参加婚礼和重大庆典时的穿着。

（2）大礼服则为一种袒胸露背的单色拖地或不拖地的连衣裙式服装，并佩戴颜色相同的帽子，长纱手套及各种头饰、耳环、项链等首饰。大礼服又称晚宴服、夜礼服、舞会服。是晚上 8 点以后穿着的正式礼服，是女士礼服的最高档次，是最具特色充分展示个性的礼服样式。适合出席重要宴会，如国宴、盛大的正规宴会时穿着。

（3）小礼服又称准礼服、鸡尾酒会服，介于常礼服与大礼服之间，比大礼服简略，它一般为长至脚背而不拖地的露背式单色连衣裙式服装。一般是傍晚时分穿着的礼服，适合一般的宴会和聚会。

### 3.3.3　旗袍穿着的礼仪规范

在我国正式社交场合的礼服是旗袍。女士在正式场合穿着旗袍的礼仪规范有以下几点。

**1. 旗袍面料选择有讲究**

现在制作旗袍的高档面料主要是真丝系列面料，传统的织锦缎系列的使用率也很高。当然面料的选择跟穿着季节也有很大关系。夏季旗袍宜选用棉布、绸缎、亚麻等面料，秋冬季节可选用锦丝绒、五彩缎等面料。

**2. 旗袍的尺寸一定要合身**

旗袍是合身要求极高的服装，穿着旗袍前，首先，必须准确测量出自己的"三围"，然后试穿，并观察"三围"是否贴体舒适。其次，还必须检查领子、衣身、袖长等细节之处，以求精准。旗袍尺寸大小不同于连衣裙等服装，要求十分严格，否则将会失去旗袍的独到之处。

**3. 旗袍的款式要相当保守**

旗袍的款式主要体现在旗袍的领口、袖子、开衩等处。现代旗袍的款式也很多，如从袖子来说有长袖的、短袖的和无袖的；从领口来说有立领的、立领胸前镂空的还有 V 领的；开衩的位置也有高有低。会展人员在正式场合如果需要穿旗袍，应选择相当保守的款式，尽量避免无袖的、镂空面积比较大的、开衩较高的旗袍。

**4. 穿旗袍时要注意饰物的搭配**

旗袍是单件穿着，如果没有饰物相配则会略显单薄。一般情况下可佩戴金银、珍珠、玛瑙等精致饰物。饰物的选择要考虑与旗袍面料、图案和款式的搭配，更不能"喧宾夺主"。

**5. 穿旗袍时不要忽视皮鞋的选择**

在正式场合，宜穿与旗袍颜色相同或相近的高跟或半高跟皮鞋。

## 3.3.4 女士着装的禁忌

**1. 过分杂乱**

女士着装要注重整体搭配的和谐，无论是色彩还是饰品都要避免琳琅满目，避免让人感到杂乱无章。

**2. 过分艳丽**

在正式场合，女士的穿着打扮应该以庄重保守为佳，过分艳丽的，如浅黄、粉红、浅绿或橘红色套裙都不适合在正式场合穿着。

**3. 过分透视**

在正式场合，女士应尽量避免过分透视的穿着，过薄、过透、颜色过浅的服装应慎穿。如果是上述面料的套装，一定要配衬裙，衬裙要选择单色，尽量和套装相协调。女士在正式场合尤其禁忌穿着能看到内衣的透视套装。

**4. 过分短小暴露**

女士在正式场合穿着太短太暴露会给人不庄重、不雅致的感觉。上衣的上限是齐腰，露腰露腹的上衣不雅观；套裙不能太短，超短裙绝对不提倡。

**5. 过分紧身**

在正式场合，套装的肥瘦也要合适，过分凸显身材的套装也不宜穿。

除了上述常规的穿着禁忌之外，女士在正式场合还要注意几个具体的穿着禁忌：黑色皮裙绝对不能穿；套裙、皮鞋、丝袜不配套；光腿不穿袜子；出现裙子一截、袜子一截、腿肚子一截的三截腿现象；袜子出现残破、抽丝的现象。这些穿着行为也会极大地损害女士的形象。

# 3.4　饰品的选择

饰品又称为饰物，是指在整体穿着中起装饰作用的一些配件，如首饰、手表、皮具、围巾等。在某种意义上，饰品已不仅仅是服装的点缀和衬托，已成为服装不可分割的一部分。在正式场合，除了正装的选择之外，饰品的选择与搭配也是很重要的一个环节，会展人员还要了解一些饰品佩戴的常识。

## 3.4.1　首饰的佩戴

在日常生活中，人们经常将饰品与首饰混为一谈，但二者是有区别的。首饰一般只包括耳环、项链、手镯、胸针、戒指等。在整个饰品佩戴中，首饰处于核心位置。在首饰的佩戴上要遵循一定的礼仪规范。

### 1. 以少为佳

在工作场合，首饰的佩戴要限制数量，遵循以少为佳的原则。一般情况下，首饰佩戴的总数尽量不超过 3 个，同种首饰不宜超过两件。

### 2. 注重协调

首饰的佩戴要考虑年龄、体形、职业、服装和脸型的整体协调与配合，如 35～45 岁的中年女士不宜佩戴颜色太艳丽、造型太复杂的首饰；身材矮胖的应选择细长而造型简洁的项链以增加视觉的延伸；穿着礼服参加宴会则可佩戴一些较鲜艳夺目的珠宝首饰，如钻石耳环、镶钻石的胸针、红宝石吊坠等；耳环和项链的佩戴尤其要注意与脸型、头颈比例的协调。

### 3. 男女有别

在许多场合，佩戴首饰是女士的专利。除结婚戒指之外，男士在工作场合不宜佩戴过多的首饰。另外，在工作场合，首饰佩戴也要符合传统的观念，如"男戴观音女戴佛"等。

### 4. 注重身份

在工作场合，会展人员佩戴首饰要注意自己的身份与地位，3 种类型的首饰不宜佩戴：过分炫耀个人财富的首饰，如大克拉的钻戒、粗重的金项链、名贵宝石首饰等；过分显示性别魅力的首饰，如脚链；影响工作效率或妨碍工作的首饰，如较大的耳环、过重的手镯、较大的戒指等。

### 3.4.2　手表的佩戴

手表又称腕表，它不仅仅是一种计时工具，更是一种非常重要的饰品。尤其对男士而言，男士的手表相当于女士的首饰，它是一件十分关键的饰品，社会上流传"男人看表"的说法，即男士手腕上佩戴的手表往往显示了他的身份、地位与品位。同样的，一块高档的、精致腕表也会令女士的着装熠熠生辉。手表佩戴的礼仪有如下几种。

**1. 手表佩戴要注重档次**

人们一般都是依据价格来区分其档次的。手表的档次可分为豪华表、高档表、中档表、低档表等4类。豪华表的价格都在数10万以上，高档表的价格通常在万元以上，中档表的价格在数千元之间，低档表的价格通常在千元以下。选择手表的档次先要量力而行，但在条件允许的前提下，尽量选择档次较高的手表。在正式场合，尽量不佩戴低档表，更不能佩戴劣质表或假冒手表。实在条件不具备，不佩戴也不失为一种选择。百达翡丽、爱彼、伯爵、江诗丹顿、劳力士、欧米茄等品牌的表价格都不菲，档次也较高。

**2. 手表佩戴要注意与服装相协调**

一款上好质地的皮表带正装表会永远散发一种优雅成熟的韵味，无论在办公室还是正式的商务场合都会和环境显得和谐；璀璨而熠熠生辉的珠宝表最适合的服装是礼服；简洁而有运动气息的精钢表则最适合搭配休闲装和运动装。会展人员要根据自己的穿着选择合适的手表。

**3. 手表的功能要少而精**

手表最重要的功能是计时，在正式场合佩戴的手表，计时功能要准确。不管是指针式、跳字式还是报时式，都应具有这一功能，并且应当精确到时、分，能精确到秒则更好。只精确到时的手表，显然不符合要求。有些附加的功能，如温度、湿度、风速、方向、血压、步速等，均可有可无，而且以无为好。总之，在正式场合佩戴的手表要有实用价值。

**4. 手表的颜色要相对简洁，避免凌乱**

一般宜选择单色手表、双色手表，不应选择3种或3种颜色以上的手表。不论是单色手表还是双色手表，其色彩都要清晰、高贵、典雅。金色表、银色表、黑色表，即表盘、表壳、表带均有金色、银色、黑色的手表，是最理想的选择。另外，手表的颜色要与服装、肤色相协调。无论表盘还是表带，它们的颜色都要与肤色和衣服的颜色能够相互帮衬。例如，肤色较黑的男士应该远离灰色、浅褐色这类使皮肤看起来很脏的颜色，而斯文拥有白净面貌的男士，搭配时就相对可以随意一些。对于和衣服颜色的搭配，黑与白，明和暗这类带有反差的经典视觉效果，让手表若隐若现，佩带的人会透露出不凡的品位。

另外，在正式场合佩戴手表，还要考虑职业、场合、季节、个性特质等方面因素。

### 3.4.3　皮具的佩戴

皮具在此特指以皮革制作的较高档次的、兼具实用性与装饰性功能的饰品，一般包括皮包、皮夹和皮带等。对会展人员来说，皮具也是重要的饰品，对其佩戴也要符合礼仪规范。

**1. 皮具选用的一般常识**

（1）皮具的选材。皮具的选材很重要，它的面料以真皮为宜，并以牛皮、羊皮制品为最佳。棉、麻、丝、毛、革、塑料、尼龙制作的皮具往往档次不高。但珍稀动物的皮革制品要慎用，因为它不符合现代保护野生动物的理念。

（2）皮具的品牌。在许多重要场合，皮具的品牌会是交往对象关注的一大焦点，如LV、香奈儿、古奇、登喜路等国际品牌，以及金利来、鳄鱼等国内品牌都有很高的知名度。

（3）皮具的颜色。对男士而言，在正式场合皮具的颜色以深色、单色为佳，往往优先考虑黑色与棕色，对浅色、多色甚至艳色的皮具要慎用。但对女士而言，皮具的颜色还要考虑与服装、化妆、肤色的搭配，颜色选择的自由度会更大一些。

（4）皮具的做工。在正式场合下，会展人员使用的皮具，不管其样式、用途如何，做工一定要精良，避免使用做工粗糙的皮具。

**2. 皮包的使用**

（1）皮包的用途要明确。不同类型的皮包具有不同的用途，要按照皮包本来的用途使用皮包。例如，公文包用于装文件、电脑包用于装电脑、肩包用于社交、旅行包用于差旅。对于女士而言，各个包的用途更要专一，不能一包多用，如有必要可同时携带公文包和私人挎包。

（2）皮包要讲究搭配。对男士而言，皮鞋、腰带和公文包要保持同一个颜色，尤以黑色为最佳。对女士而言，更要注重皮包与服装的搭配，如颜色要搭配、质地要搭配、款式要搭配，还要考虑与使用者年龄、身份等方面的搭配。

（3）皮包的携带要规范。不同款式的皮包有不同的携带方式，公文包多以手提为主，腰包是用来系的，还有肩背式的、手挽式的皮包。在正式场合，要按照皮包本来的方式正确携带，不能随意携带。

（4）皮包装载的物品要精简、工整。会展人员参加正式场合，一定要事先对要携带的物品进行归整，把没有必要携带的物品取出来，把需要携带的物品分门别类地放于皮包中，避免把有用、没用的物品一股脑儿地塞入皮包中。

（5）皮包的存放要规范。进入别人室内后，即应将公文包自觉地放在自己就座之处附近的地板上，或主人的指定之处，而切勿将其乱放在桌、椅之上。对女士而言，不同款式的皮包有不同的存放方式，手提包放在背后和椅子之间或大腿上；夹在腋下的小皮包可以放在桌子上；手挽式的提包可一直挽在手臂上。

**3. 皮夹的使用**

皮夹是指用途较为单一、较小的皮具，在工作场合常见的皮夹有钱夹、钥匙夹、名片夹、护照夹等。使用这些皮夹时应注意以下事项。

（1）用途要专一。皮夹通常小，存放的物品比较有限，因此最好做到皮夹专用，例如，钱夹只放置钱币与信用卡，不要放其他的如交通卡、电话卡等物品，避免钱夹鼓鼓囊囊，弄得乱七八糟。

（2）外观要完好。皮夹很小，在正式场合使用外观要完好，褪色、残破、缺损、开线的皮夹最好不用。

（3）放置要到位。在正常情况下，皮夹应放在公文包里、办公桌上或放在衣服口袋里，不能随意乱放。

**4. 皮带的使用**

皮带不仅可以系住裤子或裙子，在很多时候也是饰品。皮带的使用，要注意以下几个方面。

（1）男士皮带的颜色以深色、单色为主，女士的皮带要考虑与服装的搭配。

（2）皮带的款式应以保守款式为主，在正式场合下使用的皮带应该是没有任何图案的。

（3）皮带的尺寸大小要合适。宽度男女有别，男士皮带以 3 厘米为宜，女士的以 2.5 厘米为宜。长度不应过长，应以系好后长过皮带扣 10～20 厘米为宜。

（4）皮带上不宜挂其他物品。在正式场合，皮带上不应悬挂任何物件，手机、钥匙、打火机、钱包等物品都应放在皮包里，而不能挂在皮带上。

## 3.4.4　围巾的佩戴

在现代社会，围巾传统上保暖的功能正在弱化，装饰功能正在强化。围巾的使用有如下技巧。

**1. 围巾的材质要好**

购买围巾时，首先要关注材质。对男士而言，首选羊绒或羊毛的围巾；女士围巾的材质则更加多样，除了羊绒之外，真丝的围巾或方巾也很常见。另外，围巾材质的选择跟季节也有较大关系，冬季尽量选羊绒、羊毛围巾，夏季则首选真丝。

**2. 围巾的颜色忌杂乱**

与其他饰品相比，围巾颜色的选择自由度相对要大一些。与正装或其他饰品相比，围巾的颜色可以更明亮一些，很多人靠围巾来提色。但应当注意的是，围巾的颜色也不能过分杂乱，最好不要超过 3 种。

**3. 围巾的图案要相对简单**

对男士而言，围巾上不能有太多、太乱的图案。在正式场合，首选没有图案的围巾，其次是简单条纹的围巾。对女士而言，图案可更灵活一些，但要注意与服装的协调。

### 4. 围巾的使用男女有别

对男士而言，围巾主要搭在脖子上。对女士而言，围巾的使用范围则广泛得多，可以束发、束腰、束腕、披肩。

1. 会展人员在穿着上应考虑的因素有哪些？

2. 分析常见的西装类型及其适用人群。

3. 西装色彩选择及搭配上的基本要求是什么？

4. 男士西装穿着的禁忌有哪些？

5. 女士西装套裙穿着的基本要求是什么？

6. 首饰佩戴的基本原则有哪些？

7. 手表佩戴的基本技巧有哪些？

# 第4章　会展人员的见面礼仪

【学习目标】认识到见面礼仪的重要性；掌握迎接礼仪的基本步骤；了解称呼礼仪的基本要求和涉外称呼常识；掌握介绍、握手、名片使用礼仪及其禁忌；了解乘车及引导礼仪，进而提高在实际交往见面中的运用能力。

【主要内容】会展人员的迎接礼仪、会展人员的称呼礼仪、会展人员的介绍礼仪、会展人员的握手礼仪、会展人员的名片使用礼仪、会展人员的乘车及引导礼仪。

会展活动中不可避免地要与人接触、会面。在会展人员与他人正式见面，尤其是初次见面时，是否知礼、守礼，往往关系到交往对象对会展人员的第一印象。因此，每一个会展人员都要注意自己的所作所为，恰到好处地展现自己的教养与品位，以此彰显会展企业的文化内涵，为会展活动的顺利进行提供基本保证。一般而论，在正式的会展活动中，见面礼仪包括迎接、称呼、介绍、握手、名片使用、乘车及引导，等等。

## 4.1　会展人员的迎接礼仪

迎来送往，是会展接待活动中最基本的形式和重要环节，是表达主人情谊、体现礼貌素养的重要方面。迎接是给客人最初也是最为重要的印象，也影响着双方进一步的交往和合作。热情、礼貌、周到、细致、规范是迎接礼仪的重要元素，迎接人员要让客人到达目的地的瞬间，体会到方便、看到笑脸、感到宾至如归。

（1）对前来访问、洽谈业务、参加会议或展览的外国、外地客人，应首先了解对方到达的车次、航班，安排与客人身份、职务相当的人员前去迎接。重要的宾客可通过机场礼宾服务部门落实贵宾室。

（2）主人到车站、机场去迎接客人，应提前到达，恭候客人的到来，决不能迟到让客人久等。客人看到有人来迎接，内心必定感到非常高兴；若迎接来迟或因车次或航班变动而错过迎接时间，必定会给客人心里留下阴影，事后无论怎样解释，都无法消除这种失职和不守信誉的印象。

（3）接到客人后，应首先问候"一路辛苦了"，"欢迎您来到××城市"，"欢迎您来到我们公司"，等等。然后向对方作自我介绍，如有名片，可一并呈上。若因某种原因，相应身份的主人不能前往，前去迎接的主人应向客人作出礼貌的解释。

（4）迎接客人应提前为客人准备好交通工具，不要等到客人到了才匆匆忙忙准备交通工具，那样会因让客人久等而误事。

（5）主人应提前为客人准备好住宿，帮客人办理好一切手续并将客人领进房间；同时向客人介绍住处的服务、设施，将活动的计划、日程安排交给客人，并把准备好的地图或旅游图、名胜古迹等介绍材料送给客人。

（6）将客人送到住地后，主人不要立即离去，应陪客人稍作停留，热情交谈。谈话内容要让客人感到满意，如客人参与活动的背景材料，当地风土人情，有特点的自然景观、特产、物价等。考虑到客人一路旅途劳累，主人不宜久留，让客人早些休息。分手时将下次联系的时间、地点、方式等告诉客人。

# 4.2　会展人员的称呼礼仪

称呼被誉为商务交际语言的"先行官"，它不仅体现你的敬意和自身的文化素养，而且体现着双方关系发展所达到的程度和社会风尚，更能有效拉近双方的距离，促使交际的成功。可以说，称呼得体就像亲切的见面礼，使对方获得心理上的满足，使感情更加融洽，沟通更加顺畅。反之，称呼不得体往往会引起对方的不快甚至愠怒，使双方陷入尴尬境地，造成交往梗阻乃至中断。所以作为会展人员，应注意研究称呼技巧，努力提高称呼艺术。

## 4.2.1　称呼的基本要求

商务交际过程中，称呼有以下基本要求。

（1）要采用常规称呼。常规称呼，即人们平时约定俗成的较为规范的称呼。

（2）要区分具体场合。在不同的场合，应该采用不同的称呼。

（3）要坚持入乡随俗。要了解并尊重当地风俗。

（4）要尊重个人习惯。

## 4.2.2 国内常见的称呼方式

中国是礼仪之邦，称呼礼仪可谓丰富多彩。在职场中，彼此之间的称呼有其特殊性，但不失庄重、正式和规范。

**1. 职务性称呼**

在工作中，以交往对象的行政职务相称，以示身份有别、敬意有加，这是一种最常见的称呼方法。

（1）直接称职务。例如，"部长"、"经理"、"主任"，等等。

（2）职务之前加上姓氏。例如，"彭局长"、"陈董事长"、"顾院长"，等等。它是在较为正式的官方活动，如政府活动、公司活动、学术活动中使用的。在一般场合，这种称呼可以约定俗成地简化，如"彭局"、"陈董"、"顾院"。

（3）职务之前加上姓名如"胡锦涛主席"等。这仅适用极其正式的场合。

**2. 职称性称呼**

对于具有职称者，尤其是具有高级、中级职称者，可直接以其职称相称。

以职称相称，下列 3 种情况较为常见。

（1）仅称职称。例如，"教授"、"律师"、"工程师"，等等。

（2）在职称前加上姓氏。例如，"王工程师"、"魏编审"、"李研究员"，等等。有时，某些职称称呼也可进行简化，如"王工程师"简称为"王工"。但使用简称应以不发生误会、歧义为限。

（3）在职称前加上姓名。例如，"安文教授"、"杜锦华主任医师"、"郭雷主任编辑"，等等。它适用于十分正式的场合。

使用技术职称称呼，说明被称呼者是在该领域中的专家或权威人士，暗示他在这方面是说话算数的。

**3. 学衔性称呼**

工作中，以学衔作为称呼，体现被称呼者在专业领域的学术造诣情况，有助于增强现场的学术气氛。

称呼学衔，也有 4 种情况使用最多。

（1）仅称学衔，如"博士"。

（2）在学衔前加上姓氏，如"吴博士"可以简称为"吴博"。

（3）在学衔前加上姓名，如"方伟博士"。

（4）将学衔具体化，说明其所属学科，并在其后加上姓名。例如："史学博士杨文宇"、"工学硕士郑伟"，"法学学士李子函"，等等。此种称呼最为正式。

**4. 行业性称呼**

在工作中，有时可按行业进行称呼。

对于从事某些特定行业的人员，可以直接以被称呼者的职业作为称呼。例如，"老师"、"教练"、"律师"、"警官"、"医生"、"大夫"，等等。

在一般情况下，在此类称呼前，均可加上姓氏或姓名。有一个行业要注意，就是会计，一般人不太喜欢别人称"××会计"。

**5. 姓名性称呼**

在工作岗位上称呼姓名，一般限于同事、熟人之间。其具体方法有 3 种。

（1）直呼其名。庄严、严肃的场所，如法庭、拘留所、课堂上；关系较好的同学和同事之间；姓名只有两个字更常见。直呼其名有些鲁莽，不适用于初次交往，也不常用于商务场所。

（2）只呼其姓，不称其名。这种称呼要加上"老"、"大"、"小"等前缀。这种称呼在相熟的同事之间经常使用，或相熟的朋友之间。在商务交往中不太常见。

（3）只称其名，省略姓氏。这种称呼显得比较亲切，通常限于同性之间，尤其是上司称呼下级、长辈称呼晚辈之时。在亲友、同学、邻里之间，也可使用这种称呼，一般在非正式场合。

**6. 泛"尊称"**

它是指对社会各界人士在较为广泛的社交场合中都可以使用的表示尊重的称呼。例如，"小姐"、"女士"、"先生"、"老师"，在不知道对方姓名及其他情况（职务、职称、行业）时可采用泛尊称。其中，"小姐"、"女士"二者的区别在于：未婚者称"小姐"，但在某些场合要慎用。已婚者或不明确其婚否者则称"女士"。在商业、服务业等行业，"小姐"、"女士"、"先生"这些称呼极其通行。在此种称呼前，可加姓氏或姓名。如果是年长、有身份的人，可以把"老"字和其姓倒置，这是一种尊称，如"张老"、"王老"。

**7. 致意**

已经相识的友人或熟人之间在相距较远或不宜多谈的场合下用无声的动作、简单的语言相互表示友好与尊重的一种问候礼仪。①致意的顺序：男士先向女士致意；晚辈先向长辈致意；未婚者先向已婚者致意；学生先向老师致意；职位低者先向职位高者致意。②致意的方式有：举手致意；点头致意；微笑致意；脱帽致意，主要适用于戴礼帽或其他有檐帽的男士。当男士行脱帽礼时，女士回礼不脱帽，采用其他方式回复。

**8. 群体称呼**

如果群体中有年长者也有年轻人或异性在场，注意称呼的顺序。一般应先长后幼、先上后下、先女后男、先生疏后熟识为宜。

## 4.2.3　涉外场合称呼的常识

涉外交往中，由于国情、民族、宗教、习惯、文化背景不同，称呼就显得千差万别。所以，在称呼礼仪中，一要掌握一般性规律，二要注意国别差异。

**1. 涉外场合称呼常见的注意事项**

（1）注意区分哪一个是姓、哪一个是名。

（2）欧美国家平等意识比较强，通常情况下喜欢别人直接称呼他的姓氏＋先生（小姐、女士）。

（3）国外对于专业技术头衔和学术头衔比较看重。例如，××博士，都喜欢放在最显眼的位置，称呼也是这样。与此相比，行政职务反倒不很看重。

（4）外国人在称呼的时候特别能够看出亲疏远近来，和不同的人有不同的称呼，有些昵称不是随便可以叫的。

（5）如果拿不准的话，不妨直接向对方请教一下"你喜欢我怎么称呼你？"有时候对方也会自己说"你叫我×××好了"。

**2. 结合具体交往对象进行分别介绍**

（1）一般对男子称先生，对女子称夫人、女士、小姐。已婚女子称夫人，未婚女子统称小姐。不了解婚姻情况的女子可称小姐，对戴结婚戒指的年纪稍大的可称夫人。这些称呼可冠以姓名、职称、衔称等，如"布莱克先生"、"议员先生"、"市长先生"、"上校先生"、"玛丽小姐"、"秘书小姐"、"护士小姐"、"怀特夫人"等。

（2）对地位高的官方人士，一般为部长以上的高级官员，按国家情况称"阁下"、职衔或先生，如"部长阁下"、"总统阁下"、"主席先生阁下"、"总理阁下"、"总理先生阁下"、"大使先生阁下"等。但美国、墨西哥、德国等国没有称"阁下"的习惯，因此在这些国家可称先生。对有地位的女士可称夫人，对有高级官衔的妇女，也可称"阁下"。

（3）君主制国家，按习惯称国王、皇后为"陛下"，称王子、公主、亲王等为"殿下"。对有公、侯、伯、子、男等爵位的人士既可称爵位，也可称阁下，一般也称先生。

（4）对医生、教授、法官、律师及有博士等学位的人士，均可单独称"医生"、"教授"、"法官"、"律师"、"博士"等。同时可以加上姓氏，也可加先生，如"卡特教授"、"法官先生"、"律师先生"、"博士先生"、"马丁博士先生"等。

（5）对军人一般称军衔，或军衔加先生，知道姓名的可冠以姓与名，如"上校先生"、"莫利少校"、"维尔斯中尉先生"等。有的国家对将军、元帅等高级军官称阁下。

（6）对服务人员一般可称服务员，如知道姓名的可单独称名字。但现在很多国家越来越多地称服务员为"先生"、"夫人"、"小姐"。

（7）对教会中的神职人员，一般可称教会的职称，或姓名加职称，或职称加先生，如"福特神父"、"传教士先生"、"牧师先生"等。有时主教以上的神职人员也可称"阁下"。

（8）凡用同志相称的国家，对各种人员均可称同志，有职衔的可加职衔，如"主席同志"、"议长同志"、"大使同志"、"秘书同志"、"上校同志"、"司机同志"、"服务员同志"等，或姓名加同志。有的国家还有习惯称呼，如称"公民"等。在日本对妇女一般称女士、小姐，对身份高的也称先生，如"中岛京子先生"。

 【知识链接】

## 中国古代礼俗称谓

1. 对自己的谦称类

鄙人：本意指居于郊野之人。后古人用来谦称自己，表示地位不高，见识浅陋。

臣：古人对自己的谦称。"臣"表示自谦，多有君臣关系在内。后来也完全表示谦称。

小可：宋元间人自称的谦词。

小生：旧时晚辈对尊长称自己的谦词。

小子：旧时子弟晚辈对父兄尊长自称的谦词。

晚生：旧时男人对前辈称己的谦词。

不肖：旧时男子自谦词。不肖原指子不似其父那样贤能，故男子在其父母死后多借以自称，表示谦恭。

不才：旧时男子自谦词。不才即没有才能，故借以自称，以示谦恭。

不妄：旧时男子对自己的谦称。不妄意为无才能的意思。

不敏：古人称自己不聪明，不敏捷，故自谦"不敏"。晚生、后学、晚侍都是年轻人在年长者面前的谦称。

在下：自称的谦词，古时坐席，尊长在上座，所以自称在下。

奴、奴家：旧时妇女自称的谦词。奴即表示不自由，从人役使的仆役，故借以自称，表示对对方的敬重。有时男子亦以之为谦称。

未亡人：寡妇的自称。

孤、孤家、寡、寡人、朕：古代皇帝的自称。

2. 尊称类

父：古代对男子的尊称。"父"本义不是父亲，而是父系氏族社会中司火的长者，后成为对男子的尊称。大约至周代，"父"才成为父亲的别称。

公：古代对男子的尊称。甚至父亲对儿子说话，有时也以"公"相称，用来表示郑重或爱重。

子：古代尊称，男女皆可称之。学生对老师也称"子"。夫妻之间又互称"内子"和"外子"。

长者：古代尊称。指有德行受人尊敬的人。

卿：古代尊称，古时使用较广，君称臣为"卿"，夫妻之间称"卿"或"卿卿"。

先生：古代尊称，多称师长、老人或有德行的人。

　　阁下：是旧时对一般人的尊称。常用于书信之中。原意也是由于亲属同辈间互相见面不便直呼其名，常常先呼其阁下的侍从转告，而将侍从称"阁下"，后来逐渐演变为对挚友亲朋间尊称的敬辞。

　　足下：在古代称谓上，下称上或同辈相称的敬辞，意为"您"。

　　麾下：是对将帅的尊称。

　　陛下：陛下的"陛"为帝王宫殿的台阶。"陛下"原来指的是站在台阶下的侍者。臣子向天子进言时，不敢直呼天子，必须先呼台下的侍者而告之，后来"陛下"就成为对帝王的敬辞。

　　殿下：和"陛下"是一个意思，原来也是对天子的尊称。汉代以后演变为对太子、帝王的尊称，唐代以后只有皇子、皇后、皇太后可以称为"殿下"。

　　令尊：旧时称对方父亲的敬辞。令有善、美之意，故用为敬辞。

　　尊公：亦称"尊大人"、"尊大君"。旧时称对方父亲的敬辞。尊与卑相对，指地位或辈分高，故用敬辞，如"尊翁"、"尊驾"。

　　令堂：旧时称对方母亲的敬辞。

　　令郎：旧时称对方儿子的敬辞。原称"令郎君"。

　　令嗣：旧时称对方儿子的敬辞，同"令郎"。

　　令子：旧时称对方儿子的敬辞。

　　令爱：并作"令嫒"，旧时称对方女儿的敬辞。

　　令正：旧时称对方嫡妻的敬辞。

　　令兄：旧时称对方之兄的敬辞。

　　令弟：旧时称对方之弟的敬辞。

　　令坦：旧时称对方大婿的敬辞。

　　仁兄：旧时对同辈友人的敬称。常用于书信。

　　贤兄：旧时对同辈友人的敬称，贤指德才出众，故用为敬辞。

　　仁弟：旧时对同辈中青年人的敬称。师长对学生，年长者对幼子亦常以之为称，表示爱重。

　　贤弟：贤弟意为"仁弟"，贤有德行好、才能出众之意，故习以为敬辞。

## 4.2.4　常见的不当称呼

人际交往时，在使用称呼上，一定要回避以下几种错误的做法。

**1. 使用错误的称呼**

使用错误的称呼，主要在于粗心大意，用心不专。常见的错误称呼有两种。①误读。误读，一般表现为念错被称呼者的姓名。例如，"郁"、"查"、"盖"这些姓氏就极易弄错。

要避免犯此错误，就一定要做好先期准备，必要时虚心请教。②误会。误会，主要指对被称呼者的年纪、辈分、婚否及与其他人的关系作出了错误判断。例如，将未婚妇女称为"夫人"，就属于误会。

### 2. 使用不通行的称呼

有些称呼具有一定的地域性。中国人把配偶称为"爱人"，在外国人的意识里，"爱人"是第三者的意思。

### 3. 使用不当的行业称呼

学生之间互称为"同学"，军人经常互称"战友"，工人可以称为"师傅"，这并无可厚非。但以此去称呼"界外"人士，并不表示亲近，可能不为对方领情，反而产生被贬低的感觉。如果对方是公司的董事长，而称他为"经理"，就会贬低对方的地位，是很无礼的。对司机、厨师可以称师傅，但是对医生、教师称师傅就不恰当了。

### 4. 使用庸俗、无礼的称呼

有些称呼在正式场合不适合使用。例如，"兄弟"、"哥们儿"等一类的称呼，虽然听起来亲切，但显得档次不高。同时切忌以"喂"、"哎"等无礼的用词来称呼人。

### 5. 使用简化性称呼

称呼简化，让人感觉方便、亲切；但在正式场合，注意避免不规范或容易引起歧义和有谐音的简称。简称为"吴工"（蜈蚣）、"范局"（饭局）、"戴校"、"季院"、"史科"，等等，都因谐音和引起歧义而显得不得体。平时称呼上要多加注意，避免闹笑话、引起误会。

### 6. 滥用"您"和"你"

汉字里"您"和"你"两个字，各自体现出不同的尊敬程度。"您"比较客气有礼貌，"你"则较随便。"您"用来称呼长辈、上级、初次见面的人、相交未深的人，以示谦虚、敬重。"你"的称呼则是自己的家人、熟人、朋友、平辈和晚辈，显得更亲切、随意。如不加区别地滥用，则容易带来不必要的麻烦和误会。

# 4.3　会展人员的介绍礼仪

介绍是人际交往中与他人进行沟通、增进了解、建立联系的一种最基本、最常规的方式。为他人作介绍和介绍别人往往是商务活动开始的标志，是建立关系的起点。了解介绍的礼仪等于掌握了一把通往社交之门的钥匙。在商务交往中，介绍一般分为自我介绍、介绍他人、介绍集体。

## 4.3.1 自我介绍

自我介绍就是在必要的社交场合，把自己介绍给其他人，使对方认识自己。恰当的自我介绍，不但能增进他人对自己的了解，扩大自己的交际范围，而且还能创造出意料之外的商机。

**1. 自我介绍的礼仪要求**

从礼仪上讲，做自我介绍时应注意下述问题。

（1）注意时机。要抓住时机，在适当的场合进行自我介绍：①对方有兴趣时；②对方有空闲时；③对方情绪好时；④对方干扰少时；⑤对方有要求时。进行自我介绍的不适当时间，是指对方无兴趣、无要求、工作忙、干扰大、心情坏、休息用餐或正忙于私人交往之时。

（2）讲究态度。态度一定要自然、友善、亲切、随和，要表现得镇定自若、落落大方、彬彬有礼。既不能唯唯诺诺，畏首畏尾；又不能虚张声势、轻浮夸张、矫揉造作。表示自己渴望认识对方时要真诚，语气要自然，语速要正常，语音要清晰。

（3）注意时间。自我介绍时要言简意赅，尽可能地节省时间，以半分钟左右为佳。不宜超过一分钟，越短越好。话说得多了，不仅啰唆，而且交往对象也未必记得住。为了节省时间，作自我介绍时，还可利用名片、介绍信加以辅助。

（4）注意内容。自我介绍的内容包括 3 项基本要素：本人的姓名、供职的单位及具体部门、担任的职务和所从事的具体工作。这 3 项要素，在自我介绍时，应当一口报出。姓名要完整，不可有姓无名，或者有名无姓；供职的单位及部门，如有可能最好全部报出，具体工作部门可以根据情况暂不报出；有职务最好报出职务，职务较低或无职务，则可报出目前从事的具体工作。例如，"我叫刘夏，是杰奥文化传播公司的销售部经理"。这样既有助于给人以完整的印象，又可以节省时间，不说废话。自我介绍时要真实诚恳，实事求是，不可自吹自擂，夸大其词。

（5）注意技巧。进行自我介绍，应先向对方点头致意，得到回应后再向对方介绍自己。如果有介绍人在场，自我介绍则被视为不礼貌的。应善于用眼神表达自己的友善，表达关心及沟通的渴望。如果想认识某人，最好预先获得一些有关他的资料或情况，如性格、特长及兴趣爱好，以便融洽交谈。主动出击；了解对方，寻找共同点；简短介绍；结合情景确定介绍重点；察言观色了解对方意愿；交换名片加深印象；等等，都是需要注意的方面。

**2. 自我介绍的主要形式**

自我介绍可以分为下述 5 种具体形式。

（1）应酬式。应酬式的自我介绍，适用于某些公共场合和一般性的社交场合。它的对象，主要是进行一般接触的交往对象。

（2）工作式。工作式自我介绍的内容，应当包括本人姓名、供职的单位及其部门、担任的职务或从事的具体工作等 3 项。

（3）交流式。交流式的自我介绍，主要适用于社交活动。它是一种刻意寻求与交往对象进一步交流与沟通，希望对方认识自己、了解自己、与自己建立联系的自我介绍。交流式自我介绍的内容，大体应当包括介绍者的姓名、工作、籍贯、学历、兴趣，以及与交往对象的某些熟人的关系。

（4）礼仪式。礼仪式的自我介绍，适用于讲座、报告、演出、庆典、仪式等一些正规而隆重的场合。它是一种意在表示对交往对象友好、敬意的自我介绍。礼仪式的自我介绍的内容，亦包含姓名、单位、职务等项；但是还应多加入一些适宜的谦辞、敬语，以示自己礼待交往对象。

（5）问答式。问答式的自我介绍，一般适用于应试、应聘和公务交往。问答式的自我介绍的内容，讲究问什么答什么，有问必答。

## 4.3.2　介绍他人

介绍他人，又称第三者介绍，是作为第三方为彼此不相识的双方引见、介绍的一种介绍方式。介绍他人通常是双向的，即将被介绍者双方各自均作一番介绍。

**1. 介绍的顺序**

有一个基本的原则：根据规范，处理这一问题，必须遵守"尊者优先了解情况"的规则。受尊敬的一方有优先了解另一方是谁的权利。通常介绍的顺序如下。

（1）先将男士介绍给女士，如果女性身份、职务较低时，则先将女性介绍给身份、职务较高的男性。

（2）先将晚辈介绍给长辈。

（3）先将年轻者介绍给年长者。

（4）先将职务、身份较低的介绍给职务、身份较高的。

（5）如果双方年龄、职务相当，则把男士介绍给女士。

（6）先将公司同事介绍给客户。

（7）先将非官方人士介绍给官方人士。

（8）先将本国同事介绍给外国同事。

（9）先将客人引见给主人。

（10）先将迟到者介绍给先到者。

（11）先将熟悉的人介绍给不熟悉的人。

（12）先将未婚者介绍给已婚者。

（13）先将家人介绍给同事、朋友。

**2. 谁当介绍人**

介绍人不同，实际上是给客人的待遇、规格不同。

（1）在社交场合，东道主、长者、女主人、身份较高者或与被介绍的双方均有一定交情者都可以担任介绍人。

（2）在公务场合，介绍人也有区别。一般的客人可由专门的接待人员介绍，如办公室主任、秘书和前台接待人员、公关礼仪人员，等等。重要的客人、贵宾通常都是由己方职位尊者、高者介绍，在这种场合一般的工作人员不要毛遂自荐充当介绍人。

（3）在更多的场合，由熟人介绍是更为常见的情况。

**3. 介绍他人的方法与技巧**

（1）首先要了解对方有没有相互了解的意愿，尤其在双方身份、地位悬殊的情况下，贸然介绍会有唐突、巴结之嫌，让被介绍者感到措手不及。

（2）介绍要简洁而全面。给人介绍切忌冗长烦琐，应该简洁，三言两语就能把双方的基本情况介绍出来。不过，介绍的内容要完整，如对方的姓名、工作单位、特长甚至籍贯等都要介绍。

（3）介绍者要努力寻找双方的共同点或共同的爱好、特长，给双方创造谈话的话题，如校友、老乡、同一个组织的人等都可以成为话题。

（4）介绍男女认识，要尊重女士的意见。

**4. 被介绍人的礼仪**

（1）被介绍者在介绍者询问自己是否有意认识某人时，一般不应拒绝，而应欣然应允。实在不愿意时，则应说明理由。

（2）介绍时，介绍人和被介绍人都应起立，面对着对方，脸上表情要自然、愉快，以示尊重和礼貌；在宴会、会议桌、谈判桌上，视情况介绍人和被介绍人可不必起立，被介绍双方可点头微笑致意；如果被介绍双方相隔较远，中间又有障碍物，可举起右手致意，点头微笑致意。

（3）待介绍人介绍完毕后，被介绍双方应根据情况握手致意或微笑点头致意。握手时应合乎礼仪顺序，并且彼此问候对方，问候语有"你好、很高兴认识你、久仰大名、幸会幸会"，必要时也可以对自己的情况作补充介绍。

## 4.3.3 集体介绍

一般是指被介绍一方或双方不止一人。它实际上是一种特殊的介绍他人的情况。有鉴于此，介绍他人的基本规则和注意事项对于集体介绍也适用，此外，集体介绍时需要注意以下礼仪细节。

（1）先介绍人数较少的一方或者个人，后介绍人数多的一方。

（2）如果被介绍的一方年长或者地位、身份尊贵，则最后介绍。

（3）在会议、比赛、会见、演讲、报告时，可以只将主角介绍给大家，而不需要——相互介绍。

# 4.4　会展人员的握手礼仪

握手是在相见、离别、恭贺或致谢时相互表示情谊、致意的一种礼节，双方往往是先打招呼，后握手致意。

握手起源于人类"刀耕火种"的年代。那时，在狩猎和战争时，人们手上经常拿着石块或棍棒等武器。他们遇见陌生人时，如果大家都无恶意，就要放下手中的东西，并伸开手掌，让对方抚摸手掌心，表示手中没有藏武器。以后握手相沿成习，成为今天世界各地通用的见面礼节方式。

握手是一种礼仪，但人与人之间、团体之间、国家之间的交往都赋予这个动作以丰富的内涵。一般说来，握手往往表示友好，是一种交流，可以沟通原本隔膜的情感，可以加深双方的理解、信任，可以表示一方的尊敬、景仰、祝贺、鼓励，但有时也能传达出一些人的淡漠、敷衍、逢迎、虚假、傲慢。团体领袖、国家元首之间的握手则往往象征着合作、和解、和平。

## 4.4.1　握手的时机

握手的时机通常取决于交往双方的关系，现场的气氛，以及当事人个人的心情等多种因素。如果遇到以下几种情况，则不适宜握手：①对方手部负伤；②对方手上提着重物；③对方手中忙于他事，如打电话、用餐、喝饮料、主持会议、与他人交谈，等等；④对方与自己距离较远；⑤对方所处环境不适合握手；⑥如果自己的手是脏的，可以不与对方握手，但要及时向对方说明原因并诚恳表示歉意。

## 4.4.2　握手的要求

### 1. 握手的距离和姿势

双方最佳距离为 1 米，双腿立正，上身略略前倾。手掌和地面垂直，手尖稍稍向下，从身体的侧下方伸出右手，伸直相握后形成一个直角。伸手时，四指并拢，拇指适当张开，与受礼者相握。男士与男士之间应该手掌接触（见图 4-1），男士和女士之间应主要握住女士的手指。

图 4-1　男士之间的握手

### 2. 握手的时间

握手的时间一般以 1~3 秒为宜，上下摇动 1~3 次。如果是表示鼓励、慰问和热情，而且又是熟人的情况，时间可以稍微延长，但最长也不应长过30 秒。

**3. 握手的力度**

握手时注意力度，过轻或过重都是失礼的。最佳握手力度是两公斤左右。特别是女士如果在握手中稍稍用力会给对方留下大方、干练的职业印象。

**4. 握手时应专注**

握手时双目应注视对方，面含笑意。神态专注、热情、自然，适当地加入问候语。

**5. 握手时不要傲慢**

不要迟迟不握他人早已伸出的手，或是一边握手一边东张西望、漫不经心，或是忙于和其他人打招呼，这都是不礼貌的表现。

**6. 握手时应起立**

向他人行握手礼时应起身站立，以示对对方的尊重。

**7. 特别的握手方式**

有时为表示特别尊敬或老友重逢，可用双手迎握，即用双手握住对方的一只手。这种握手方式有一个非常形象的名字——"外交家的握手"，通常出现在领导人照相场合，它能让被握的人感觉受到特别的重视。但这也可能成为一种"社交自杀行为"，因为如果和一个刚刚认识的人这样握手，往往会被对方认为你有些虚伪，或者引人怀疑——你都不了解我，怎么会知道自己喜欢我呢？而如果与一个深入交谈过并互生好感的人在即将分开时这样握手，则会给对方留下非常深刻的印象（但对于异性，最好不要这样握手）。如果是双手握手，应等双方右手握住后，再将左手搭在对方的右手上，这也是经常用的握手礼节，以表示更加亲切，更加尊重对方。

## 4.4.3 握手时伸手的顺序

握手时要把握好由谁先伸出手来。总的原则：让受到尊重的一方决定是否握手。握手时伸手的先后次序，依据"尊者决定"原则。在公务场合，握手时伸手的先后次序主要取决于职位、身份。而在社交、休闲场合，它则主要取决于年纪、性别、婚否。

在社交场合，握手时谁该先伸出手是礼仪规范的重点，通常应该按照以下的顺序。

（1）应由职位或身份高者先伸出手。在和上级握手时，下级要等上级先伸出手再趋前握手。

（2）女士先向男士伸手。在和女士握手时，男士要等女士先伸手之后再握。如女士不伸手，或无握手之意，男士则点头鞠躬致意即可，而不可主动去握住女士的手。

（3）年长者先向年幼者伸手。在和长辈握手时，年轻者一般要等年长者先伸出手再握。

（4）主人应先向客人伸手。接待来访客人时，主人有向客人先伸手的义务，以示欢迎；送别客人时，主人也应主动握手表示欢迎再次光临。

（5）如果需要和多人握手，应该按照由尊至卑的次序来依次跟大家握手。有一个小规律可以遵循，如果是工作场合，握手时根据对方的职位、身份来依次握手；如果是社交场合的话，则可以根据对方的年龄、性别、婚否来判断自己握手的次序。

### 4.4.4　握手的禁忌

握手礼仪有比较多的禁忌，如果有一个小细节没有注意到，会容易给人留下不好的第一印象。

（1）不要用左手与他人握手，也不要用双手与异性握手。用右手握手是约定俗成的礼貌。

（2）不要在握手时不讲顺序，抢先出手。多人同时握手时应顺序进行，切忌交叉握手（见图 4-2）。

（3）不要再握手时掌心向下，目中无人。

（4）不要在握手时戴着墨镜戴着手套，否则让人觉得自视清高。男士握手时应脱帽，切忌戴手套握手。不过在隆重的晚会上，女士如果是穿着晚礼服并戴着通花的长手套则可不必脱下（见图 4-3）。

（5）不要在握手时，另外一只手插在衣袋里或拿着东西而不肯放下。

（6）不要迟迟不握他人早已伸出的手，或是一边握手一边东张西望、漫不经心，或是忙于和其他人打招呼，这都是不礼貌的表现（见图 4-4）。

（7）不要在握手时面无表情、不置一词，也不要在握手时点头哈腰、长篇大论。

（8）不要过紧地握手，用力不当，显得过于鲁莽，或是只用手指部分轻慢冷淡地接触对方；也不要摆动幅度过大（见图 4-5）。

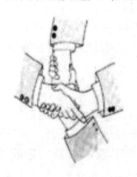

图 4-2　交叉握手

图 4-3　戴手套或手不清洁

图4-4　与第三者说话（目视他人）　　　　　　图4-5　摆动幅度过大

（9）不要以肮脏不洁或患有传染性疾病的手与他人相握。

（10）不要在与人握手后，立即揩拭自己的手掌。

（11）不要拒绝对方主动要求握手的举动。但手上有水或不干净时，应谢绝握手，同时必须解释并致歉。

虽然握手是一件再简单不过的动作，但它贯穿于各国人们交往、应酬的各个环节。作为会展人员，决不能忽视以上所说的握手礼节。

【知识链接】

### 国外常见的其他见面礼仪

（1）鞠躬礼是日本最为常用的见面礼。同时在马来西亚、泰国、土耳其等国也行鞠躬礼，但使用频率最频繁的还是日本人。日本人行鞠躬礼的规矩是：头部微微低下，目光顺势而下，双手搭在双腿上。鞠躬时双手往下垂的程度越大，表示的敬意越深。

（2）佛教国家的合十礼，盛行于佛教盛行的国家。行礼的时候双掌合于胸前十指并拢，以此来表示自己的虔诚。根据场合不同，合十礼也有很多种情况。有跪合十礼、蹲合十礼、站合十礼。跪合十礼是最高的礼节，通常用于拜见佛祖或高僧时使用。蹲合十礼用于拜见父母或师长时使用。通常朋友、主客之间行站合十礼，将手掌掌尖放在胸口或口部就可以了。

（3）吻礼是欧美国家在社交活动中的见面礼，它包括亲吻、拥抱和吻手礼3种。①亲吻起源于古罗马。亲吻因双方之间的关系不同，亲吻的部位也不一样。长辈一般亲吻晚辈的脸颊表示爱怜之心；晚辈一般亲吻长辈的额头表示尊敬；平辈、普通男女之间、亲友之间一般行亲吻礼都是亲吻或者轻轻贴一下对方的脸颊；真正的接吻通常只在夫妻和情侣之间。②拥抱礼在中东、南美和欧洲部分国家也比较盛行，在西方通常存在于上流社会。拥抱礼的标准方式：俩人相距约20厘米的距离，各自抬起右臂，将右手抚着对方的左后肩，左手扶着对方的右后腰，双方的头部及上身向左前方相互拥抱，礼节性的拥抱就可以结束了。如果为了表达更亲密的感情，在向左侧拥抱之后，再向右前方拥抱，最后再次向左前方拥抱才算礼毕。③吻手礼是风行于欧美上流社会异性之间的一种最高层次的见面礼。尤其是男士向已婚女士行吻手礼是男士有教养的表现。吻手礼的标准方式为：男女之间相距80厘米左右，首先立正欠身致敬，女士将右手轻轻向左前方抬起约60度，男士以右手或双手轻轻抬起女士的右手，同时俯身弯腰以自己微闭的嘴唇象征性地轻触一下女士的手背或手指，要稳重、自然、利索。轻吻时，一是忌讳发出响声；二是忌讳留下痕迹；三是忌讳在室外行吻手礼。

（4）港澳人的叩指礼，是向他人的服务表示致意的礼节。当他人为你添茶、敬烟、斟酒、上菜、端饭时，应弯曲右手指，用几个指头轻叩桌面，以示谢忱。传说中最早的叩指礼是将手半握成拳状，用指关节叩打桌面，来代替五体投地的叩首。

（5）抚胸鞠躬礼是马来西亚男子的相见礼仪。双方一边举右手放于自己的胸前，一边深深地鞠躬。马来西亚的女子行屈膝鞠躬礼。

（6）澳洲一些群岛上的钩指礼，朋友见面用中指钩住对方，然后轻轻地向自己身边拉，表示亲近。

（7）用眼神表示敬意的礼仪。①阿拉伯人和日本人的注视礼。阿拉伯人在倾听尊长或宾朋谈话时，两眼要直直地注视着对方。日本人谈话时往往毕恭毕敬地注视着对方的颈部。②远视礼是南美洲印第安人的一种礼节。当亲朋好友谈话时，眼光要向着远方，表现出东张西望的样子。③挤眼礼是澳大利亚一种常见的礼仪。当路遇熟人时，除了说"hello"外，有时会挤一下左眼，表示礼节性的招呼。

（8）南亚国家的摇头礼。在印度、巴基斯坦、尼泊尔、斯里兰卡、孟加拉国等国的人们见面时都是彼此彬彬有礼地向左摇头，表示尊敬。同时在这些国家摇头表示赞同、肯定，而点头则表示否定，也就是常说的"点头不算摇头算"。

# 4.5 会展人员的名片礼仪

名片是用于商务交往的，记载个人或业务基本信息的小型纸质载体。名片便于携带、使用、保存和查阅信息，具有一定的社会性、广泛性。

名片是中国古代文明的产物。据清代学者赵翼在其著作《陔余丛考》中记载："古人通名，本用削木书字，汉时谓之谒，汉末谓之刺，汉以后则虽用纸，而相沿曰刺。"可见，名片前身即中国古代所用的"谒"、"刺"。名片发展至今，已是现代人交往一种必不可少的工具。人们在递送名片的同时，也是在告诉对方自己姓名、职务、地址、联络方式，它直接承载着个人信息，担负着保持联系的重任。好的名片或彰显品牌文化个性，或传播商机，或沟通信息，或人际交流，或兼而有之，更能加深终端客户或受众对名片持有者的良好印象。可以说，名片是会展活动中每个人最重要的书面介绍材料，是会展人员个人形象和企业形象的综合呈现。

名片的递送、接受、存放要符合社交礼仪。要正确使用名片，就要对名片的类别、制作、用途和交换等方式予以充分的了解，遵守相应的规范和惯例。

## 4.5.1 名片的制作

作为会展人员，设计及印制名片是首要任务。精美的名片使人印象深刻，也能体现个人和企业风格。

**1. 名片的规格**

国际惯例是 6 cm×10 cm，国内的通用规格是 5.5 cm×9 cm。有些人喜欢在规格上标新立异，可能实际效果并不好。假如对方的名片夹是按照标准尺寸定做的，过大过长的名片可能会带来麻烦。

**2. 名片的材质**

一般名片都是由纸制作的，有些是用可再生的纸制作名片，彰显了环保意识。名片的材料只是一种文字的载体，只要能把字给印清楚，不容易丢失、磨损、折叠、清晰可辨就可以了。但是需要注意的是，不要借题发挥，故弄玄虚，使用一些昂贵的名片，如黄金名片、白金名片、白银名片等。

**3. 名片的色彩**

纸张以淡雅为主，单色，浅色。例如，浅白色、浅黄色、浅蓝色、浅灰色都可以。

**4. 名片的图案**

要坚持以少为佳，不要附带与主体无关的图案。可以选择以下图案作为配图：企业的CIS；本单位所处位置；本企业的标志性建筑；主打特色产品。不主张将照片印在上面。

**5. 名片的字体**

规范的印刷体，以楷体居多；不主张用繁体字，但如果你所面对的主要客户是港台或者东南亚人除外；涉外需要外文的，一般情况是中英文两面印刷。

此外，名片不宜印名言警句。

## 4.5.2 名片的内容

（1）本人归属：第一是单位的全称；第二是所在的部门，如销售部、广告部、财务部等；第三是企业标志，即企业的徽记（Corporate Identity System，CIS）。

（2）本人称谓：姓名、职务、职称、学术头衔等。

（3）联络方式：所在地址（邮编）、办公电话和传真、E-mail 等。

（4）需要注意的是，名片上一般情况下不印私人电话；有的人在名片上加私人电话的方式也不足取。如果需要，一个人可以印多种名片，满足不同场合、和不同的人交往的需要。

### 4.5.3　名片的功能和用途

**1. 自我介绍**

初次会见他人，以名片作辅助性自我介绍，效果最好。它不但可以说明自己的身份，强化效果，使对方难以忘怀，而且还可以节省时间，避免啰唆，含糊不清。

**2. 结交朋友**

没有必要每逢遇见陌生人，便上前递上自己的名片。换言之，主动把名片递给别人，便意味着对对方的友好、信任和希望深交之意。也就是说，巧用名片，可以为结交朋友"铺路架桥"。

**3. 维持联系**

名片犹如"袖珍通讯录"，利用它所提供的资料，即可与名片的提供者保持联系。正因为有了名片上所提供的各种联络方式，人们的"常来常往"才变得更加现实和方便。

**4. 业务介绍**

公务式名片上列有归属单位等项内容，因此利用名片亦可为本人及所在单位进行业务宣传、扩大交际面，争取潜在的合作伙伴。

**5. 通知变更**

利用名片，可以及时地向老朋友通报本人的最新情况。例如，晋升职务、乔迁新居、变换单位、电话改号之后，可以印有变更的新名片向老朋友打招呼，以使彼此联系畅通无阻，对方对自己的有关情况了解得更加充分。

**6. 拜会他人**

初次前往他人居所或工作单位进行拜访时，可将本人名片交由对方的门卫、秘书或家人转交给被拜访者，以便对方确认"来系何人"，并决定见与不见。这种做法比较正规，可避免冒昧造访。

**7. 简短留言**

拜访他人不遇，或者需要请人转达某件事情时，可在名片上写下几行字，或一字不写，然后将它留下，或托人转交。这样做，会使对方"如闻其声，如见其人"，不至于误事。

**8. 用作短信**

在名片的左下角，以铅笔写下几行字或短语，寄交或转交他人，如同一封长信一样正式。若内容较多，也可写在名片背面。在国外，流行以法文缩略语写在名片左下角，以慰问、鼓励、感谢、祝贺他人的做法。例如，n.b. 意即"提请注意"，p.f. 意即"祝贺"，p.m. 意即"备忘"，p.r. 意即"感谢"，p.c. 意即"谨唁"，p.p. 意即"介绍"，p.p.c. 意即"辞行"，p.p.n. 意即"慰问"，p.f.n.a. 意即"贺年"。

**9. 用作礼单**

向他人赠送礼品时，可将本人名片放入其中，或以之装入一个不封口的信封中，再将该信封固定于礼品外包装的上方。后者是说明"此乃何人所赠"的标准做法。

**10. 替人介绍**

介绍某人去见另外一人时，可用回形针将本人名片（居上）与被介绍人名片（居下）固定在一起，必要时还可在本人名片左下角写上意即"介绍"的法文缩写"p. p."，然后将其装入信封，再交于被介绍人。这是一封非常正规的介绍信，是会受到高度重视的。

### 4.5.4 交换名片的时机

交换名片需要掌握一定的时机，如果时机不当，非但不能有效结交，还会给人留下不好的印象。

**1. 适宜交换名片的时机**

（1）希望认识对方。

（2）被介绍给对方。

（3）对方向自己索要名片。

（4）对方提议交换名片。

（5）打算获得对方的名片。

（6）初次登门拜访对方。

（7）出席社交活动、参加会议，应该在活动、会议之前或之后交换名片。

**2. 不宜交换名片的时机**

（1）对方是陌生人而且以后不需要交往。

（2）不想认识或深交对方。

（3）对方对自己并无兴趣。

（4）双方地位、身份、年龄差别悬殊。

（5）对方在用餐、欣赏戏剧、跳舞时。

### 4.5.5 交换名片的顺序

当两个人互相赠送名片或者当一个人面对很多人发送名片时，需要遵循一定的顺序，保持正确的礼仪规范。

（1）客人先递送名片，主人后递送名片。

（2）年轻人先递送名片，年长者后递送名片。

（3）男士先递送名片，女士后递送名片。

（4）职位身份低者先递送名片，职位身份高者后递送名片。

（5）与多人交换名片时，按照职位高低由尊到卑的顺序递送。

（6）与多人交换名片时，也可按照由近及远的顺序递送。

（7）如分不清职务高低和年龄大小时，则可先和自己对面左侧方的人交换名片。

（8）在圆桌旁与多人交换名片时，按照顺时针方向递送名片。

（9）如果在场人很多，递送名片时要遵守"同性优先"的原则，即先赠送给在场的同性，然后再递送给异性。

总之，递送名片的顺序需要遵循"卑者先，尊者后"的原则。不能不按次序，随便递送名片；不能跳跃式地进行递送，以免给对方留下厚此薄彼的印象。

### 4.5.6　名片的递送

递送名片时需要注意以下几点内容。

（1）应起身站立，走上前去，身体微微前倾、面带微笑、眼睛注视对方，用双手或右手将名片上名字反向对己，正向对着对方递上（见图4-6）。

（2）在递送名片的同时，应说："这是我的名片，请多多指教……"、"常联系"，或是先作一番自我介绍。如果名字中有不常用的字，最好能将自己的名字读一遍，以便对方称呼。

（3）当双方同时递名片时，这时候应当先暂时放下自己的名片，接过对方的名片后，再递上自己的名片。

图4-6　双手呈递名片示意图

（4）若对方是外宾，最好将名片印有外文的那一面对着对方。在向日本客人递送名片时，必须双手递送，并微微弯腰。在阿拉伯地区，绝对不能用左手递名片给阿拉伯人。

### 4.5.7　名片的接受

接受名片时需要注意以下几点内容。

（1）接受名片时应起身，面带微笑，注视对方。

（2）接受名片时，双手捧接（见图4-7），或以右手接过。不要只用左手接过。

（3）接过名片后，要从头至尾把名片认真默读一遍，意在表示重视对方。

（4）接过名片时，应使用谦辞敬语，如"谢谢"。当对方说"请多多指教"时，应立即回应说："不敢当，谢谢支持！"

图4-7　接受名片的礼仪

（5）接过名片后回敬一张本人的名片，如身上未带名片，应向对方表示歉意。

## 4.5.8 名片的存放

要使名片的交换合乎礼仪，并且使其在人际交往中充分发挥作用，则还应注意如下3个问题。

**1. 名片的置放**

（1）在参加会展活动时，要随时准备好能够艺术地展现自己的身份、品位和公司形象的名片。

（2）随身所带的名片，最好放在专用的名片包、名片夹里。公文包及办公桌抽屉里，也应经常备有名片，以便随时使用。

（3）接过他人的名片看过之后，应将其精心存放在自己的名片包、名片夹或上衣口袋内。

**2. 名片的管理**

把所收到的名片加以分类整理收藏，以便日后使用方便。不要将它随意夹在书刊、文件中，更不能把它随便地扔在抽屉里面。

存放名片要讲究方式方法，做到有条不紊。推荐的方法有以下几种。

（1）按姓名拼音字母分类。

（2）按姓名笔划分类。

（3）按部门、专业分类。

（4）按国别、地区分类。

（5）输入电脑、手机等电子设备中，使用其内置的分类方法。

**3. 名片的利用**

随着人际交往的不断深入，还可在收藏的他人名片上随手记下可供本人参考的资料，使其充当社交的记事簿。

（1）收到名片时的具体情况。包括收到名片的地点、时间，以及是否与对方交换了名片，等等。在国外有一种做法，即把名片的右上角向下折，然后再使其恢复原状，它表示该名片是对方亲自与自己交换的。

（2）交换名片者个人的资料，例如性别、年龄、籍贯、学历、专长、嗜好，等等。这既可备忘，也可充作资料。

（3）交换名片者在交换名片后变化的情况，例如单位、部门的变化，职业的变动、调任，职务、学衔的升降，联络方式的改变，等等。

## 4.5.9 名片使用时应注意的问题

（1）除非对方要求，否则不要在年长的主管面前主动出示名片。

（2）对于陌生人或巧遇的人，不要在谈话中过早发送名片。因为这种热情一方面会打扰别人，另一方面有推销自己之嫌。

（3）不要在一群陌生人中到处传发自己的名片，这会让人误以为你想推销什么物品，反而不受重视。在商务社交活动中尤其要有选择地提供名片，才不致使人以为你在替公司搞宣传、拉业务。

（4）处在一群彼此不认识的人当中，最好让别人先发送名片。名片的发送可在刚见面或告别时，但如果自己即将发表意见，则在说话之前发名片给周围的人，可帮助他们认识你。

（5）无论参加私人或商务餐宴，名片皆不可于用餐时发送，因为此时只宜从事社交而非商业性的活动。

（6）一次同时接受几张名片，并且都是初次见面，千万要记住哪张名片是哪位的。如果是在会议席上，不妨拿出来摆在桌上，排列次序和对方座次一致。这种举动同样不会失礼，只会使对方认为受到重视。

（7）在名片上做备忘录。在保存对方名片时，可把见面的日期、场所及当天的天气情况，见面的详细情况，谈话的主题，等等，尽可能都记下来。此外，应把成为特别话题的事情或当时听到的对方的生日、出身、学校、兴趣或者家族的事等私人事项，尽可能地记下来，这样可以防止遗忘相关信息。

# 4.6　会展人员的乘车及引导礼仪

## 4.6.1　乘车的基本礼仪

会展人员在接待宾客时，经常会安排客人乘坐交通工具。当会展人员与宾客或其他人一同乘坐轿车时，需要了解乘车时的礼仪知识，特别是座次的排列。

**1. 乘车时座次的排列**

一般而言，确定乘车时车上座次的尊卑，应当通盘考虑的有：谁在开车、开的什么车、安全与否及嘉宾本人的意愿等4个基本要点。

1）按照乘车类型及司机的不同身份来定义位次

乘车的类型不同，其座次的安全性、舒适性、方便性也不同，尊卑自然也不尽一致，这是不言而喻的；但同时也要考虑何人驾驶轿车。如果是主人亲自驾车，则坐车人为表示对主人的尊重，座位顺序则应作相应的调整。具体来说，可以分为以下几种情况。

（1）双排五座轿车的座次。当主人亲自驾车时，其座次自高而低依次为：前排右、后排右、后排左、后排中（见图4-8）；当专职司机驾车时，则为：后排右、后排左、后排中、前排右（见图4-9）。

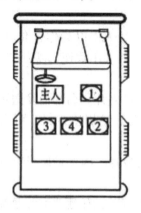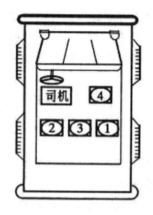

图4-8　双排五座轿车主人亲自驾车的座次安排　　　　4-9　双排五座轿车专职司机驾车的座次安排

（2）三排七座轿车的座次。当主人驾车时，其座次自高而低依次为：前排右、后排右、后排左、后排中、中排右、中排左（见图4-10）；当专职司机驾车时则为：后排右、后排左、后排中、中排右、中排左、前排右（见图4-11）。

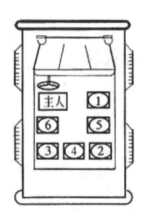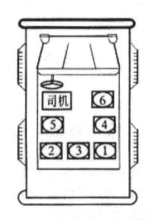

图4-10　三排七座轿车主人亲自驾车的座次安排　　　　4-11　三排七座轿车专职司机驾车的座次安排

（3）三排九座轿车的座次。当主人驾车时，其座次自高而低依次为：前排右、前排中、中排右、中排中、中排左、后排右、后排中、后排左。当专职司机驾车时则为：中排右、中排中、中排左、后排右、后排中、后排左、前排右、前排中。

（4）多排多座轿车的座次。特指四排或四排以上排数的轿车。不管由何人开车，其座次均应由前而后，自右而左，依其距车前门的远近依次排列。其原因主要是考虑乘车之人上下车的方便与否（见图4-12）。

值得注意的是，在有些商务车型中，有的座位面向车辆行进方向，有的背对行进方向。这时，同等条件下，面向行进方向的座位尊于背对行进方向的座位。此外，当主人亲自驾车时，若一个人乘车，则必须坐在副驾驶座上；若多人乘车，必须推举一个人在副驾驶座上就座，不然就是对主人的不尊重。

2）按照安全系数来定义位次

从某种意义上讲，乘车理当优先考虑安全问题。客观上讲，后排座比前排座要安全得多。最安全的座位，则当推后排左座（驾驶座之后），或是后排中座；最不安全的座位，当数前排右座的副驾驶座。当主人亲自开车时，之所以以副驾驶座为上座，既是为了表示对主人的尊重，也是为了显示与之同舟共济。由专人驾车时，副驾驶座一般也叫随员座，通常坐于此处者多为随员、译员、警卫，等等。有鉴于此，一般不应让女士坐于由专职司机驾驶的轿车的前排座，孩子与尊长也不宜在此就座。

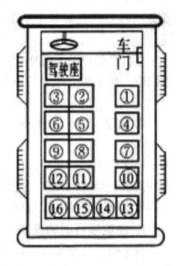

图 4－12　多排座轿车座次安排

3）车上嘉宾的本人意愿

通常，在正式场合乘坐轿车时，应请尊长、女士、来宾就座于上座，这是给予对方的一种礼遇。然而更为重要的是，与此同时，不要忘了尊重嘉宾本人的意愿和选择，并应将这一条放在最重要的位置。

应当认定：必须尊重嘉宾本人对轿车座次的选择，嘉宾坐在哪里，即应认定哪里是上座。即便嘉宾不明白座次，坐错了地方，也不要轻易指出或纠正。这时，务必讲究"主随客便"。

上面这几条因素往往相互交错，在具体运用时，可根据实际情况灵活应用。

**2. 其他乘车注意事项**

（1）上下车的先后顺序。乘坐轿车时，按照惯例，应当请位尊者先上车，最后下车。位卑者应当最后上车，最先下车。在轿车抵达目的地时，若有专人恭候，并负责拉开轿车的车门，这时位尊者可以率先下车。

（2）就座时相互谦让。在相互谦让座位时，除对位尊者要给予特殊礼遇之外，对待同行人中的地位身份相称者，也要以礼相让。倘若座位有尊有卑，座位所处的具体位置有好有坏，或者座位不够时，应当请妇女、儿童、老年人、残疾人或身体欠佳者优先就座。

即便不认识对方，在必要的时候，也应当自觉地让座于人。让座时，应当表现得大大方方，不要虚情假意。倘若对方让座于自己，不论是否认识，均须立即向对方致谢。

（3）乘车时要律己敬人。乘车时，必须自觉地讲究社会公德，遵守公共秩序。对于自己，处处严格要求，对于他人，要友好相待。乘车时，不要多占座位，或在不属于自己的座位上就座。在放置私人物品时，注意不要影响他人。

在车上切勿当众更衣、脱鞋或是吸烟、吐痰，不要乱扔废弃物。不要在车上吃气味刺鼻的食品。在放置私人物品时，如有必要挪动他人的物品，务必要首先征得对方的同意。

在自己的座位上就座后，应主动向周围不认识的人问一声好。当别人这样做时，应当予以回应。对于车上的专职服务人员，既要尊重，又不宜要求过高。

## 4.6.2 引导礼仪

当客人到达会场时，会展引导人员应将客人领到指定位置；当会议中途休息时，根据客人的需求引导客人休息、进餐；当会展结束时，应引导客人离开。在引导客人时，会展人员也需要遵循一定的礼仪规则。

**1. 注意步行时的仪态**

行走时，每个人都应注意自己的仪态与风度，要做到仪态优雅、风度不凡。行走时的基本姿态是：脊背与腰部伸展放松，脚跟先着地。具体要注意下面5个细节。

（1）应当上身挺直，目视正前方。

（2）应当将腿伸直，要做到这一点，就要使膝盖伸直。

（3）应当将注意力集中于后面的脚，并且使前脚脚跟首先触地。

（4）应当保持一定的、相对稳定的节奏，不论是步幅、步速还是双臂摆动的幅度，均须注意此点。

（5）应当保持一定的方向。从理论上讲，行走的最佳轨迹，应当是双脚后跟落地之后恰成一条直线。

**2. 注意行进时的位置**

在客人不认路的情况下，陪同引导人员要在前面带路。陪同引导的标准位置是左前方1～1.5米处，一步之遥。别离太远，也别离太近。行进时，身体侧向客人，用左手引导。如果完全背对客人，也是不太礼貌的。如果客人已较为熟悉，可以让客人走在前面，把选择前进方向的权利交给客人。

并排行进的要求是中央高于两侧，内侧高于外侧。一般情况下，应该让客人走在中央或者内侧。

具体应注意以下几点。

（1）忌行走时与他人相距过近，避免与对方发生身体碰撞。万一发生，务必要及时向对方道歉。

（2）忌行走时尾随于他人身后，甚至对其窥视、围观或指指点点。在不少国家，此举会被视为"侵犯人权"。

（3）忌行走时速度过快或者过慢，以免妨碍周围人的行进。

（4）忌一边行走一边连吃带喝，或是吸烟不止。那样不仅不雅观，而且还会有碍于人。

（5）忌与已成年的同性在行走时勾肩搭背、搂搂抱抱。在西方国家，只有同性恋者才会这么做。

### 3. 注意不同地点的引导方法

1）楼梯上的引导方法

上下楼梯是在会展活动中经常遇到的情况。上下楼时因为楼道比较窄，并排行走会妨碍其他人，因此没有特殊原因，应靠右侧单行行进。一般情况下，为安全起见，当引导客人上楼时，应该让客人走在前面，接待人员走在后面；若是下楼时，应该由接待人员走在前面，客人在后面。但需要注意的是，在客人不认路的情况下，陪同引导人员要在前面带路。此外，男女同行上下楼时，如果女士着短装，则宜女士居后，避免尴尬。

2）电梯上的引导方法

出入有人控制的电梯，陪同者应后进后出，让客人先进先出，把选择方向的权利让给地位高的人或客人。当然，如果客人初次光临，对地形不熟悉，还是应该为他们指引方向。

出入无人控制的电梯时，陪同人员应先进后出，并控制好按钮，让电梯门保持较长的开启时间，避免给客人造成不便。如果电梯里人很多，自己的位置不方便按电梯钮，可以请靠近电梯门的人帮忙。

如果感觉电梯里可能会超员的时候，就要请客人先上。此外，如果有个别客人迟迟不进入电梯，影响了其他客人，在公共场合也不应该高声喧哗，可以利用电梯的唤铃功能提醒他。

3）客厅里的引导方法

当客人走入客厅，接待人员应引导客人坐到合适的位置，看到客人坐下后，才能行点头礼后离开。如客人错坐下座，应请客人改坐上座（一般靠近门的一方为下座）。

 **实训**

（1）中国的利来公司今天要开轿车去机场迎接从日本来的客户：对方公司的总经理小川。利来公司前去迎接的是：公司王总经理、翻译杨小姐和司机老张。请帮这4位安排一下乘车座位。

接回客户下榻酒店的途中，王总和小川谈得甚是投缘，两人发现都有驾车的爱好，激动之下，王总亲自开车。请再帮这4位安排一下座位。

（2）今天有一位重要客人来访，他是宏达公司的王总经理，秘书与专职司机到火车站接站并进行自我介绍，后上车到单位引导他到接待室，请客人就座，上茶，安排好客人请张总经理出来接见。会谈结束后，送客人出来到大厅分手。

[实训要求] 5人表演，1人扮演秘书，1人扮演司机，1人扮演王总经理，1人扮演张总经理，1人进行监督并进行评价。在介绍他人时，该怎样进行介绍？

**思 考 题**

1. 迎接宾客前要做好哪些准备才不失礼?
2. 称呼的基本要求有哪些,有哪些禁忌?
3. 握手有哪些礼仪要求和禁忌?
4. 交际活动应如何递接名片?
5. 介绍的顺序是什么?
6. 用轿车迎送宾客时,应如何安排座次?

# 第5章 会展人员的言谈礼仪

【学习目标】通过本章的学习，掌握交谈的基本原则和要求；了解并能熟练掌握应用拜访礼仪；了解谈判的座次礼仪和谈判步骤，熟练应用谈判礼仪；了解现场沟通礼仪。

【主要内容】交谈的基本要求、会展拜访礼仪、会展谈判礼仪、会展现场沟通礼仪

言谈，也称为口才、语言谈吐、说话，是指人们在工作和日常生活中，为了特定的目的，在一定的环境下，以口头形式表达，运用语言进行信息传递的一种社会活动；主要通过一方口头表达而另一方倾听，来完成信息传递。言谈具有直接、生动和形象、便于理解和接受、时效性强等特点，是会展活动中最常用的一种交际方式。美国前哈佛大学校长伊立特曾经说过："在造就一个有教养的人的教育中，有一种训练必不可少，那就是，优美、高雅的谈吐。"会展人员如果自觉培养文明修养，遵守言谈交际的礼仪要求，在拜访、谈判和会展现场沟通中，能做到言之有礼，谈吐文雅，就会给人留下良好的印象，提升自己和企业的形象。

## 5.1 交谈的基本要求

### 5.1.1 交谈的基本原则

**1. 合作原则**

会展活动中，交际双方之间存在种种差异，为了双方的信息沟通与传递达成共识，必须

克服双方的差异进行密切合作。运用合作原则要做到：交谈内容要适量，交谈内容要符合客观实际，交谈内容要与交际主题有联系，表达方式简洁明了。

**2. 遵守礼貌的原则**

礼貌原则就是尊重对方和自我谦让。在交谈中要多称赞对方、认可对方的观点、理解对方、同情对方，在交谈中多使用礼貌用语。

常用口语化的礼貌用语：初次见面说"久仰"，分别重逢说"久违"，征求意见说"指教"，求人原谅说"包涵"，求人帮忙说"劳驾"，求人方便说"借光"，麻烦别人说"打扰"，向人祝贺说"恭喜"，求人解答用"请问"，请人指点用"赐教"，托人办事用"拜托"，看望别人用"拜访"，赞人见解用"高见"，宾客来临用"光临"，送客出门说"慢走"，与客道别说"再来"，陪伴朋友说"奉陪"，中途离开说"失陪"，等候客人用"恭候"，请人勿送叫"留步"，欢迎购买叫"光顾"，归还物品叫"奉还"。

## 5.1.2 交谈的基本礼仪要求

**1. 态度诚恳、谦虚**

说话时的态度是决定交谈成功与否的重要因素。交谈双方在谈话时始终都在相互观察对方的表情、神态，反应极为敏感，所以在交谈中一定要给对方一个诚恳、和蔼、亲切的感觉。特别要注意以下两点。①礼让对方。在交谈过程中，应以对方为中心，处处礼让对方，尊重对方，选择对方感兴趣的交谈内容。不要无故打断、插话，否定和更正。②适时回应。自己接受对方的观点时，应以微笑、点头等动作表示同意或者不时地用简单的词语如"嗯、是"进行呼应。

**2. 语言得体、大方**

语言美是心灵美的语言表现，有善心才有善言。因此首先应加强个人的思想修养和性格锻炼，其次还要注意遣词用句、语气语调。

（1）发音准确。在交谈中要求发音标准，避免读错音、念错字、口齿不清、含含糊糊等情况的发生。

（2）措辞谦逊、委婉。对待他人应多用敬语、敬辞，对自己则应多用谦语、谦辞。在交谈中，应当力求言语含蓄文雅。例如，在谈话时要去洗手间，不便直接说"我去厕所"，应说"对不起，我出去一下，很快回来"，或其他比较容易让别人接受的说法。

（3）内容简明。交谈中应言简意赅、要点明确，避免说话啰唆、废话连篇。

（4）少用方言。在公共场合交谈，应用标准的普通话，不能用方言、土话，尤其是带有优越感的方言。

（5）慎用外语。在一般交谈中，应讲中文，讲普通话。无外宾在场，最好慎用外语，否则会有卖弄之嫌。

（6）语气的变化，要亲切柔和，诚恳友善，不要以教训人的口吻谈话或摆出盛气凌人的架势。在句式上，应少用"否定句"，多用"肯定句"；在用词上，要注意感情色彩，多用褒义词、中性词，少用贬义词。

（7）语调的选择，讲究抑扬顿挫，有高有低。太大的音量会咄咄逼人，太小的音量对方听不清楚，影响沟通。

（8）语速的快慢。讲话的过程中要有一些停顿，给对方思考和反应的时间。

**3. 交谈要把握分寸**

在会展活动中，会展人员对交谈分寸的把握至关重要。交谈内容的取舍，表情达意的方式是否符合人际交往的目的，这是交谈礼仪应注意的问题。一般来说，善意的、诚恳的、赞许的、礼貌的、谦让的话应该说，且应该多说。恶意的、虚伪的、贬斥的、无礼的、强迫的话不应该说，因为这样的话只会造成冲突，破坏关系，伤及感情。有些话虽然出自好意，但措辞用语不当，方式方法不妥，好话也可能引出坏的效果。所以，言谈沟通必须对所说的话进行有效的控制，掌握说话的分寸，才能获得好的效果。

**4. 交谈要注意姿态**

交谈时除注意语言美、声音美之外，姿态美也很重要。首先要做到的是双方应互相正视、互相倾听，不要东张西望，左顾右盼。交谈时双方目光接触的时间不应少于交谈时间的一半。但不能一直目不转睛地盯着对方的眼睛，也不能长时间地盯住对方的某一位置，这样会让对方感到不舒服。所以与对方目光接触应该适度得当。身体后仰、抱着胳膊、翘着腿，从心理学角度看，是对对方保持警戒的动作。歪着脑袋，摇头晃脑，容易使人误以为"是不是对我的意见不满意？"另外，交谈时不要懒散或面带倦容，哈欠连天、不停地抖腿、转动手中的笔、两手紧握关节嘎嘎作响、玩指甲、搔脑勺都是应该引起注意的无意识的坏习惯，也会使人感到你心不在焉，傲慢无礼。

## 5.1.3　交谈话题的选择

**1. 选择愉悦的交谈话题**

围绕什么话题开始交谈是会展人员在会展活动中时常需要面对的问题。会展人员谈论的话题要不失礼又能激发对方的谈话兴趣，达到良好的沟通，可以遵循下面的一些规则。

（1）拟谈的话题。拟谈的话题是双方约定要谈论的话题。例如，双方约定谈论会议举办形式的话题，其他话题就可以略去不谈。

（2）格调高雅的话题。一个有知识储备、有文化素养的会展人员，可以在交谈中展现自己的风格、素质和品位，适当地选择有知识内涵、格调高雅的话题，如哲学、文学、历史等有深度、广度的话题。

（3）轻松愉快的话题。现代生活紧张忙碌，在会展活动的交谈中，会展人员可以选择轻松愉快的话题舒缓参与交谈人员的心情，活跃交谈的气氛。例如，电影电视、旅游休闲、天气、体育、流行时尚、烹饪小吃等话题，或者第三方的优点和喜讯等，都可以成为话题。

（4）对方擅长的话题。谈论对方擅长的话题，让对方获得一个展示自我的机会，既显出自己的睿智和大度，又营造了一个良好的谈话氛围。

**2. 交谈中忌讳的话题**

（1）个人隐私五不问。尊重隐私是现代人的基本素养，作为会展人员更应注意避免随便讨论隐私问题。这里具体包括"五不问"。①个人收入不问。因为收入往往和个人的能力有关，如果在彼此不是太熟悉的情况下，问对方的收入就会产生尴尬。②不问年龄。尤其是两类人不能问，一是临近退休的人员，二是年轻白领。③婚否不问。④个人健康不问。个人健康往往会影响到个人的发展前途。⑤个人经历不要随便打听。"英雄不问来处"，类似"你是哪个学校毕业的"不要去问。

（2）对方的禁忌不要问。每个人都有自己的长处和短处，不要在对方的短处面前大谈自己的长处，以免触及对方的伤痛。不要在大龄未婚人面前大谈家庭、孩子的话题；避免在残疾人面前大谈运动、健美之类的话题；不要在对方不幸的时候讨论自己的好运气。谈论这些话题显得自己盛气凌人、自私自我。

（3）格调不高的话题不要谈。"搬弄是非者必是是非人。"在会展交谈中一般不应涉及他人的是是非非，非议他人，传播小道消息是非常不雅观的。自己的同事、领导的小道消息不要无原则的传播、散布。不能嘲笑其他人的糗事；不能谈论朋友的身体特征；不能在背后议论领导、同事、同行；此外男女关系、黄色话题等一定要避免。这些格调不高的话题会给对方留下素质不高、缺乏教养的印象。

（4）令人压抑的话题不要说。尽量不要涉及犯罪、灾难、疾病等破坏氛围的话题。谈论这些会让人伤感，并影响交流沟通的顺利进行。

（5）不利于国家、社会稳定等敏感话题尽量避免。不利于宗教、民族团结的话题应该回避；不能非议国家和政府；不能涉及国家和行业秘密。爱国守法是每个公民的道德素养，会展人员不谈论这些话题，既是礼仪的表现，更是遵守法律和规范的行为。

## 5.1.4 言谈沟通时的具体注意事项

**1. 不要一个人长篇大论**

交谈讲究的是双向沟通，因此要多给对方发言的机会，不要只顾一个人滔滔不绝，而不给他人开口的机会。

**2. 不要冷场**

不论交谈的主题与自己是否有关，自己是否有兴趣，都应热情投入，积极合作。万一交谈中出现冷场，应设法打破僵局。常用的解决方法是转移旧话题，引出新话题。

### 3. 不要插嘴

他人讲话时，不要插嘴打断。即使要发表个人意见或进行补充，也要等对方把话讲完，或征得对方同意后再说。如果陌生人正在谈话，是绝对不允许打断或插话的。

### 4. 不要抬杠

交谈中，与人争辩、固执己见、强词夺理的行为是不足取的。自以为是、无理辩三分、得理不让人的做法，有悖交谈的主旨。

### 5. 不要否定

交谈应当求大同，存小异。如果对方的谈话没有违反伦理道德、侮辱国格人格等原则问题，就没有必要当面加以否定。

### 6. 把握交谈时间

一次良好的交谈应该注意见好就收，适可而止。普通场合的谈话，最好在 30 分钟以内结束，最长不能超过 1 小时。交谈中每人的每次发言，以 3～5 分钟为宜。

### 7. 避免低声耳语

如果多人交谈时，只对其中一人窃窃私语，会给其他人造成你正在评论他们的印象，这种时候低声耳语会让其他人觉得你在排斥他们。

### 8. 不要用手指点别人

需要指出某人说话中的不妥之处时，应该把手指全部伸开，掌心朝上，用手掌指着那个人。

### 9. 不要过分谦虚

受到表扬的时候，可以把自己快乐的心情直接告诉对方，比只是一味地谦虚效果好多了，这时候，空气中都会充满了幸福的感觉。

### 10. 亲疏有度

与人交谈，还要注意亲疏有度，"交浅"不可"言深"。在沟通交流的过程中，不能为赢得对方的信任而无所不谈，在会展活动中会展人员要学会保护自己。

## 5.1.5　倾听的艺术

"善言，能赢得听众；善听，才会赢得朋友。"倾听是尊重对方的表现。善谈往往是天性，对很多人来讲，并不擅长；善于选择话题，把说话的工作交给对方不失为一种上策。倾听的好处是可以避免"言多必失"。那么，该如何倾听呢？

### 1. 专注有礼

当与别人交谈时应该全神贯注，如果三心二意，只会让对方感觉无趣。一个出色的倾听者，本身即具有很强的感染力，能够引起大家谈话的兴趣。

### 2. 呼应配合

认真倾听，不是毫无反应的瞎听，而应该是随着谈话者情感和思路的变化而呼应配合：当对方讲到精彩处时，可以击掌响应；当对方讲到幽默处时，要以笑视之；当对方讲到紧张处或动情处，要避免弄出响声；当对方所表达的观点和自己完全一致或基本认同时，要轻轻点头以示赞同。

### 3. 正确判断

弄清对方的意图，要善于倾听弦外之音，要注意对方话语的深层含义、主要思想观点、潜台词。当不能完全肯定对方的意图时，切不要自以为是，以免曲解或误会对方的本意。

## 5.1.6 人际交往的距离

每个人都有自己的个人空间，在会展活动或商务交往中，会展人员应该与交往对象拉开适当的距离，以免尴尬。

### 1. 私人距离

私人距离是指小于 0.5 米的距离。这个距离一般限于夫妻、恋人和亲密朋友之间。

私人距离的远近受到文化、性别、环境、个性的影响。不同的文化会有不同的私人距离。美国人、英国人等由于崇尚自由和绅士风度，往往私人距离较远；而阿拉伯人认为闻朋友的气味是对朋友的尊重，私人距离往往较近。

### 2. 常规距离

常规距离又称交际距离，是指 0.5～1.5 米之间的距离。一般来讲，这个距离彼此有安全感。由于这个距离正好可以进行交谈和握手、递送名片等，所以会展人员在公务场合与交往对象进行交谈时，一般采取常规距离，利于交流，又不构成对对方的妨碍。

### 3. 礼仪距离

礼仪距离又称尊重距离，是指 1.5～3.5 米之间的距离。在这个距离进行交往表示对交往对象的尊重，比较适合长辈和晚辈、上级和下级之间的交往。如果空间不够，可以用桌子等拉开距离。例如，企业或国家领导人之间的谈判、人员招聘时的面谈，等等，都要隔一张桌子或保持一定的距离，这样就增加了一种庄重的气氛。

### 4. 公共距离

公共距离又称为有距离的距离，是指 3.5 米以上的距离。在这个距离内进行交往，人们会感到非常陌生和安全。公共距离比较适合公共场合中的演讲或授课，让人感觉非常的安全和舒适。

# 5.2　会展拜访礼仪

所谓百闻不如一见，无论采取电话、传真、电子邮件等何种沟通方式，都不如当面沟通更能使双方产生直观而深刻的印象。拜访是指个人或单位代表以客人的身份去探望有关人员，以达到某种目的的社会交往方式，是拜会、会见、访问、探访的总称。在公关与会展活动中，成功的拜访能够使业务关系取得实质性的进展，不得体的拜访行为则会给双方的交往蒙上阴影，致使双方的关系难以补救。

## 5.2.1　拜访前的准备

**1. 公务拜访必须提前预约**

对于拜访者来说，提前预约可以避免要拜访的人不在或者因对方没有充分的准备而使拜访收效甚微；对于受访者来讲，接到预约可以合理地安排好自己的时间，并充分地做好访谈准备，避免仓促应对，出现差错。

尽量避免前往其私人居所进行拜访。预约的具体时间通常应当避开节日、假日、用餐时间、过早或过晚的时间，以及其他一切对对方不方便的时间。预约可以采用电话预约、当面预约或信函预约的形式。预约时要向对方告知事由、时间。预约的语言、口气应该是友好、请求、商量式的，而不能是强求命令式的。

**2. 拜访前应当准备好相应的资料**

拜访前，应做好充分准备，如公司介绍、产品目录和名片等。名片与所需的资料，在受访者面前遍寻不着，会给对方留下马虎急躁、粗心大意、不专业也不敬业的印象，甚至有损拜访者所在公司的形象。

**3. 拜访前应准备赠送礼物**

赠送礼物是社交应酬、拜访的需要，也是交际活动的重要举措。恰当地选送一些礼物可以进一步联络感情、密切关系、加深友谊。礼物选送应轻重得当、合乎时宜、不落俗套。

**4. 拜访要准时**

拜访时要准时赴约，要提前确认前往目的地所需要选择的交通工具和路上会花费的时间。要提前 5 ～ 10 分钟到达约定地点。如果有急事不得不晚，必须通知你所见的人；如果交通阻塞，要通知对方并说明理由。如果是对方晚到，可以利用这些时间整理一下文件，仔细想想需要办理的事情，或者问一下接待员能否到休息室先休息一下。

**5. 在进入对方公司前应先整理自己的着装**

夏天，应及时擦掉汗水，以最佳的形象、最从容的姿态进行拜访。随后检查自己的资料是否带齐，并将手机调到震动或关机状态。

## 5.2.2 等待拜访时的礼仪

（1）当拜访者到达时，如果对方有前台或者专职接待人员，应向其递交名片并说明自己已经预约人员的职务及姓名，听从接待人员的安排进入接待室或者被引入受访者的办公室。

（2）进入对方公司时应尊重其办公环境——非礼勿视、非礼勿听、非礼勿言、非礼勿动，更不能随意吸烟。

（3）如果被引入接待室等待，应向引领人员表示谢意，在得到对方允许后方可就座。公文包可放在自己背后或者脚边，外套等物品应该征求对方意见可否有合适的地方放置。

（4）在等待的过程中可以看自己的文件，思考拜访的问题；但不能随意走动，否则会给对方工作人员留下散漫随意的印象。

（5）当要拜访的客人始终没有出来见面时，可留下名片，并将名片的左上角往内折；同时可让对方的接待人员或秘书安排下一次约会。与客户相约，如果超过20分钟，对方还没有出来，可离开。

## 5.2.3 拜访时的礼仪

（1）进门时应用食指轻叩房门，间隔有序敲3下，等待回音。如无回音可稍加力度，再敲3下。如有回音，再侧身隐立于右门框一侧，待门开时再向前迈半步，与主人相对。如果对方的门开着，也不应擅自进入。

（2）见到要拜访的人员时应主动递交自己的名片，再次说明来访的事由和目的；但要掌握节奏，等待对方主动握手，恰如其分的表现才能使访谈有一个良好的开端。

（3）进屋后等主人安排后坐下。如果主人是年长者或者上级，主人不坐自己不能先坐。主人让座后要说谢谢，然后采用规范的礼仪坐姿坐下。拜访过程中，主人倒的茶水不能推让，应从座位上欠身，双手接过并表示感谢。

（4）拜访的时间长短应根据拜访目的和主人意愿而定，通常宜短不宜长。在一般情况下，礼节性的拜访，尤其是初次登门拜访，应控制在一刻钟至半小时之内。最长的拜访，通常也不宜超过两个小时。有些重要的拜访，往往需由宾主双方提前议定拜访的时间和长度。在这种情况下，务必要严守约定，绝不单方面延长拜访时间。

（5）在交谈中，拜访者须言语适度、表达准确，自信而不自大。在交谈过程中要尽可能快地将谈话进入正题，而不要闲扯。清楚直接地阐述事宜，与正题无关的内容尽量避免。说完后，让对方发表意见，并要认真地倾听，不要辩解或不停地打断对方讲话。若有其他意见，可以在受访者讲完之后再进行表达。即使和受访者的意见不一致，也不要争论不休。对受访者提供的帮助要适当地致以谢意。要注意观察受访者的举止表情，适可而止。当受访者有不耐烦或为难的表现时，应转换话题或口气。当受访者有结束会见的表示时，千万不要拖延，应起身告辞。如未完成工作，可约定下次见面时间。若是重要的约会，在拜访之后可给对方一封谢函，会加深对方的好感。

【知识链接】

---

**在会展活动中最好不用一次性纸杯**

在会展活动中要重视饮茶的规矩，在日常生活中也应注意饮茶的讲究。现在很多家庭喜欢用一次性纸杯招待客人，以示干净。其实这些做法是有些失礼的。

一次性纸杯只适合在家庭中举行的同龄人舞会等多人聚会中使用。对于客人的专门拜访，主人应该用正式的茶杯招待客人，用一次性的纸杯显得没把客人的来访看得很郑重，这是对客人的不礼貌。如果客人觉得还是用一次性杯子放心，那么最好准备几只漂亮的杯托，这样既正式又显出对客人的尊敬。

---

## 5.2.4　拜访结束时的礼仪

当拜访已经接近尾声时，应该以自己的职业表现为此行画上圆满的句号。

（1）即将离别时，不要毫无征兆地忽然起身告辞，之前应有些许示意。例如，把茶杯的杯盖盖好，把咖啡杯稍稍推移开，轻轻地收起自己的文件，或者把对方的名片放进名片夹等。迅速看表或者快速地收拾公文包，会给受访者带来不重视此次拜访或者此行不愉快的印象，容易造成误解。

（2）离别应该由拜访者提出，拜访者先起身并伸手向受访者道别。如果由主人起身并主动握手告别，会有逐客之嫌。

（3）拜访者应该真诚地向受访者表示感谢，如"感谢您在百忙之中接受我的到访"。向外走时，对遇到的、有眼神接触的工作人员应微笑点头致意，对引领过自己的接待人员可以简单地说声"谢谢"以示礼貌。

（4）对方送行时应该请对方留步。如果受访者执意送别，走到电梯门口或者对方的办公区门口时应该再次请对方留步，并再次握手与对方道别。

## 5.2.5　拜访礼仪的注意事项

（1）守时。在会展拜访中，是否准时赴约是给客户留下的第一印象，不只体现了尊重他人的观念和态度，也体现了所在企业的精神和管理风貌。

（2）保持良好的精神面貌。拜访自始至终保持热情与笑容是拜访成功的保证，也会给对方留下豁达开朗、大方自然、谦恭和蔼、坦荡潇洒、淳朴热情的印象。只有把饱满的精神与良好的职业形象完美地结合起来，才能表现出会展人士的干练和魅力，才能使双方保持良好的商务关系。

（3）摆正自己的位置。陪同上司拜访，首先应该突出上司的重要地位，而不应该突出自己，使自己高高在上，甚至得意忘形。这样不仅使上司难堪，也会给对方留下不好的印象。

# 5.3　会展谈判礼仪

谈判，指的是有关各方为了各自的利益，进行有组织、有准备的正式协商及讨论，以便互让互谅、求同存异，就某些性质的问题最终达成某种协议的整个过程。

会展谈判，是文质彬彬的较量，既要讲究谋略更要讲究礼仪，以示尊重和严肃性，为谈判创造良好氛围，拉近谈判双方距离。优秀的谈判者，不仅要精通专业知识，掌握社会学、心理学、语言学等方面的知识，还要求通晓礼仪知识，这样才能塑造良好的个人形象，进而影响企业形象并在谈判中得心应手、应付自如。一般而言，谈判的礼仪重点涉及谈判地点、谈判座次、谈判表现、签字仪式等每一个具体环节。

## 5.3.1　谈判前的准备

### 1. 谈判人员的准备

一般来说，谈判队伍由主谈人、助手、专家和其他谈判人员组成。首先，选择谈判代表要符合商务礼仪中的对等原则，己方的谈判人员与对方谈判代表的身份、职务要相当。其次，谈判人员的服饰选择。参加谈判时，一定要重视穿着打扮，表明自己对于谈判的态度和状态。正式谈判的着装要简约庄重，高雅规范。男士应穿深色三件套西装或白衬衫、打素色或条纹式领带、配深色袜子和黑色系带皮鞋。女士要穿深色西装套裙和白衬衫，配肉色长筒丝袜和黑色高跟、半高跟皮鞋。男女均要选择端庄、雅致的发型。男士应当剃须，女士应当认真化妆，但妆容应当清新淡雅，自然大方。谈判人员的素质修养和仪表形象始终是一种信息，会与谈判的实质内容一起传递给对方，并相互影响、相互感染。

### 2. 谈判时间的选择

谈判时间要经双方商定而不能一方单独做主，否则是失礼的。在商定过程中要尽可能选择对己方最有利的时间进行谈判，避免在身心处于低潮时、周一早上、连续紧张工作后、身体不适或最疲劳时、对方交易高峰期进行谈判。

**3. 谈判地点的选择**

根据会展谈判举行的地点不同，可以将其分为客座谈判、主座谈判、客主座轮流谈判及第三地点谈判。对于日常的谈判活动，最好争取主座谈判。谈判地点在自己熟悉的环境内，各方面都比较了解和习惯，可以随时向上级领导或专家请教，在生活起居、气候等方面都不受影响，自己处于主动状态，谈判成功率就比较高。若争取不到自己熟悉的地点，可以选择在双方都不熟悉的第三地点。如要进行多次谈判，地点应该依次互换，客主座轮流谈判，以示公平。

**4. 谈判室的选择与布置**

通常情况下，谈判要安排两三个房间，除一间作为主要谈判室外，另一间作为双方单独进行内部协商的密谈室，有条件的还可以准备一间休息室。谈判室布置以高雅、宁静、和谐为宜，室温适宜，装饰陈设简洁、实用、美观。

**5. 谈判接待的准备**

倘若担任东道主，要从谈判人员迎送，到谈判地点和时间安排，酒店的预定，用餐及休闲娱乐，整个流程都要精心准备、刻意安排，处处体现出对谈判对手的尊重和礼貌，展现公司的良好形象，为谈判的成功奠定基础。

**6. 谈判资料的准备**

首先，谈判前要对谈判主题、内容、议程做好充分准备，拟订计划、目标及谈判主题。分析对比双方利益一致的地方和可能产生分歧的地方，以便在谈判时采取不同的对策。其次，详细地收集与谈判相关的材料，如对方实力、信誉程度、地理位置、交通状况、发展潜力、政法制度及主题行情等。另外，还要收集谈判对手的基本情况，如工作经历、兴趣爱好、文化背景和社会习俗等方面的内容。

## 5.3.2　谈判中的礼仪

**1. 谈判座次排列礼仪**

举行正式谈判时，有关各方在谈判现场具体就座的位次，是谈判的一项重要内容，具有严格的礼仪要求。

1）双边谈判

双边谈判，即只有两方参加的谈判。进行双边谈判时，应使用长桌或椭圆形桌子。双边谈判的座次排列，主要有两种形式。

（1）横桌式，指谈判桌在谈判室内横放，客方人员面门而坐，主方人员背门而坐。除双方主谈者居中就座外，各方的其他人士则应依其具体身份的高低，各自先右后左、自高而低地分别在己方一侧就座。双方主谈者的右侧之位，在国内谈判中可坐副手，而在涉外谈判中则应由翻译人员就座。

（2）竖桌式，指谈判桌在谈判室内竖放。具体排位时以进门时的方向为准，右侧由客方人士就座，左侧则由主方人士就座。在其他方面，则与横桌式排座相仿。

2）多边谈判

多边谈判，即谈判的参加者是三方或者是三方以上。多边谈判的座次排列，主要有两种形式。

（1）自由式，即各方人士在谈判时自由就座，不需要事先正式安排座次。一般以圆桌为谈判桌来举行"圆桌会议"。这样尊卑的界限就淡化了。即便如此，具体就座时，仍然讲究各方的与会人员尽量同时入场、同时就座。主方人员不要在客方人员之前就座。

（2）主席式，指在谈判室内面向正门设置一个主席之位，由各方代表发言时使用。其他各方人士，则一律背对正门、面对主席之位分别就座。各方代表发言后，亦须下台就座。

**2. 谈判过程礼仪**

举行正式谈判时，谈判者尤其是主谈者的临场表现，往往直接影响谈判的现场气氛。在整个谈判进行期间，每一位谈判者都应当自觉地保持风度，礼待对手。

1）谈判之初

谈判之初，谈判双方接触的第一印象十分重要，言谈举止要尽可能创造出友好、轻松的良好谈判氛围，特别要注意谈判中的见面礼仪。首先，要注意见面之初的介绍礼仪。较正式的谈判场合，介绍的礼仪规则是先介绍地位高的，后介绍地位低的；若地位平等，遵从先长后幼的原则。被介绍的人应起立一下微笑示意，并使用一些礼貌用语，如"幸会"、"请多关照"之类，若备有名片，可适时递上。作自我介绍时要自然大方，不可显露傲慢之意。询问对方要客气、礼貌，如"请教尊姓大名"等。介绍完毕，可选择双方共同感兴趣的话题进行交谈。简单的寒暄，可以沟通感情，为谈判现场创造温和舒畅的气氛。其次，见面时姿态礼仪对谈判气氛也起着重大的作用。注视对方时，目光应停留在对方双眼至前额的三角区域，使对方感到被关注，体会到诚恳和热情。手势应自然，尤其是双臂不能在胸前交叉，以免有轻浮傲慢之感。

2）谈判之中

举行正式谈判时，谈判者尤其是主谈者的临场表现，往往直接影响谈判的现场气氛。在整个谈判进行期间，每一位谈判者都应当自觉地保持风度，礼待对手。

（1）心平气和。在谈判桌上，每一位成功的谈判者均应做到心平气和，处变不惊，不急不躁，冷静处事。既不故意惹谈判对手生气，也不自己找气来生。

（2）争取双赢。谈判往往是一种利益之争，因此谈判各方无不希望在谈判中最大限度地维护或者争取自身的利益。然而从本质上讲，真正成功的谈判，不应当以"你死我活"为目标，而应当以妥协即有关各方的相互让步为其结局，使有关各方互利互惠，互有所得，实现双赢。

（3）讲究礼貌。在谈判过程中，谈判者应该待人谦和，彬彬有礼，对谈判对手友善相待。即使与对方存在严重的利益之争，也切莫对对方进行人身攻击，恶语相加，讽刺挖苦，不尊重对方的人格。

（4）人事分开。要正确地处理己方人员与谈判对手之间的关系，做到人与事分别而论，对事不对人。为了达成协议促成交易，双方可以据理力争，也可以直言反驳；但不能偏离轨道甚至发展成人身攻击或人格侮辱，不能谈判成功是朋友，谈判失败成敌手。

（5）求同存异。在磋商中，发言措辞应礼貌文明，准确慎重。同时，注意从对方的立场回顾己方的要求和条件，并作出适当幅度的让步，以求大同存小异。实在谈不下去或僵持不下时，要竭力克制，或暂时转移焦点，或适当借助点幽默来缓和气氛，再继续谈判。总之，在力求一致的基础上，在双方和谐友好的气氛中，磋商不一致的看法，共同解决问题。

 【知识链接】

### 提问的礼仪要求

提问对于了解对方，获取信息，促进交流都有很重要的意义。一个掌握了提问的礼仪要求、善于提问的人，不但能掌握交谈的进程，控制谈判的方向；而且能开启对方的心扉，拨动对方的心弦。

提问的礼仪要求主要有以下几方面。

1. 把握提问的时机

提问的时机包括以下几方面的要求。

（1）当对方正在阐述问题时不要提问，"打岔"是不尊重对方的表现。

（2）在非辩论性场合应以客观的、不带偏见的、不具任何限制的、不加暗示、不表明任何立场的陈述性语言提问。有些领导在开会一开始就讲："关于这个问题我们的立场是……请问大家有什么意见？""这项计划基本上不再作什么更改了，诸位还有什么建议"，等等。这种过早带有限制的提问，往往给人以虚假的感觉，人们会认为既然领导已经决定了，自己表态还有什么意义呢。

（3）在辩论性场合要先用试探性的提问证实对方的意图，然后再采用直接性提问方式，否则提问很可能是不合时宜的或招致对方拒绝。例如，谈判者可以说："我不知自己是否完全理解了您的意思。我听您说……您是这个意思吗？"如果对方肯定或否定，谈判者才可以说："如果是这样，那么您为什么不同意这个条件呢？"，等等。

（4）有关重要问题要事先准备好（包括提问的条件、措辞、由谁提问等），并设想对方的几种答案，针对这些答案设计好己方的对策。

（5）对新话题的提问不应在对方对某一个问题谈兴正浓时提出，应诱导其逐渐转向。

2. 要因人设问

提问应与对方的年龄、职业、社会角色、性格、气质、受教育程度、专业知识深度、知识广度、生活经历相适应，对象的特点决定了提问是否应当率直、简洁、含蓄、委婉、认真、诙谐、幽默、周密、随意等。

3. 分清提问的场合

是公开谈判还是秘密谈判，是个人间谈判还是组织间谈判，是"场内"桌面上谈判还是"场外"私下谈判，是质询还是演讲，等等，都要求提问者注意环境场合的影响。

4. 讲究提问的技巧

（1）审慎组织语句。在谈判活动中谈判者为了获得有利的谈判地位或显得尊敬有礼，对谈判语言进行语序及结构的变换，使听话者产生语意判断上的错觉，并对之进行积极呼应。例如，不少国外谈判理论著述中都举过的一个典型例子，以显示审慎组织句子的重要性。一名教士问主教，"我在祈祷的时候可以抽烟吗？"主教感到这位教士对上帝极大的不尊，断然拒绝了他的请求。而另一名教士也去问这位主教："我在抽烟的时候可以祈祷吗"主教感到他念念不忘上帝，连抽烟时都想着祈祷，可见其心之诚，便欣然同意了。后一名教士的请求之所以获准，正是由于他审慎组织语句，玩了一个以谓语与前置状语"掉包"的游戏。

心理学研究表明，人们难以接受那些对自身带有攻击性的、违背社会规则的、违反伦理道德的行为或事物。如果人们感觉到别人对其说话的方式和意图是善意的、和缓的、尊重的，就愿意接受。那后一名教士利用语序变化在自己真实目的不变的情况下改变语意，使听话者产生错觉，在态度上形成积极的呼应，减少了对抗、戒备、敌视等不良反应。

这种技巧不仅可用在提问当中，在陈述、演讲、说服等语言中都可以加以运用。

（2）简明扼要地提问。提问太长、太多有碍于对方的信息接收和思考，当问题较多时，每次至多问一两个问题，待搞清楚或对方表示回答完后，再接着往下问，这样的节奏显得有礼。

（3）对敏感问题提问要委婉。由于谈判的需要，有时需要问一些对方敏感的、在公众场合下通常忌讳的问题，最好是在提问之前略加说明理由，这是让人避免尴尬的技巧。例如，有的女士对年龄很敏感，则可以说："为了填写这份表格，可以问问您的年龄吗？"

（4）提问后允许对方有思考作答的时间，不要随意搅扰对方的思路。

### 3. 谈判中的语言礼仪

（1）针对性强。在会展谈判中，语言的针对性要强，对答有顺序，做到有的放矢。模糊、啰唆的语言，会使对方疑惑、反感，降低自己的威信，成为谈判的障碍。针对不同的谈判内容、谈判场合、谈判对手，要有针对性地使用语言。另外，还要充分考虑谈判对手的性格、情绪、习惯、文化及需求状况的差异。例如，对脾气暴躁、性格直爽的谈判对手，运用简短明快的语言能引起对方的兴趣和好感；对慢条斯理的对手，采用春风化雨般的倾心长谈能凸显自己的素养，从而取得更好的谈判效果。

（2）方式婉转。表达方式委婉，不仅能显示自己语言的含蓄文雅，也易于被对方接受。例如，在否决对方要求时，可以这样说："您说得有一定道理，但实际情况稍微有些出入"，然后再不露痕迹地提出自己的观点。这样做既不会有损对方的面子，又可以让对方心平气和地认真倾听自己的意见。

其间，谈判高手往往努力把自己的意见用委婉的方式伪装成对方的见解，提高说服力。在自己的意见提出之前，先问对手如何解决问题。当对方提出以后，若和自己的意见一致，要让对方相信这是他自己的观点。在这种情况下，谈判对手有被尊重的感觉，他就会认为反对这个方案就反对他自己，因而容易达成一致，获得谈判成功。

（3）灵活应变。谈判人员要紧密围绕目标进行谈判，遇到谈判困难时，要求能够灵活采取恰当的应急手段，摆脱困境。例如，对方就一棘手的问题要求立即作出回答时，可以先看下表，然后说："对不起，请您稍等。按照约定，需要在这个时间给朋友回个电话。"这样就多争取到 10 分钟的考虑时间。

（4）巧妙使用无声语言。会展谈判中，姿势、手势、眼神、表情等无声语言，往往在谈判过程中发挥重要的作用。赞同别人时用微笑和点头，未听懂时显出迷糊不清的表情等；在有些特殊环境里，有时需要沉默，恰到好处的沉默可以取得意想不到的效果。

（5）多听少说。成功的谈判员在谈判时把 50% 以上的时间用来倾听。通过有效的倾听，可以获得对方大量宝贵信息，了解对方意图和需求，找到解决问题的办法。

（6）巧妙应答。会展谈判对会展人员的口才有很高的要求。商务人员不一定要伶牙俐齿、妙语连珠，但必须具有良好的逻辑思维能力，清晰的语言表达能力；必须在克己敬人、"寸土必争"的前提下，在谈话中保持自己应有的风度，始终以礼待人。

**4. 谈判中的场下礼仪**

会展谈判不只局限在会议桌旁，越是困难的谈判，越需要重视私下里的交流，这不但可以弥补会议桌上的不足，甚至可以对谈判的成败产生影响。例如，当谈判很艰难的时候，按照相应的礼仪规范，安排一些娱乐活动，如酒会、舞会和拜会等，而这些接触正是充分展示公司形象的机会。如果能赢得对方好感，有助于谈判的成功。

## 5.3.3　谈判后签字、馈赠礼品等仪式

**1. 签字仪式**

会展谈判最后的阶段是签字仪式。签字仪式可分为双边签字仪式和多边签字仪式。从礼仪上来讲，举行签字仪式时，一定要郑重其事。①在签约仪式前，应做好各种文本的准备工

作，包括定稿、翻译、校对、装订等工作，并商定洽谈仪式程序和其他有关细节。签约仪式前，应组织专业人员准备好各种文本和办公用具。②双方公司负责人和参加谈判的人员应出席仪式，如缺席，应向对方解释原因。双方共同进入会场，相互握手致意，助签人分立在各自的签约代表外侧，其余人排列站立在各自签约代表身后。助签人员协助签字人员翻揭文本，用手指明签字位置。双方签字代表各自在己方的文本上签字，然后由助签人员互相交换，代表再在对方文本上签字。签字完毕后，双方应同时起立，交换文本，相互握手，祝贺成功，其他随行人员鼓掌庆祝。③还要在签约厅合影留念，待合影结束后，应让双方最高领导及宾客先退场。

**2. 馈赠礼品的礼仪**

谈判人员在谈判后馈赠礼品，除了表示友好和加深友谊的愿望外，更主要的是表示对合作成功的祝贺。但赠送礼物不能草率，在一般情况下要根据客人的身份或对方赠礼的情况决定礼物的价值。应重视礼物的实际寓意和感情价值，而不是值多少钱。同时，要特别注意对方的风俗习惯，不能触犯对方的宗教信仰。另外，和欧美人互赠礼品的时候，双方一定要当面亲自拆开礼品包装，并表示欣赏，真诚接受和道谢。

**3. 饮酒庆贺**

有关各方人员一般应在交换文本后饮上一杯香槟酒，并与其他方面的人士一一干杯。这是国际上通行的增加签字仪式喜庆色彩的一种常规做法。

随着中国经济的发展，谈判早已成为常用的公关活动之一，需要在平等、友好、互利的基础上达成一致的意见，消除分歧。道德水平低、礼仪修养差的会展人员和会展企业，是无信誉可言的，在商场上很难取得成功。如果能够以诚相待、尊重对方、礼仪有加，谈判就可能取得理想的效果。总之，多了解会展谈判礼仪，可以使会展人员在谈判的任何时候任何场合应付自如，赢得更多商机。

# 5.4 会展现场沟通礼仪

会展现场沟通礼仪是会展人员应具备的一项基本素养，在现场沟通中做到严谨、机智、热情、细致，会大大加深客户对会展公司和会展活动的了解。现场沟通如整个会展活动的插曲，只有插曲让人满意，会展活动才能谱写精彩华章。

## 5.4.1 文明文雅的沟通

**1. 来有迎声**

会展人员，在会展活动现场要有强烈的主人翁意识和强烈的责任感，主动热情而友善真诚地与客人打招呼或向对方问候致意。

**2. 问有答声**

会展人员在会展活动现场时，面对客人要有问必答，不厌其烦。现场沟通礼仪中，不提倡在正式场合及非正式场合主动与客户谈论与自己工作业务不相关的事情；但是当客人向自己提出问题时，应该有问有答。遇到不适宜的问题会展人员也应机智巧妙地回答，以免客户尴尬。有问必答是一种耐心，是一种教养，也是一种风度。

**3. 去有送声**

在会展活动现场，当客人准备离去时，不论对方有没有主动道别，会展人员都要本着有始有终的原则，主动向对方道别、致意。

## 5.4.2　礼貌谦逊的沟通

所谓礼貌谦逊的沟通，主要强调礼貌用语的使用问题。以下 6 类最基本的用语，是会展现场沟通中最常用的。

**1. 亲切问候**

在会展活动现场，会展人员遇到客人或是自己的同事、领导和下级要主动问候。问候语不一定具有实质性内容，而且可长可短，需要因人、因时、因地而异。问候语应当删繁就简，不要过于程式化。问候语应带有友好之意，敬重之心。

比较常见的问候语有："您好"、"早上好"、"下午好"、"很高兴认识您"、"您好，欢迎光临"、"请多指教"、"请多关照"等。跟初次见面的客人寒暄，最标准的说法是："您好！"、"很高兴能认识您"、"见到您非常荣幸"。比较文雅一些的话，可以说："久仰"、"幸会"。相对随意的说法："早就听说过您的大名"、"我早就拜读过您的大作"、"我听过您作的报告"，等等。其中，"早上好"、"周末好"、"假期好"、"元宵节快乐"是具有时效性的问候，使用这些时效性问候语显得独具特色和更加专业。

一些特殊环境下的一些特殊问候方式。

（1）在座位上时，上司找你说话，回答问话的时候不要坐在座位上，要站起来。

（2）颔首礼是比较恰当的问候方式，问候的时候应暂时停止其他动作，双手自然交叉在身体前方，注意不要妨碍别人。如果是出入会议室，要注意在给客人上茶之后再问候。

（3）在洗手间或电梯里与人目光接触，即使是第一次见面，目光接触的一瞬间，眼露微笑，也会使凝重的气氛变得温馨起来。

（4）在发现前方有比较熟悉的客人时，打招呼的时候不要从身后喊对方，应该从对方的身边绕到前面再问候。突然从身后拍对方肩膀很不礼貌，甚至会惊吓到对方，这是非常失礼的行为。

**2. 诚恳请求**

会展人员在会展现场需要客人帮助、理解、支持、配合自己的时候，一定要注意"请"

字是不能少的，大方诚恳地添加"请"字，能起到一字千金的作用。在与客人沟通交流时，时常使用"请"字是会展人员品位与教养的体现。例如，告诉对方"请稍等"、"请用餐"、"请这边走"、"请您参观"，等等，这样就显出礼貌和诚恳。"等一会"、"吃吧"、"你走错了"，这种朋友之间的交流在会展现场是非常不适宜的。

### 3. 真心感谢

表示感谢，最重要的莫过于要真心实意。一声真诚、大方的感谢语"谢谢"胜过万语千言。

（1）得到他人夸奖时，应当说"谢谢"。这既是一种礼貌，也是一种自信。切忌用"瞎说"、"不怎么地"、"哪里哪里"、"谁说的"、"少来这一套"这些词语来回应别人的称赞。

（2）得到他人帮助、理解和支持后，应该用"实在过意不去"、"麻烦您了"、"感谢您的帮助"等语句表示谢意。

（3）如果是正式表示感谢，通常应当加上被感谢者的称呼。例如，"马小姐，我专门来跟您说一声'谢谢'"，"许总，多谢了"。越是这样，越是显得正式。

### 4. 大方道歉

在会展活动现场，会展人员使用必要的道歉用语时应当文明而规范：打扰、怠慢、妨碍对方要用"对不起"、"请原谅"、"很抱歉"、"请稍等"、"请多包涵"等词语；有愧对他人之处，应该说"深感歉疚"、"非常惭愧"；渴望别人谅解时应该说"多多包涵"、"请您原谅"；一般的道歉场合，则可以讲"对不起"、"很抱歉"、"失礼了"。在会展现场沟通时，会展人员要大方、认真、及时地去说道歉语，同时也不要过分贬低自己。

### 5. 热情祝贺

在宴会、开业剪彩、开闭幕式等活动中，致以热烈且富有感情色彩的吉语佳言，是使用最多的一种祝贺方式。它在总体上的礼仪要求：①要简洁、热情、友善，饱含感情色彩；②要区分对象，回避对方忌讳。

通常，口头上的祝贺用以下一些约定俗成的词语："恭喜"、"我真为您而高兴"、"事业成功"、"恭喜发财"、"事业兴旺"、"大展宏图"、"日新月异"、"生意兴隆"，等等。

但有些祝贺的话本意不错，但可能犯一些人的忌讳，应该回避。例如，不要祝即将乘飞机的人"一路顺风"，因为这对飞机飞行有碍。香港人不爱听别人祝他"快乐"，因为在粤语里，"快乐"与"快落"的发音一样，显得不吉利。

### 6. 忌唐突告别

告别是人际交往中的重要时刻，如果告别能留给人以美好的印象和久远的回味，对日后的交往和友情是很有益处的。按照常规，道别应当由来宾率先提出来。假如会展人员首先与来宾道别，难免会给人以厌客、逐客的感觉。在告别时应该适度寒暄，如请对方保重身体等；也可根据实际情况，向对方表示良好的祝愿。"再见"、"慢走"、"走好"、"欢迎下次再来"、"一路平安"等话语将沟通和交流画上圆满句号。

### 5.4.3 热情周到的沟通

在与宾客沟通时，会展人员仅专注于"来有迎声、问有答声、去有送声"，生硬地使用礼貌用语，虽然不失礼仪，但不能达到良好沟通、增进友谊的效果。鉴于此，会展人员还应注意现场沟通中3个方面的问题：眼到、口到、意到，即"热情三到"。

**1. 眼到**

所谓眼到是指与宾客沟通时，一定要目视对方，注意用专注而柔和的目光注视客户的一言一行，把80%的注意力放在倾听客户需求上，用20%的时间回答与宾客讲话或回答问题。

**2. 口到**

所谓口到，主要有以下的内容。①语言上无障碍。讲普通话是在与国内宾客交流沟通时必需的素养。会展现场尤其是一些国际会议和展览中外国嘉宾很多，所以，一定要用优美标准的外语与其沟通，否则就会出现沟通障碍。②避免出现沟通脱节问题。亦即避免自己所说的与对方理解的不一样。

**3. 意到**

会展人员要以最佳的举止表情与宾客沟通互动，这就是意到。

（1）表情、神态自然。在会展活动现场，各种情况都可能发生，任何人也不能提前设计好交流的内容；但是在机智、热情应答的过程中，自然、沉着、友善的表情是不可或缺的。

（2）注意与交往对象进行互动。与交往对象的互动，这里指会展人员的情绪体验应与对方的情绪体验相宜，要以对方的喜而喜，为对方的悲而悲，绝对不能只以一种表情相对。

（3）举止大方。在会展活动中，会展人员的形象至关重要，在与宾客沟通时应举止落落大方、神情不卑不亢。大方的举止不仅代表会展人员的良好素质，也代表一个企业甚至国家的整体素质。

 **案例分析**

*1. 小节误大事*

风景秀丽的某海滨城市的朝阳大街，高耸着一座宏伟楼房，楼顶上"远东贸易公司"6个大字格外醒目。某照明器材厂的业务员金先生按原计划，手拿企业新设计的照明器样品，兴冲冲地登上6楼，脸上的汗珠未及擦一下，便直接走进了业务部张经理的办公室，正在处理业务的张经理被吓了一跳。"对不起，这是我们企业设计的新产品，请您过目。"金先生说。张经理停下手中的工作，接过金先生递过的照明器，随口赞道："好漂亮呀！"并请金先生坐下，倒上一杯茶递给他，然后拿起照明器仔细研究起来。金先生看到张经理对新产品如此感兴趣，如释重负，便往沙发上一靠，跷起二郎腿，一边吸烟一边悠闲地环视着张经理的办公室。当张经理问他电源开关为什么装在这个位置时，金先生习惯性地用手搔了搔头皮。好多年了，别人一问他问题，他就会不自觉地用手去搔头皮。虽然金先生作了较详尽的解释，张经理还是有点半信半疑。谈到价格时，张经理强调："这个价格比我们预算的高出较多，能否再降低一些？"金先生回答："我们经理说了，这是最低价格，一分也不能再降了。"张经理沉默了半天没有开口。金先生却有点沉不住气，不由自主地拉松领带，眼睛盯着张经理。张经理皱了皱眉："这种照明器的性能先进在什么地方？"金先生又搔了搔头皮，反反复复地说："造型新，寿命长，节电。"张经理托词离开了办公室，只剩下金先生一个人。金先生等了一会儿，感到无聊，便非常随便地抄起办公桌上的电话，同一个朋友闲谈起来。这时，门被推开，进来的却不是张经理，而是办公室秘书。

问题：请指出金先生的问题出在哪儿？

2. 谈判陷入僵局时该怎么办

你公司正与一家电器公司就冰箱的生产技术及部分生产线的进口事宜进行谈判。该谈判已进行多轮，而且已陷入僵局数天。双方都在极力维护既有的立场，此时，该怎么办？

（1）等候对方提出新方案。

（2）稍作退让以打破僵局。

（3）改变谈判主题。

（4）提议休会。

问题：请作出选择（可多选）并说明理由。

思考题

1. 简述言谈礼仪的基本要求。

2. 拜访客户有哪些注意事项？

3. 在会展谈判中，谈判场所的座次安排有哪些规范要求？

4. 为促进谈判的成功，应如何选择谈判时间和地点？

# 第6章 会展人员的沟通礼仪

【学习目标】了解电话礼仪的重要性；掌握接打电话时的言行举止、语气语调，以及具体内容的表达；了解和掌握传真、电子邮件的使用礼仪，准确自如地运用传真、电子邮件交流信息；了解文书礼仪的概念，通晓文书在内容、格式、收发方面的礼仪规范，基本掌握撰写文书的方法和技巧。

【主要内容】会展人员的电话使用礼仪、传真礼仪、电子邮件礼仪、文书礼仪

在现代社会，每一个人尤其是会展人员，在日常工作和生活中都离不开电话、传真、电子邮件和各种文书的使用。这些凭借有声媒介和无声媒介的沟通礼仪能够真实地体现出个人的素质、待人接物的态度，以及公司的整体水平。正是因为这些媒介在现代社会中无处不在，而会展活动又与其难解难分，因此凡是重视维护自身形象的单位，无不对包括电话、传真、电子邮件和各种文书在内的沟通礼仪给予高度的关注。

## 6.1 会展人员的电话使用礼仪

随着科技的发展，现代人的沟通和交往在极大程度上已经依赖于各式各样的便捷通信工具。在所有电子通信手段中，电话出现得最早使用频率最高应用范围最广。因此，电话礼仪是会展活动中要掌握的重点。在会展活动或商务交往中，电话不仅仅是一种传递信息、获取信息、保持联络的寻常工具，而且也是自己所在单位或个人形象的一个载体。在会展活动或商务交往中，普普通通的接打电话，实际上是在为通话者所在的单位、为通话者本人绘制一幅电话形象。所谓电话形象，即人们在通电话的整个过程之中的语言、声调、内容、表情、态度、时间等的集合。

### 6.1.1 座机电话礼仪

使用座机时，拨打与接听都有相应的礼仪。

**1. 拨打电话时应遵守的礼仪**

1）拨打电话的时机和条件

需要通报信息、祝贺问候、联系约会、表示感谢等，都有必要利用一下电话。而毫无意义、毫无内容的"没话找话"的电话，则最好不要打。即使非常想打电话聊聊天，也要两厢情愿，要先征得对方首肯，并选择适当的时间。不要在单位打私人电话。在公用电话亭"目空一切"地"煲电话粥"，也是做人极不自觉的表现。

2）电话时间的选择

（1）不要在他人的休息时间内打电话，每天上午7点之前、晚上10点之后、午休和用餐时间都不宜打电话。

（2）给海外人士打电话前要了解时差及各国工作时间的差异，不要在休息日打电话，以免影响他人休息。即使知道客户家中的电话号码，也尽量不要往客户家中打电话。

（3）打公务电话，不要占用他人的私人时间，尤其是节假日时间，最好在上班时拨打。双方约定的通话时间，轻易不要变动。

（4）应避免在对方的通话高峰和业务繁忙的时间段内拨打电话。社交电话最好在工作之余拨打。

3）规范内容

（1）通话之前，应做好充分准备。在打电话之前，要将所讲事情的要点写在纸上，准备好相关资料，避免在打电话时有所遗忘。为了告知自己忘记说的事情，又重新打电话给对方，会多次打断对方的工作，给对方带来麻烦。最好把对方的姓名、电话号码、通话要点等内容列出一张清单，这样可以避免在谈话时出现缺少条理、现说现想的问题。

（2）内容简明扼要。电话接通后的第一声非常重要，先说"你好，这里是××公司"，声音清晰、明快、悦耳，给对方留下美好的印象，使双方对话能够顺利展开。自报单位、职务姓名时，应询问对方是否方便，在对方方便的情况下再开始交谈。电话中讲话一定要务实，最忌讳吞吞吐吐、含糊不清，寒暄后，就应直奔主题。要讲的事需从结论说起，才能将要点清楚明白地告诉对方。对代接代转之人表示感谢。遇到数字和专有词汇，应进行复述，注意别出差错。请人转接电话，要向对方致谢。

（3）适可而止。要说的话已说完，就应果断终止通话，不要话已讲完，仍然反复铺陈、絮叨。那样的话，会给对方留下做事拖拉，缺少素养的印象。

4）长话短说

电话被称为"无形造访的不速之客"。在很多情况下，它都有可能"出其不意"地打搅别人的正常工作或生活。因此，打电话的人务必要有一个明确的指导思想，除非万不得已，每次打电话的时间不应超过 3 分钟。在国外，这叫做"通话 3 分钟原则"，已为商界所广泛遵守。所谓"3 分钟原则"是指：打电话时，拨打者应自觉地、有意识地将每次通话时间控制在 3 分钟以内，尽量不要超过这个限定。对通话时间的基本要求是：以短为佳，宁短勿长，不是十分重要、紧急、烦琐的事务一般不宜通话时间过长。会展人员在打电话前，为节省时间，一定要"去粗取精"，条理清晰地预备好提纲。届时，应根据腹稿或文字稿来直截了当地通话。

5）注意举止

（1）喜悦的心情。打电话时要保持良好的心情，这样即使对方看不见，但是从欢快的语调中也会被感染，给对方留下极佳的印象。由于面部表情会影响声音的变化，所以即使在电话中，也要抱着"对方看着我"的心态去应对。

（2）清晰明朗的声音。打电话时的语调应平稳柔和安详，这时如能面带微笑地与对方交谈，可使声音听起来更为友好热情。虽然对方无法看到面容，但喜悦或烦躁仍会通过语调流露出来。打电话时声音要文雅有礼，以恳切之话语表达。适度控制音量，以免对方听不清楚，滋生误会或因声音粗大让人误解为盛气凌人。

（3）端正的姿态。打电话过程中绝对不能吸烟、喝茶、吃零食，即使是懒散的姿势对方也能够"听"得出来。如果打电话的时候，弯着腰躺在椅子上，对方听起来的声音就是懒散的，无精打采的；若坐姿端正，所发出的声音也会亲切悦耳，充满活力。打电话时，不要把电话夹在脖子上，也不要趴着、仰着、坐在桌角上，更不要把双腿高架在桌子上。不要以笔代手去拨号。话筒与嘴的距离保持在 3 厘米左右，嘴不要贴在话筒上。不要骂骂咧咧，更不要采用粗暴的举动拿电话撒气。总之，打电话时，即使看不见对方，也要当做对方就在眼前，尽可能注意自己的姿势。

6）挂电话的礼仪

会展活动中，挂断电话的方法不可轻视。原则上应该由打来电话的一方先挂断电话。放下话筒时，务必注意轻放。将话筒胡乱抛下，这是对接听电话一方的极大不敬。电话被挂断之前，对方一直都把听筒贴在耳朵上听着，"咔嗒"一声巨响，会使对方心情不悦。

**2. 接听电话时应遵守的礼仪**

1）及时准确地接听

电话铃声响起后，应尽快接听。但也不要铃声才响过一次，就拿起听筒，这样会令对方觉得很突然，而且容易掉线，应在第二声铃响之后立即接听。以长途电话优先，一般铃响不要超过 3 声。即便电话离自己很远，听到电话铃声后附近没有其他人，应该用最快的速度拿起听筒。这样的态度是每个人都应该拥有的，这样的习惯是每个办公室工作人员都应该养成的。电话铃声响过许久之后才接电话，要在通话之初向对方表示歉意。

在礼貌问候对方之后，应主动报出公司或部门名称及自己的姓名，切忌拿起电话劈头就问："喂，找谁？"同样，来电话的人需要留话也应以简洁的语言清晰地报出姓名、单位、回电号码和留言。结束电话交谈时，通常由打电话的一方提出，然后彼此礼貌地道别。无论什么原因电话中断，主动打电话的一方应负责重拨。

2）注意语调

用清晰而愉快的语调接电话，能显示出说话人的职业风度和可亲的性格。虽然对方无法看到面容，但喜悦或烦躁仍会通过语调流露出来。打电话时语调应平稳柔和，这时如能面带微笑地与对方交谈，可使声音听起来更为友好热情。

从自己这方来说，都希望对方声音清晰、吐字清楚、速度适中。但有时没有注意到自己讲话的声音非常小，有的发音还不太清楚。如果是电话的原因，应及时换个电话，以免总是听不清楚，会引起对方不满。

3）分清主次

接听电话时不要与其他人交谈，也不能边听电话边看文件、电视，甚至是吃东西。

在会晤重要客人或举行会议期间有人打来电话，可向其说明原因，表示歉意，并承诺稍后联系。

接听电话时，千万不要不理睬另一个打进来的电话。可向正在通话的一方说明原因，要其稍候片刻，然后立即去接另一个电话。待接通之后，先请对方稍候，或过一会儿再打进来，随后再继续刚才正在接听的电话。

4）认真的记录

接听电话时，左手拿听筒，右手准备备忘录。在电话旁，要事先准备好随时会用到的纸和笔，并依照5W IH原则记录，即 WHEN（什么时间）、WHO（对象是谁）、WHAT（什么事）、Where（何地）、Why（为什么）、HOW（如何进行）。电话记录既要简洁又要完备。

电话交谈完毕时，应尽量让对方结束对话，然后轻轻把话筒放好。若确需自己来结束，应解释、致歉。通话完毕后，应等对方放下话筒后，再轻轻地放下电话，以示尊重。不可"啪——"的一下扔回原处，这极不礼貌。最好是在对方之后挂电话。

5）有效的沟通

上班时间打来的电话几乎都与工作有关。公司的每个电话都十分重要，不可敷衍。即使对方要找的人不在，切忌粗率答复"他不在"即将电话挂断，接电话时也要尽可能问清事由，避免误事。对方查询本部门其他单位电话号码时应迅即查告，不能说不知道。具体操作如下。

首先应确认对方身份，了解对方来电的目的。如自己无法处理也应认真记录下来，委婉地探求对方来电目的就可不误事，而且还能赢得对方的好感。期间可以通过提问来探究对方的需求与问题。其次，注重倾听与理解，抱有同理心，建立亲和力是有效电话沟通的关键。对对方提出的问题应耐心倾听，表示意见时应让他能适度地畅所欲言，除非不得已，否则不要插嘴。接到责难或批评性的电话时，应委婉解释，并向其表示歉意或谢意，不可与发话人争辩。电话交谈事项应注意正确性，将事项完整地交代清楚，以增加对方认同，不可敷衍了事。如遇需要查寻数据或另行联系之查催案件，应先估计可能耗用时间之长短。若查阅或查催时间较长,最好不让对方久候,应改用另行回话的方式,并尽早回话。对方以电话索取书表时,应即备案把握时效,尽快地寄达。

**3. 代接电话时应遵守的礼仪**

在工作场合接听来电时,有时会遇到这样的情况:需要接听电话的人不在,自己成为代接者。代接、代转电话时,要注意以礼相待、尊重隐私、传达及时等问题。

代接电话时,首先要礼貌地告诉打来电话的人,他要找的人不在,然后才可以问他系何人,所为何事,这个顺序绝对不能颠倒。

(1) 以礼相待。接电话时,不要因为对方所找的人不是自己就显得不耐烦,以"他人不在"来打发对方。即使被找的人真的不在,也应友好地答复:"对不起,他不在,有什么需要我转达的吗?"

(2) 尊重隐私。代接电话时,不要询问对方与所找之人之间的关系。如果对方要找的人离自己较远,不要大声召唤。别人通话时,不要旁听,不要插嘴。当对方希望转达某事给某人时,千万不要把此事随意扩散。

(3) 记忆准确。对方要找的人不在时,应向其说明,询问对方是否需要代为转达。如对方有此请求时,应照办。对方要求转达的具体内容,最好认真做好笔录。对方讲完后,应重复验证一遍,以免误事。记录的电话内容包括通话者单位、姓名、通话时间、通话要点、是否要求回电话及回电话的时间,等等。

(4) 及时传达。代接电话时,先要弄清楚对方是谁,要找谁。如果对方不愿讲第一个问题,不必勉强。对方要找的人不在,可据实相告,然后再询问对方"有什么事情"。注意,这二者的先后次序不能颠倒。答应对方代为传话,就要尽快落实,不要把自己代人转达的内容,托他人转告。

**4. 转接电话时应遵守的礼仪**

接到转给别人的电话,一定要按下保留键后再转过去。因为即使用手捂紧话筒,自己这边的讲话声音也会传出去,对方有可能听到。即使接电话的人近在咫尺,也要习惯性地先按下保留键,然后再将电话转给他。

对对方的称呼一定要用敬语,讲话时态度要谦恭热情。休息时间如果有电话打进来,四周的人注意不要大声喧哗。

在给上司转接电话时,要特别注意以下两点。

(1) 要判断该不该转接。遇到不熟悉的客户、不表明身份的、闭口不谈事由的,不要盲目转接。可先借口上司不在,记下对方的电话。

(2) 转接的时候,应向上司简单地介绍对方的情况,如对方的身份及了解到的其他信息。

**5. 上司开会或者会客时的电话处理**

(1) 告知会议、会客结束的时间,并记下对方的电话号码。

（2）紧急情况，写便条给上司，让上司自己决定。

## 6.1.2  手机的使用礼仪

日常生活和工作越来越离不开手机，手机礼仪越来越受到人们的关注。在国外，如澳大利亚电信的各营业厅就采取了向顾客提供"手机理解"宣传册的方式，宣传手机礼仪。

手机礼仪除了要遵从座机电话礼仪外，还要注意规范放置手机、文明使用手机和安全使用手机的礼仪。

**1. 手机放置的常规位置**

携带移动通信工具，应将其放在适当的位置，既要方便使用，又要合乎礼仪。

（1）可以放在随身携带的公文包或手袋内。

（2）可以放在上衣口袋内，尤其是上衣内袋中，但注意不要影响衣服的整体外观。

（3）把手机挂在脖子上、腰上或握在手上，或是将其挂在上衣口袋外面均不雅观。

有时不方便把手机放在上述的常规位置时，可以稍作变通。

（1）在参加会议时，可将手机暂交给秘书或会务人员代管。

（2）与人坐在一起交谈时，可将手机放在手边、身旁、背后等不起眼的地方。不要放在桌子上，特别是不要对着对面正在交谈的客户。

**2. 公共场合文明使用手机**

公共场合要养成手机调成振动或者静音甚至关机的习惯。不要在大庭广众之下手机频频地响起，更不要在人多之处接听电话。会议上，上班时不要让手机频频响起。在公共场合使用手机时，注意不要给他人带来"听觉污染"。

（1）不要在公共场合，尤其是楼梯、电梯、路口、人行道等人来人往处旁若无人地使用手机，应该把自己的声音尽可能地压低一些，绝不能大声讲话。

（2）在和别人洽谈的时候，最好把手机关掉或调到振动状态。这样既显示出对别人的尊重，又不会打断发话者的思路。在开会、会见等聚会场合，不能当众使用手机，以免给别人留下用心不专、不懂礼貌的坏印象。

（3）在要求"保持安静"的公共场所，如音乐厅、美术馆、影剧院等处参观展览或观看演出时等，应关闭手机，或将手机设置为静音状态。

（4）手机不宜相互借用，手机卡、内存、短信、电话号码从某种意义上都是个人隐私，要有意识地尊重和保护个人隐私。

手机除了和座机一样可以接打电话以外，还有一个非常重要的功能，就是短信功能，在接发短信的过程中还应注意以下几点。

（1）不要在别人能注视到的时候查看短信。一边和别人说话，一边查看手机短信，是对别人的不尊重。

（2）在短信的内容选择和编辑上，应该和通话文明一样重视。因为通过短信，可以反映出一个人的品位和水准。所以不要编辑或转发不健康的短信，特别是一些带有讽刺伟人、名人甚至是革命烈士的短信，更不应该转发。

### 3. 安全使用手机

使用手机时，会产生电磁波，在某些地方必须牢记安全准则。

（1）开车时，不要使用手机通话或查看信息。

（2）不要在加油站、面粉厂、油库等处使用手机，免得手机所发出的电磁波引起火灾、爆炸。

（3）不要在病房内使用手机，以免手机信号干扰医疗仪器的正常运行，或者影响病人休息。

（4）不要在飞机飞行期间使用手机，以免给航班带来危险。

（5）在军事重地、博物馆、新产品发布会、新技术研讨会上也通常禁止使用手机，尤其不要在手机中谈论商业秘密或国家安全事项等机密事件，因为手机容易出现信息外漏，产生不良后果。

【知识链接】

#### 注意铃声及彩铃的选择

时下，个性化的铃声正迅速走俏，悦耳的音乐或另类的说唱，取代了单调的"嘟……嘟"等待声，为紧张、忙碌的职场生活增添了不少色彩。随着彩铃服务的多元化，会展人员在设置铃声时，要注重与职场形象的和谐统一，选择手机个性彩铃也要讲"礼仪"。

铃声要与身份相匹配。一些颇有身份或职场形象成熟、稳重的人，如果选了与身份、地位不大符合的铃声，个人形象、公司形象会因之大打折扣。选择彩铃就好比穿衣，20岁的小姑娘穿超短裙是美丽、时尚，而上了年纪的女士也着小姑娘一样的打扮，就会成为笑话了。人在职场，太另类的要慎用，只为追逐潮流，不分场合、时间和对象的乱用个性铃声，对职场形象损害很大。

慎用带有恶作剧成分的铃声。曾有一个"金牌业务员"，销售业绩屡夺全公司之冠，业务能力相当出色。一次，由该名业务员负责公司一个大客户的项目洽谈，对方经理与其联系时，总是出现"对不起，您所拨打的电话是空号，请查询后再拨"的留言，弄得对方莫名其妙。后来碰面时一问才明白，该业务员最近换了个恶作剧的彩铃，就出现了那样的信息，并不是真的是空号。解释清楚后，对方经理先是惊讶，然后沉默不语，不久便单方面提出取消合作，事后他给出的理由是："业务员的恶作剧彩铃实在荒唐，从细节可看出这个人敷衍了事、游戏人生的态度，重用这样员工的公司的诚信度又能高到哪去呢？"

铃声也好，彩铃也罢，就像职场人的一扇窗户，是让同事、客户乃至领导了解一个人个性的渠道，就好像接电话或与人见面时，都要先问好一样，彩铃的使用也是体现礼仪的一种方式。

文明而礼貌地使用电话，包括座机和手机，会使沟通变得有效，会让对别人的尊重表现得恰到好处，会获得有益的信息。电话礼仪直接与电话形象密切相关。不论是打电话还是接电话，都必须以礼待人、克己而敬人。假如不注意使用电话过程中的礼仪，将会使自己的人际关系和公司的形象受到损害。所以应该随时保持良好的接打电话的形象，养成良好的电话礼仪习惯。

# 6.2 会展人员的传真使用礼仪

传真是可以通过安装在普通电话网络上的传真机，发送或接收外来的文件、书信、资料、图表、照片的一种现代化通信联络方式。在国际会展交往中，传真机已普及成为不可或缺的办公设备之一。

## 6.2.1 使用传真的优势

### 1. 操作简单、传送快捷
传真机接、发自动化，及时自动接收文件，传递速度快，使用方便。

### 2. 节省费用
传真机能将包括一切复杂图案在内的文件快速传送和接收，且花费不多。

## 6.2.2 传真使用的注意事项

### 1. 合法使用传真设备
使用传真设备通信，必须在具体的操作上力求标准而规范。会展人员在使用传真时，必须维护个人和所在单位的形象问题，必须处处不失礼数。

各国法律普遍规定：任何单位或个人在使用自备的传真设备时，均须严格按照电信部门的有关要求，认真履行必要的使用手续，否则即为非法之举。

具体而言，安装、使用传真设备前，必须配有电信部门正式颁发的批文和进网许可证，并办理相关的一切手续。如欲安装、使用自国外直接带入的传真设备，必须首先前往国家所指定的部门进行登记和检测，然后方可到电信部门办理使用手续。使用自备的传真设备期间，按照规定，每个月都必须到电信部门缴纳使用费用。

**2. 规范使用传真设备**

使用传真设备通信，必须在具体的操作上力求标准而规范。不然，也会令其效果受到一定程度的影响。

（1）本人或本单位所用的传真机号码，应被正确无误地告之自己重要的交往对象。一般而言，在商用名片上，传真号码是必不可少的一项重要内容。

（2）发送传真时，必须按规定操作，并以提高清晰度为要旨。与此同时，也要注意使其内容简明扼要，以节省费用。最好不要传真太长的文件，最好限于10页之内。如有必要，可在传真上注明给某某公司、某某部门和某某先生/女士。

（3）单位所使用的传真设备，应当安排专人负责。无人在场而又有必要时，应使之自动处于接收状态。为了不影响工作，单位的传真机尽量不要同办公电话采用同一条线路。由于传真机可能处在自动接收的状态，为了安全起见，不要传真保密性过强的文件。

**3. 依礼使用传真设备**

（1）向别人发送传真，应选择适宜的时间，不要在对方深夜、午休、节假日或工作繁忙时发传真。

（2）对于主要交往对象的传真号码，必须认真地记好。为保证万无一失，在有必要向对方发送传真前，最好先打电话确认传真号码；并告诉对方将传真的资料是什么，最好在5分钟之内将传真发送出去。

（3）正式的传真应该有首页，上面注明传送者与接收者双方所在单位及部门的名称、姓名、日期、传真的事由、传真页数等信息。如果是非正式传真件，也应在所发资料上标注页码。如果其中某页不清楚或没有收到，可立即发现，及时重发。

（4）如果是传真信件，应遵循书信礼仪，有称呼和敬语，信尾还要有签名。

（5）传真使用完毕后，不要忘记将原件拿走，否则容易丢失原稿，或走漏信息，给自己带来不便。

（6）传真件往往不具有原件的效应，通常还需要邮寄和保存原件。

（7）当自己有一份很长的传真需要发出去时，而其他人只需传真一两页时，应让其先用。

（8）传真传送完毕，应立即告知对方，确定对方收到。在收到他人的传真后，应当在第一时间内即刻采用适当的方式告知对方。需要办理或转交、转送他人发来的传真时，不可拖延时间，耽误对方工作。

（9）尽量少用公司传真发送和接收私人的资料，传真只与工作有关的文件。

# 6.3　会展人员的电邮使用礼仪

电子邮箱已经成为人们必不可少的交流沟通的工具，特别是职场人士，还拥有使用公域名的邮箱。职场人士利用公司邮箱发送邮件与私人信件有着很大区别，邮件中的形象和电话中、本人的形象同等重要，所以了解电子邮件的使用礼仪至关重要。

### 6.3.1 主题

主题是接收者了解邮件的第一信息，因此要提纲挈领，使用有意义的主题行，这样可以让收件人迅速了解邮件内容并判断其重要性。

（1）一定不要让主题空白，这是最失礼的。

（2）主题要准确，精练。善用邮件主题，最好不要超过 15 个字，要让对方一目了然。同时，由于网络上存在大量的"垃圾邮件"，为了吸引收件人的注意，力求将主题写得精练、富有吸引力。

（3）主题要能真实反映文章的内容和重要性，切忌使用含混不清的主题，如"王先生收"；不要一味使用"你好"之类的套话。

（4）一封信尽可能只针对一个主题，不在一封信内谈及多件事情，以便于日后整理。

（5）回复对方邮件时，可以根据回复内容需要更改主题。

### 6.3.2 称呼与问候

**1. 恰当地称呼收件者，拿捏好尺度**

邮件的开头要称呼收件人。这既显得礼貌，也明确提醒收件人，此邮件是发给他的，要求其给出必要的回应；在多个收件人的情况下可以称呼大家等。

如果对方有职务，应按职务尊称对方，如"×经理"；如果不清楚职务，则应按通常的"×先生"、"×小姐"称呼。

不熟悉的人不宜直接称呼英文名，对级别高于自己的人也不宜称呼英文名。称呼全名也是不礼貌的。

**2. 邮件开头、结尾最好要有问候语**

最简单的开头写"HI"或"你好"；结尾英文常写 Best Regards，中文写"祝您顺利"之类的祝福语。

### 6.3.3 正文

**1. 邮件正文要简明扼要，行文通顺**

邮件正文是重要信息的说明或者告知，因为通常要求快速读完，并且使人在阅读中容易理解，所以应当做到简明、扼要、有的放矢。如果具体内容确实很多，正文应只作摘要介绍，发送附件进行详细描述。

正文行文应条理清晰、段落分明，内容简单扼要，表达准确顺畅，避免长篇大论，最好不要出现拉滚动条才能看完邮件的现象。如果事情确实复杂，最好用序码标示段落，使邮件清晰明确。各个段落要短小精悍，段与段之间要留有空行。

**2. 注意邮件的叙述语气**

根据收件人与自己的熟络程度、等级关系，邮件是对内还是对外性质的不同，选择恰当的语气进行论述，避免使用冰冷、刻板的语气，以免引起对方不适。要尊重对方，请、谢谢之类的语句要经常出现。例如，可以采用对话的语气，让读信人忘记是在读信，而是和写信人在"纸上"交谈。这样富有人情味的邮件，播撒出友谊的种子，为企业树立良好的形象，赢得客户的尊敬和喜爱。

**3. 一次邮件交代完整信息**

最好在一次邮件中把相关信息全部说清楚，说准确。不要过两分钟之后再发一封什么"补充"或者"更正"之类的邮件，这会让人很反感。

**4. 尽可能避免拼写错误和错别字**

这是对别人的尊重，也是自己态度的体现。在邮件发送之前，务必自己仔细阅读一遍，检查行文是否通顺，拼写是否有错误。要慎用网络语言，"9494"、"蛋白质"等词汇容易让人误解。

## 6.3.4　附件

（1）如果邮件带有附件，学会使用附件；如果使用附件时，正文栏不要为空，应在正文里面提示收件人查看附件。

（2）附件文件应按有意义的名字命名。

（3）附件越大，下载时间就越长，占用收件人电脑空间就越多。所以，附件数目不宜超过4个，数目较多时应打包压缩成一个文件。

## 6.3.5　语言的选择和汉字编码

（1）只在必要的时候才使用英文邮件。英文邮件只是交流的工具，而不是用来炫耀和锻炼英文水平的。如果收件人中有外籍人士，应该使用英文邮件交流；如果收件人是其他国家和地区的华人，也应采用英文交流。由于存在中文编码的问题，中文邮件在其他地区可能显示成为乱码。

（2）对于一些信息量丰富或重要的邮件，建议使用中文，因为很难保证自己的英文表达水平或收件人中某人的英文理解水平没有问题。一旦有问题，就会影响邮件的效果。

（3）选择便于阅读的字号和字体。中文用宋体或新宋体，英文用 Verdana 或 Arial 字体，字号用 5 号或 10 号字即可。这是经研究证明最适合在线阅读的字号和字体。不要用稀奇古怪的字体或斜体，最好不用背景信纸，特别对公务邮件。

## 6.3.6　结尾签名

每封邮件在结尾都应签名，这样对方可以清楚地知道发件人的信息。

（1）签名信息不宜过多。电子邮件末尾加上签名档是必要的。签名档可包括姓名、职务、公司、电话、传真、地址等信息，但信息不宜行数过多，一般不超过 4 行。只需将一些必要信息放在上面，对方如果需要更详细的信息，自然会联系。

（2）不要只用一个签名档。对内、对私、对熟悉的客户等群体的邮件往来，签名档应该进行简化。过于正式的签名档会让对方觉得太正式。可以在 Outlook 中设置多个签名档，灵活调用。

（3）签名档文字应选择与正文文字匹配的简体、繁体或英文，以免出现乱码。字号一般应选择比正文字体小一些。

## 6.3.7　回复技巧

（1）及时回复邮件。收到他人的重要电子邮件后，即刻回复对方是必不可少的。这是对他人的尊重，理想的回复时间是 2 小时内，特别是对一些紧急重要的邮件。对每一份邮件都立即处理是很占用时间的，对于一些优先级低的邮件可集中在某一特定时间处理，但一般不要超过 24 小时。

如果事情复杂，无法及时确切回复，也要及时地回复说"邮件已收到，我们正在处理，一旦有结果就会及时回复"等类似的内容，不让对方盲目等待。如果正在出差或休假，应该设定自动回复功能，提示发件人，以免影响工作。

（2）进行针对性回复。当回件答复问题的时候，最好把相关的问题抄到回件中，然后附上答案，让对方一次性理解，避免再反复交流，浪费资源。

（3）回复不得少于 10 个字。对对方的大段邮件，只是回复"是的"、"对"、"谢谢"、"已知道"等字眼，这是非常不礼貌的。回复至少 10 个字，显示出对对方的尊重。

（4）不要就同一问题多次回复讨论。如果收发双方就同一问题的交流回复超过 3 次，这只能说明交流不畅，没说清楚。此时应采用电话沟通等其他方式进行交流后再作判断。电子邮件有时并不是最好的交流方式。

（5）频繁地向上司发送没有确定结果的邮件会给上司留下不好的印象。

（6）不要发送或转发笑话、连锁信等与工作无关的邮件。

（7）主动控制邮件的来往。为避免无谓的回复，浪费资源，可在文中指定部分收件人给出回复，或在文末添上以下语句："全部办妥"、"无须行动"、"仅供参考，无须回复"。

### 6.3.8　转发邮件

在转发邮件之前，首先确保所有收件人需要此邮件。除此之外，转发敏感或者机密邮件要小心谨慎，不要把内部邮件转发给外部人员或者未经授权的接收人。如果有需要还应对转发邮件的主题词和内容进行修改、整理，以突出信息。

### 6.3.9　发送、抄送、密送的正确使用

要区分 To 和 CC 还有 BCC（区分收件人、抄送人、密送人）。

（1）To 是收件人，是要受理这封邮件所涉及的主要问题的人，理应对邮件予以回复响应。

（2）CC 是抄送人，只是需要知道这回事，抄送人没有义务对邮件予以响应。当然如果抄送人有建议，可以回邮件。

（3）BCC 是密送人，即其他收信人无法通过邮件本身知道的"隐藏"收件人。这个可能用在非常规场合。

（4）TO，CC 中的各收件人的排列应遵循一定的规则。例如，按部门排列，按职位等级从高到低或从低到高都可以，适当的规则有助于提升自己的形象。

 【知识链接】

---

**国际惯例上对 E-mail 写作有所谓的"7C"原则**

（1）完整（Completeness）。完整说明信件的主题、相关信息、要求、期限等，将收信人需要的所有信息包括在信文内。不论表达技巧，文章结构如何，完整说明发送邮件的原因最为重要。因此，完整也是这 7 项原则中，最重要且不可或缺的一项重点。

（2）具体（Concreteness）。容易造成误会的词汇不要使用，多多应用有共识、通用的词汇辞藻。例如："尽速处理回复"应该用"请于 3 月 1 日中午前回复"，让收信人有采取行动依循的方向，才是具体的信件用语。

（3）简明（Conciseness）。E-mail 的沟通环境就像面对面对话，因此，文字用语宜简短易懂；不需要的赘语赘词应予以删除；如果要使用缩写字，也应该采用一般网络通用的缩写文字，才不会让收信人"丈二金刚摸不着头脑"，还得拉下脸回信来问。

（4）正确（Correctness）。内文的用字和标点符号，引经据典的情境选择，案例的引用说明等，应该要正确谨慎，以免贻笑大方。

---

（5）礼貌（Courtesy）。E-mail 的写作风格与应用格式较具弹性，因此，礼貌用语也偏向简单非正式。但是一封信件给收信人的感觉，就是发信者为自己塑造的形象，因此，在用语上也应该注意，不可失礼。

（6）整洁（Clearness）。E-mail 信件必须注意断句，换行位置，因为收信人的屏幕有大有小。如果像传统书信一般，一行到底才换行，会让读信者觉得很累；另外就是收信系统环境设定不同，过长的句子会在中间断掉，影响文章分配，使章节段落看起来凌乱不堪。何况 Email 内容通常简短数句，一行到底，会让人觉得过于空洞。

（7）体贴（Consideration）。文章结束前，对收信人表达关心或感谢之意；对长辈或对网络用语不熟悉者，更应该多多使用对方较易理解的用语。

# 6.4　会展人员的文书礼仪

远在先秦时期，中国就已经使用文书来达到人与人之间、人与组织之间及异地的交流，如秦朝李斯写的《谏逐客令》就是人与人、人与组织之间交流的文书范本。在古代，为了表示自己的心意，请别人来吃饭，往往用"薄酌"；为了表示敬意用"恭候"，把对方称为"大驾"。这些敬辞、谦语在当今的社交场合仍发挥着不可低估的作用。

中国的书信自古以来以"自谦而敬人"为原则，大体形成了为社会广泛认同的书信格式。由于收信人年龄、身份的不同，写信时所使用的称谓语、提称语、祝愿语等也都有相应的区别，弄错了就会贻笑大方，就会失礼。

## 6.4.1　文书礼仪及礼仪文书的含义

文书礼仪是指各类文书的内容、格式、收发都应符合礼仪规范和写作，符合人际交往通行的礼仪标准。而这些文书主要指会展人员个人或企业在各种商务交往或礼仪活动中广泛使用的文书。礼仪文书是在礼仪活动中使用的各类文书，有较强的应用性和针对性，主要应用于往来应酬，更讲究文采和礼仪。掌握文书的礼仪要求，主要是格式及语言的运用要求，对会展人员的成功交际和商务合作具有重要意义。

## 6.4.2　文书礼仪的基本特点

### 1. 礼节性

礼仪文书注重"以礼相待"，强调因人、因事、因地、因时地待人接物。在日常交际应酬中，如迎来送往、宴请聚会、答谢辞行、邀约请托等，大多是用书面的文字材料加上礼仪活动，来充分地展示丰富的礼仪内容。

**2. 规范性**

礼仪文书一般都具有比较固定的格式和用语，是一种比较规范化的文体，如书信，称谓语、开头结尾、祝颂语有很多讲究。当然礼仪文书的规范性并非像公文一样有法定格式，它是民间约定俗成的惯用格式。

## 6.4.3　礼仪文书写作的基本特征

**1. 礼仪文书的写作目的具有实用性**

礼仪文书较多地用于日常交际、应酬，礼仪文书主要以实用为目的，如书信、请柬、名片、启事、电报稿等，有直接的应用性。写请柬就必须突出"请"的目的；写启事就应突出"启"的目的。所以，礼仪文书的写作者必须注意：只要有用可以写，而且只有有用才能够写。在写作时应注重每一种礼仪文书的不同用处，即使同一类别，也应明确其中的细微差别。

**2. 礼仪文书的写作内容具有针对性**

由于目的实用，必然要求内容为其服务。礼仪文书写作时要有明确的对象，要注意对象的性别、年龄、职业、身份、学识、爱好、习惯、辈分等，如书信、柬帖、题词等，一定要弄清所写给的对象的详细情形，甚至于情感、打算及喜好。只有有针对性地进行写作，才能使内容名副其实，写得恰到好处，贴切、确切、亲切、关切；并适当运用语气，像题词还要注重音韵节律，从而使整体内容达到协调一致，达到烘托文内主旨的目的。

**3. 礼仪文书的体式约定俗成**

一般说来，礼仪文书虽不如公文那样有严格的体式规定，但在漫长的写作实践中逐渐形成了一套基本的定式、体式与款式，各种礼仪文书都有自身的规范化体式。每一种基本体式，都是约定俗成的，一般就应以社会的变动与否为转移，在写作时既不能太随便，也不应墨守成规；既要熟识各种规范陈式，又要跟上时代步伐，适当地推陈出新。

**4. 礼仪文书的书写形式具有文化色彩**

礼仪文书既讲究礼仪内容，同时也要能体现出它的文化内涵。书写时不仅在文辞上，而且在书法款式、用笔用墨、书写印刷材料上要很有文化意蕴。措辞要符合对象、场景、时令及情谊深浅等；书写款式要大方、自然、得体；用纸用料、笔墨颜色也很有讲究，既美观又符合实际效用，并能从中体现出有关交际中的礼节、礼貌要求。例如，信函以黑色笔墨为宜，不要用其他颜色，否则会不严肃。

### 6.4.4 礼仪文书写作的基本要求

**1. 表达方式灵活多样，不拘一格**

在语言表达方式上，礼仪文书没有公文那样正规，但也要注意在称呼、语气、祝颂语方面的礼貌、礼节。具体写作中可用多种手法来表达，可自由发挥，叙事、明理、抒情任意使用，只要能准确、真诚地表达自己的感情即可。

**2. 使用语体自由多样，心到笔随**

礼仪文书的语体不受公文语体的束缚，白话、文言、文白相间均可。礼仪文书是一种最能体现和反映作者个性与才情的文书。

**3. 运用语言简洁精练，顺畅得体**

礼仪文书的用语比公文丰富，讲究语言的技巧。用词应精炼、准确，词意应通顺流畅、明快得体。无论是称谓、境遇，还是文内用语都必须能以礼相待、文雅得当、彬彬有礼，不能放任、太随便。要适合所述对象、所表之情、所达之意，起到相互沟通、相互交流、相互理解和体谅的作用。

**4. 反映情感真挚恳切，情溢文中**

礼仪文书大多是为了加深情谊，因此礼仪文书写作时往往动之以情，字里行间洋溢着作者的真情实感。情溢文中是礼仪文书的根本要求。

### 6.4.5 礼仪文书的种类

礼仪文书的种类很多，常见的有各种请柬、欢迎词、祝词、题词、欢送词、悼词、祭文、贺信、贺电、讣告、唁电、碑文、对联等。

本节重点介绍的会展礼仪文书主要有礼仪致辞、公关函柬。

### 6.4.6 礼仪致辞

**1. 礼仪致辞的含义**

礼仪致辞是人们在社交场合用来表示礼节以维系和发展人与人之间、人与组织之间、组织与组织之间相互关系的文书。礼仪致辞使用范围很广，大至国际交往，小到私人应酬，在会展活动领域更是必不可少的。

**2. 礼仪致辞的特点**

称呼要用尊称，感情要真挚，要能较得体地表达自己的原则立场。措辞要慎重，勿信口开河；同时要注意尊重对方的风俗习惯，应避开对方的忌讳，以免发生误会。语言要精确、热情、友好、温和、礼貌。篇幅短小，言简意赅。

**3. 礼仪致辞的格式和写法**

礼仪致辞多种多样，欢迎词、欢送词、开幕词、闭幕词和祝酒词在会展活动中使用频率较高，这里就这几类礼仪致辞摘要说明。这些礼仪致辞就写作格式而言，并不复杂且大体相同。

（1）标题。一般有两种。一种是单独以文种命名，如"欢迎词"、"祝酒词"。另一种是由活动内容和文种名共同构成，如《在××学术讨论会上的欢迎词》。

（2）称谓。要求写在开头顶格处，要表达出敬意和亲切感。通常有三种称谓：第一种是泛称，如"尊敬的各位来宾"或"尊敬的女士们、先生们"；第二种是专称，写明宾主的姓名及头衔，如"尊敬的×××先生/女士"；第三种是泛称、专称兼有，即对其中地位高的用专称，对其他来宾用泛称，如"尊敬的××集团总裁×××先生及各位来宾"。

（3）正文。一般可由开头、主体和结尾 3 部分构成。根据双方的关系及具体情形而定，总体来说，正文应做到有礼有情、简明有序。因不同的场合采用不同种类的文书，故其写法不在此处一一赘述，在后面就正文内容作进一步说明。

（4）祝颂语。结束语，应简短有力。

（5）落款。欢迎词的落款要署上致辞单位名称，致辞者的身份、姓名，并署上成文日期。

欢迎词、欢送词、开幕词、闭幕词、祝酒词正文内容写作规范叙述如下。

1）欢迎词

在会展活动中，遇上来宾参观、访问，在见面之初，致上一篇热情洋溢的欢迎词，往往必不可少。

在内容上，开头应说明现场举行的是何种仪式，发言者代表什么人向哪些来宾表示欢迎。主体一般要阐述和回顾宾主双方在共同的领域所持的共同的立场、观点、目标等内容，较具体地介绍来宾在各方面的成就及在某些方面作出的突出贡献；同时要指出来宾本次到访或光临对增加宾主友谊及合作交流所具有的现实意义和历史意义。通常在结尾处再次向来宾表示欢迎，并表达自己对今后合作的展望和美好祝愿。

语言要热情、礼貌，令来访者感到"宾至如归"；感情上把握好分寸，既不盛气凌人、趾高气扬，也不媚语连篇、谦恭过分。

**欢迎词范文**

**在 10 周年庆典活动上的欢迎词**

荆门市人民政府市长　王　玲

各位日本朋友、各位领导、各位来宾：

今天，在钟祥市美丽的莫愁湖畔，我们隆重地举办湖北省暨荆门市外派研修生 10 周年庆典。借此机会，我谨代表荆门市 300 万市民，向应邀出席今天庆典活动的日本朋友、向各位领导和全体嘉宾表示衷心的感谢和热烈的欢迎！

日本是一个现代农业十分发达的国家，其分散、小规模农户经营的农业结构和我国十分相似，他们一体化的农业行政管理体制、现代化的农业物质技术装备、产业化的农业经营机制和法制化的农业支持保护体系，更是值得我们学习和借鉴。

荆门是一个农业大市，钟祥农业在荆门更占有举足轻重的地位。为学习先进技术和管理经验、加快荆门农业现代化建设步伐，从 1997 年开始，钟祥市大胆开拓，锐意创新，先后选派 1 000 多名优秀青年农民赴日本研修农业，带回了先进的农业科技、经营理念和管理方式，为推进全市现代农业发展、促进中日农业交流，作出了积极贡献。10 年开拓，10 年收获。钟祥赴日农业研修工作深入推进，研修生队伍不断壮大，打造了"对外交流的窗口和培育精英农民的平台"，创立了闻名全国的农业研修品牌。这是荆门的骄傲，更是荆门的财富，我们一定要把这一优势品牌培育好、维护好、发展好。

这次，我们举办向日本派遣研修生 10 周年庆典，就是诚邀各级领导、各方嘉宾，共商中日农业交流大计，促进中日双方更加广泛、更加密切、更加深入地合作。我们相信，有各级领导的关心和重视，有中日双方农协的共同努力，钟祥赴日农业研修事业一定会做得更好，荆门现代农业的发展速度一定会更快，中日合作交流的前景一定会更广阔！

最后，我衷心地预祝此次 10 周年庆典活动取得圆满成功！祝各位日本朋友、各位领导及全体嘉宾身体健康，万事如意！谢谢大家！

2）欢送词

每逢来访的同行、客户或是其他相关人士告辞，为表达自己的心愿和对对方的尊重，于情于理，会展人员都应当临别赠言，也就是致欢送词。

开头和欢迎词一样应说明此时在举行何种欢送仪式，发言人是以什么身份代表哪些人向宾客表示欢送。主体部分要回顾和阐述双方在合作或访问期间达成的一致立场、取得的突破性的进展，陈述本次合作交流中双方的合作和交流给双方所带来的益处，阐述其深远的历史意义。对于私人欢送词还应注意表达双方在共事合作期间彼此结下的友谊，以及分别之后的想念之情。通常在结尾处再次向来宾表示真挚的欢送之情，并表达期待再次合作的心愿，以及对被送者的祝福。

## 欢送词范文

### 欢送词

尊敬的××先生：

再过半小时，您就要起程回国了。我代表××集团公司，并受××副部长之托，向您及您率领的代表团全体成员表示最热烈的欢送！

我十分高兴地看到，近一个星期以来，我们双方本着互惠互让的原则，经过多次会谈，达成了4个实质性协议，取得了令人满意的成果。在此，我们对您在洽谈中表现出的诚意和合作态度，深表感谢！我衷心地希望您和您的同事们今后一如既往，为进一步发展我们双方的经济贸易往来而不懈努力！

我们期待着您和您的同事们明年再来这里访问。

谨致最良好的祝愿！

×× 集团公司总经理 ××

2010 年 2 月 1 日

3）开幕词

召开较为大型的商务会议往往有开幕仪式，以营造庄重的会议氛围。在开幕式上，由大会主持者或主要负责人以会议主办者的身份发表的致辞就是开幕词。

开幕词一般都比较精短。开头写宣布开幕之类的话。主体部分一般包括以下内容：会议的筹备和出席会议人员情况；会议召开的背景和意义；会议的性质、目的及主要任务；概括说明会议的主要议程及要求；会议的奋斗目标及深远影响；等等。行文则要明快、流畅，评议要坚定有力，充满热情，富于鼓舞力量，为会议营造出和谐融洽的氛围。最后是结尾，一般都是"祝大会圆满成功"之类。

**开幕词范文：**

**中国经济年度论坛暨亚洲企业领袖年会开幕词**

亚洲资本论坛主席　李　俊

尊敬的各位来宾，

女士们，先生们：

晚上好！

今天晚上，我们在这个宁静而温馨的度假村举行这个盛大宴会，标志着2006中国经济年度论坛暨亚洲企业领袖（揭阳）年会开幕了！我代表主办单位，向来自美国、日本、韩国、法国、德国、泰国、新加坡、加拿大、印度、比利时、荷兰、澳大利亚、西班牙、摩洛哥，以及中国台湾、香港、澳门和中国内地的300多位企业领袖、政府官员、专家学者及新闻记者表示亲切的问候！

5个月前，我以考察者的身份来到揭阳，来到京明度假村。

记得那天傍晚下着大雨，在度假村高高的茶楼上，我与揭阳市领导一起品茶，透过雨幕，远望群山，我想象着有一天来自世界各地的企业家齐聚在中国粤东地区这个略显偏僻的度假村，探讨中国与亚洲、中国与世界共同关注的话题，是一件非常惬意的事情。5个多月过去了，我当时想象的那番情景，今晚终于变成了现实。我的内心无比激动。我想，这是中国经济快速发展的魅力之所在，这是揭阳这个潮汕历史文化发祥地的魅力之所在。

如果说亚洲资本论坛在其中起了一定作用的话，那么首先应当归功于数百位企业家、专家学者和新闻记者的积极参与，归功于中共揭阳市委、揭阳市人民政府的大力支持。我要向远道而来的各位嘉宾，向中共揭阳市委、揭阳市人民政府，向深圳市安远投资集团有限公司，向京明度假村，以及向所有的协办单位表示衷心的感谢！

本届论坛与年会的主题是"中国与亚洲：知识致富与知识产权致富"。这是一个极富挑战性的话题。我相信，通过明天一天紧张的交流与探讨，一定会获得突破性的认识。这将是本届论坛与年会对中国经济与亚洲经济的共同发展作出的一个贡献。与此同时，明天我们还将聆听到权威专家的有关中国投资、中国环境与中国房地产的3个年度报告。这也是本届论坛与年会献给每位嘉宾的一场智慧与思想的盛宴。揭阳的历史、潮汕的历史乃至中国的历史，将会铭记这次盛会。

最后，我预祝本次论坛与年会圆满成功！

祝各位嘉宾在揭阳、在揭西、在京明度假村过得愉快！

谢谢大家！

4）闭幕词

商务会议结束时，有关负责人在闭幕式上发表的致辞就是闭幕词。

开头说明会议已经完成预定任务，现在就要闭幕了；然后概述会议的进行情况，恰当地评价会议的收获、意义及影响。主体部分包括：会议通过的主要事项和基本精神；会议的重要性和深远意义；向与会人员提出贯彻会议精神的基本要求；等等。写作时要掌握会议情况，有针对性地对会议内容予以阐述和肯定。行文要热情洋溢，文章要简洁有力，起到激发斗志，增强信念的作用。结尾部分一般先以坚定语气发出号召，提出希望，表示祝愿等，最后郑重宣布会议闭幕。

## 闭幕词范文

### 罗格在北京奥运会闭幕式上的致辞

亲爱的中国朋友们，今晚，我们即将走到16天光辉历程的终点。这些日子，将在我们的心中永远珍藏，感谢中国人民，感谢所有出色的志愿者，感谢北京奥组委。

通过本届奥运会，世界更多地了解了中国，中国更多地了解了世界，来自204个国家和地区奥委会的运动健儿们在光彩夺目的场馆里同场竞技，用他们的精湛技艺博得了我们的赞叹。

新的奥运明星诞生了，往日的奥运明星又一次带来惊喜，我们分享他们的欢笑和泪水，我们钦佩他们的才能与风采，我们将长久铭记再次见证的辉煌成就。

在庆祝奥运会圆满成功之际，让我们一起祝福才华横溢的残奥会运动健儿们，希望他们在即将到来的残奥会上取得优秀的成绩。他们也令我们倍感鼓舞，今晚在场的每位运动员们，你们是真正的楷模，你们充分展示了体育的凝聚力。

来自冲突国家竞技对手的热情拥抱之中闪耀着奥林匹克精神的光辉。希望你们回国后让这种精神生生不息，世代永存。

这是一届真正的无与伦比的奥运会，现在，遵照惯例，我宣布第 29 届奥林匹克运动会闭幕，并号召全世界青年 4 年后在伦敦举办的第 30 届奥林匹克运动会上相聚，谢谢大家！

5）祝酒词

祝酒词是宴会、酒会开始时主人的致辞，它是表达讲话人情意的一种礼仪文书。祝酒词必须是宴会主人的致辞。在各种宴会或酒会开始时，用简短的讲话来表达某种感情，是一种礼节。

祝酒词是借用酒的方式来表达情意，联络感情，活跃气氛的，它通常在正式的较为隆重的宴会、酒会上使用。祝酒词是一种典型的礼仪文书。它不讨论一些严肃的重大问题，只是对涉及出席宴会、酒会各方的情谊性话题加以表述。如果在祝酒词中说些冲淡气氛的话语，就会显得不合时宜。

祝酒词正文的一般写法是：首先对宾客光临表示欢迎，接着对以往所受到的帮助、关怀表示感谢，对以往的交往、合作表示肯定，对未来的协作进行展望。最后提议为了健康、友谊、合作等干杯。提议的顺序可以由大至小，由远及近，如"为了世界和平，为了两国人民的友谊，为了总统阁下及在座各位的健康"，也可以倒过来，如"为了×××先生和在座各位的健康，为了会谈的圆满成功，为了双方更加广泛的合作"。提议的层次要恰当，不宜过多，否则拖沓累赘，让人厌烦。正文内容有时也会表述一些观点、看法、感想，但要简略表述，点到为止。

祝酒词一般都很简短，感情饱满，能够营造和谐、热烈的氛围。

**祝酒词例文：**

**弘扬奥林匹克精神，共创世界美好未来**
——在北京奥运会欢迎宴会上的祝酒词
（2008 年 8 月 8 日）
中华人民共和国主席胡锦涛

尊敬的国际奥委会主席罗格先生，尊敬的国际奥委会名誉主席萨马兰奇先生，尊敬的各位国家元首、政府首脑和王室代表，尊敬的各位国际奥委会委员，尊敬的各位贵宾，女士们、先生们，朋友们：

今晚，北京奥运会将隆重开幕，我们共同期待的这个历史性时刻就要到来了。我谨代表中国政府和人民对各位嘉宾莅临北京奥运会，表示热烈的欢迎！

在北京奥运会申办和筹办的过程中，中国政府和人民得到了各国政府和人民的真诚帮助，得到了国际奥委会和国际奥林匹克大家庭的大力支持。在这里，我谨向你们并通过你们，向所有为北京奥运会作出贡献的人们，表示诚挚的谢意！

借此机会，我对国际社会为中国抗击汶川大地震提供的真诚支持和宝贵帮助，表示衷心的感谢！世界各国人民的深情厚谊，中国人民将永远铭记！

女士们、先生们、朋友们！

2800多年前在神圣的奥林匹亚兴起的奥林匹克运动，是古代希腊人奉献给人类的宝贵精神和文化财富。诞生于1896年的现代奥林匹克运动，继承了古代奥林匹克传统，发展成为当今世界参与最广泛、影响最深远的文化体育活动。在历届奥运会上，各国运动员秉承更快、更高、更强的宗旨，顽强拼搏，追求卓越，创造了一个又一个佳绩，推动了世界体育运动蓬勃发展。

奥运会是体育竞赛的盛会，更是文化交流的平台。国际奥林匹克运动把不同国度、不同民族、不同文化的人们聚集在一起，增进了世界各国人民的相互了解和友谊，为推进人类和平与发展的崇高事业作出了重大贡献。

当今世界既面临着前所未有的发展机遇，也面临着前所未有的严峻挑战。世界从来没有像今天这样需要相互理解、相互包容、相互合作。北京奥运会不仅是中国的机会，也是世界的机会。我们应该通过参与奥运会，弘扬团结、友谊、和平的奥林匹克精神，促进世界各国人民沟通心灵、加深了解、增强友谊、跨越分歧，推动建设持久和平、共同繁荣的和谐世界。

女士们、先生们、朋友们！

举办奥运会，是中华民族的百年期盼，是全体中华儿女的共同心愿。2001年北京申奥成功以来，中国政府和人民认真履行对国际社会的郑重承诺，坚持绿色奥运、科技奥运、人文奥运理念，全力做好各项筹办工作。我相信，在国际奥委会和国际奥林匹克大家庭支持下，我们一定能够共同把北京奥运会办成一届有特色、高水平的奥运会。

现在，我提议：为国际奥林匹克运动蓬勃发展，为世界各国人民团结和友谊不断加强，为各位嘉宾和家人身体健康，干杯！

## 6.4.7　公关函柬

礼仪致辞最终是有讲话人直接面对公众，是否达到理想的效果，情礼兼具，除了正确的文种运用、规范的写作格式、礼貌得体的文字，还取决于致辞人的临场表现，包括语言、手势、感情等多方面的综合运用。而公关函柬则直接呈现在公众及有关人士面前。公关函柬是否符合礼仪规范，需要正确选择文种、写好内容，更要注意行文格式、书写制作。

### 1. 公关函柬的含义

公关函柬指在公关实务中用于社交往来、利益应酬、赢得良好人际关系的书信和柬帖。

**2. 公关函柬的格式和写作方法**

公关函柬一般由标题、称谓、正文、祝颂语和落款 5 部分组成，如图 6 - 1 所示。

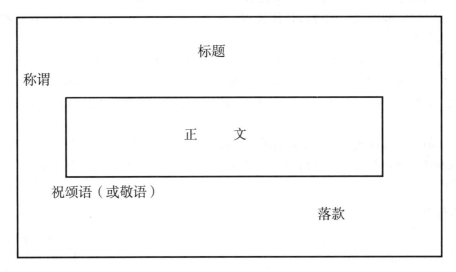

图 6 - 1　公关函柬的格式

（1）标题。有两种形式：其一是单行标题，只需在第一行居中醒目书写"请柬"、"邀请函"等字样即可，字体通常比正文大；其二是双行标题，即正副标题的形式。

（2）称谓。在标题之下顶格书写，要表达出敬意和亲切感。如果对方是个人，要写明对方的姓名全称及头衔并饰以尊称，如"尊敬的××先生/女士"。

（3）正文。写清具体事由，结合具体情形来组织内容，做到有礼、有情、简明。不同的场合要采用不同种类、不同内容的文书，所以在写作之初要慎重选择。

（4）祝颂语。简短有力，可以是约定俗成，如"此致、敬礼"、"敬请（恭请）光临"等文字。

（5）落款。发出人的单位、姓名、时间。

需要注意的是：从格式上看，与前面礼仪致辞相同，但公关函柬是给收函柬人看的书信体，因此它所包含的 5 部分缺一不可。在礼仪致辞中，称谓可以是泛称，不具体道出姓名，甚至有的致辞者可以根据情况省略称谓；落款书写随意，而且致辞时并不读出来。但在公关函柬中这两项不能省略，而且应该书写准确、完全，否则容易被对方误解，影响沟通和交流，也缺乏对对方的尊重和礼貌。

**3. 公关函柬的种类**

会展活动中普遍使用的公关函柬主要有请柬、贺柬、邀请函等。这里主要介绍请柬和邀请函。

1）请柬

请柬，又称为请帖、简帖。为了邀请客人参加某项活动而发的礼仪性文书。使用请柬，既可以表示对被邀请者的尊重，又可以表示邀请者对此事的郑重态度。凡召开各种会议，举行各种典礼、仪式和活动，均可以使用请柬。请柬只用于书面形式，哪怕被邀请者近在咫尺，也须送至其手中。

请柬是公关活动中最为庄重、礼貌而又简便的交往方式，在沟通信息、联络感情方面有很重要的作用。请柬的用语、书写、纸质、装帧都直接反映出一个单位或个人的水平和形象。因此，请柬的制作应美观、大方、精致，使被邀请者体味到主人的热情与诚意，感到喜悦和亲切。

请柬一般有两种样式。一种是单面的，直接由标题、称谓、正文、祝颂语、落款构成。一种是双面的，即折叠式；一为封面，写"请柬"二字，一为封里，写称谓、正文、祝颂语、落款等。

**请柬范例**

---

请　柬

中国工商银行金融讲座

尊敬的张驰先生：

　　本行诚邀阁下出席一专为投资人士而设的金融讲座。

　　主题：外汇与股票投资

　　日期：2011 年 3 月 25 日（星期五）

　　时间：14 点 30 分

　　敬邀阁下届时出席。讲座结束后设有鸡尾酒会。


中国工商银行外汇处

2011 年 3 月 15 日

联系电话：010 - 65234312

联系人：姚小姐

---

请　柬

尊敬的李醒春女士：

谨定于二〇一一年四月二日（星期六）上午十时在上海文化广场举行『电子商务展示会』开幕式。

谨以至诚　　恭候光临

翎翔企业有限公司

上海网络信息中心

上海文化广场

二〇一一年二月十八　　敬约

---

请柬的正文内容要简洁、扼要地写明邀请事由、具体时间、详细地点、附注等。请柬的文字要美观，用词要谦恭，要充分表现出邀请者的热情与诚意。请柬的篇幅有限，书写时应根据具体场合、内容、对象，认真措辞，行文应达、雅兼备。达，即准确，凡涉及时间、地点、人名等一些关键性词语，一定要核准、查实。雅就是讲究文字美。在遣词造句方面，有的使用文言语句，显得古朴典雅；有的选用较平易通俗的语句，则显得亲切热情。不管使用哪种风格的语言，都要庄重、明白，使人一看就懂，切忌语言的乏味和浮华。

2）邀请函

邀请函是活动主办方（单位、团体或个人）邀请有关人员出席隆重的会议、典礼，参加某些重大活动时发出的礼仪性书面函件。凡精心安排、精心组织的大型活动与仪式，如宴会、舞会、纪念会、庆祝会、发布会、单位的开业仪式等，只有采用邀请函邀请佳宾，才会被人视之为与其档次相称。

邀请函与请柬相同，具有邀约告知的目的和作用。但邀请函通常是由组织发出，请柬则可以由个人发出。就篇幅而言，邀请函可长可短，请柬则要短小精悍。邀请函的正文内容包括活动的背景、目的和名称；主办单位和组织机构；礼仪活动的内容和形式；参加对象；礼仪活动的时间和地点、联络方式及其他需要说明的事项。

邀请函的特点如下。

（1）礼貌性强。邀请事务使用邀请函表示礼貌。礼貌性是邀请函的最显著的特征和基本原则。这体现在内容的完全的赞美肯定和固定的礼貌用语的使用上，强调双方和谐友好的交往。

（2）感情诚挚。邀请函是为社交服务的专门文书，这使得它能够单纯地、充分地传达出友好的感情信息，适宜于在特定的礼仪时机、场合，向礼仪对象表达专门诚挚的感情。

（3）语言简洁明了。邀请函是现实生活中常用的一种日常应用写作文种，要注意语言的简洁明了，看懂就行，文字不要太多太深奥。

（4）适用面广。礼仪活动邀请函适用于国际交往及日常的各种社交活动中，而且适用于单位、企业、个人，范围非常广泛。

**邀请函范例**

"第5届中国企业跨国投资研讨会"邀请函

各有关单位：

由商务部和中国国际贸易促进委员会共同主办的"第5届中国企业跨国投资研讨会"（以下简称"研讨会"）将于2011年4月27日至28日在北京国际饭店举行（见附件1和2）。

2010年，在国际社会共同努力下，世界经济正逐步摆脱国际金融危机阴影，走向复苏。此次金融危机在改变全球投资流动的总体态势的同时，也改变了外国投资的地缘决定因素和区域性格局。跨国公司全球化战略和供应链正经历着一次新的调整，可能会在今后几年推动一场全球范围内的产业转移和调整。从国内看，我国仍处在重要战略机遇期，实现转变经济发展方式的战略与国际经济合作方面战略的调整密切相关。因此，从国内外经济环境的现实出发，国家还要继续鼓励企业抓住机遇，尽可能多地"走出去"，主动整合国际资源。

本届研讨会继续得到了外交部、国家发展改革委员会、财政部、工信部、国家税务总局、海关总署、国务院发展研究中心、国家外汇管理局等部委的大力支持。大会将以"绿色·低碳·新产业·新商机"为主题，围绕各主要投资目的地国（地区）、热点行业的投资环境、投资机会、中国企业成功"走出去"的经验和如何有效利用专业投资服务等议题进行研讨。除主题大会外，研讨会还设立了加拿大、德国、英国、智利、英联邦国家（印度及南亚、东部非洲）、澳大利亚等国分会场和矿业、可再生能源、新能源汽车、生物医药、金融服务、中医药等行业分会场，并将在大会期间继续设立投资服务供应商展示台和投资项目对接洽谈平台。

届时，我会将邀请相关政府部门主管领导、中外知名经济学家、外国驻华商务官员、外国相关贸易投资促进机构负责人、"走出去"获得成功经验的中国企业代表等进行演讲和项目发布，并与参会代表就支持和推动我国企业开展对外投资和经营的一系列问题进行深入探讨。大会规模为 1 000 人。

我们诚挚邀请贵单位参会！

附件：1."第5届中国企业跨国投资研讨会"简介及日程（暂定）

      2. 前4届中国企业跨国投资研讨会回顾

      3. 企业参会注册表

二○一一年三月七日

联系人：张迪

电　话：010－88075763

传　真：010－68030747/88075428

邮　件：xiangmu@ ccpit. org

附件（略）

言简意赅、有礼有节，是各类社交礼仪文书的共同特点。无论是礼仪致辞还是公关函束，除了要了解必备的写作规范外，更重要的是应该以"为他人着想"为出发点，结合接受者的感受与自己的诉求目的来制作文书，这样才会达到有效的沟通，凸显礼仪与素养。

**【知识链接】**

传统书信与电子邮件用语的比较

| 传统书信用语 | 电子邮件用语 |
| --- | --- |
| 台端，阁下 | 您 |
| 尊函，大函，来函 | 您的来函 |
| 领悉，敬悉，收悉 | 已收到 |
| 顷接 | 刚收到 |
| 荷蒙 | 得到你 |
| 如蒙俯允 | 如果得到您的答允 |
| 兹因 | 这因为 |
| 是项，是日，是次 | 这一项，这一天，这一次 |
| 未克作覆 | 未能回复 |
| 特此函达 | 特别写这封信给您 |
| 至深感铭 | 十分感激 |

 **实训**

请根据下列材料，代 FISM 2009 世界魔术大会执行主席向各国魔术师朋友及热爱魔术的朋友拟写一封邀请信。

（1）2009 年 7 月 26 日至 7 月 31 日，第 24 届 FISM 世界魔术大会将在中国北京举行。

（2）中国魔术源远流长，早在 2000 多年前，就出现了早期的魔术。现在，中国从事魔术事业的人数已达数万人，魔术爱好者更是不计其数。

（3）我们在此向您承诺，这将会是 FISM 历史上最成功的一届大会！

（4）中国的魔术师在一些国际魔术比赛中获得了金奖。中国的魔术正在走向世界，世界的魔术正在走进中国。2009 年的世界魔术大会为此搭建了一座桥梁。

（5）我们选择了 7 月底召开世界魔术大会，正值您的假期。这样您就可以在中国多待几天，会旧友，识新朋，参观游览，好好享受假期。

（6）我们将会挑选最强大的嘉宾演出阵容，为您呈现一台世界顶尖水平的嘉宾演出。

（7）我们将会聘请国内外的舞台技术专家、专业的会议组织者，确保大会各项工作平稳高效地进行。

（8）我们遵循的原则是"先注册者将先得到好的观看演出座位"。

（9）欢迎广大魔术师和魔术爱好者参加大会！欢迎各国优秀的魔术师参赛！欢迎世界各地的道具商参展！

（10）我们在网上设立了平台，请留下你们宝贵的建议和意见，以便我们更好地了解您所需要的服务。我们也会在网上发布最新的信息，敬请关注我们的网站。

（11）中国有句老话，叫做"有朋自远方来，不亦乐乎？"中华民族是好客的民族，希望 2009 年世界魔术大会带给您的是一次永久美好的回忆。

思 考 题

1. 什么是电话形象？

2. 简述打电话、接电话的礼仪规范。

3. 电子邮件主题和正文的写作要求有哪些？

4. 如何理解文书礼仪的内涵？

5. 礼仪文书的写作要求是什么？

6. 礼仪文书都有哪些种类？

7. 礼仪致辞的特点是什么？

8. 邀请函和请柬的区别是什么？

# 第7章　会议礼仪

【学习目标】了解会议组织礼仪；掌握会议组织的全方位工作、会议活动的礼仪接待，特别是会议座次礼仪；掌握会议主持礼仪和参会礼仪。

【主要内容】会议组织礼仪、会议主持礼仪、参会礼仪

会议，通常是指将特定范围的人员召集在一起，对某些专门问题进行研究、讨论，有时还需作出决定的一种活动的形式。会议的规格越高、会议的礼仪要求就越严谨。不论是召集、组织会议，为会议服务，主持会议，还是参加会议，都要从礼仪方面把握好各个环节。会议礼仪是会议成功的保证。

## 7.1　会议组织礼仪

举行任何会议，皆须先行确定其主题（包括会议名称）。负责筹备会议的工作人员，则应围绕会议主题，将已经议定的会议的规模、时间、议程等组织落实。会议组织的过程中，组织者必然要和拟参会者等其他相关人员发生联系，也需要遵循相关的礼仪规则。

### 7.1.1　会议前的准备工作

#### 1. 成立会务组

成立一个高效和谐的会务组，并由认真干练的人员负责，这是会议成功的前提。会务组负责人应是本次会议参会人员中较有影响的人物，会议主持人是会议负责人最好的选择。会务组主要负责会前的准备工作、会议接待和服务等工作。

**2. 会议策划**

会议策划就是对某一会议的举办作出详细和具体的谋划、构想，会议策划过程中要注意会议的4W。

What——会议议题。会议的议题就是会议要讨论哪些问题。根据会议议题准备会议资料和邀请有关人士。会议的议题要明确，会务组人员应提前将会议议题以书面或电话形式通知会议的参加者。

When——会议日程。这包括会议开始的时间和持续时间，要通知所有的参会人员，以便与会人员很好地安排自己的工作和行程。

Where——会议地点。要考虑到是否便于与会者前往，注意会议室的选择和布置是否适合会议的需要。

Who——与会人员。根据会议的情况确定与会人员，并明确邀请哪些嘉宾出席会议。

**3. 会议策划礼仪要点**

（1）准备一份完整详尽的会议清单。会议清单应涵盖会议的所有方面和细节，在会议策划和筹备的过程中，对这份清单可以不断进行更新和修改。

（2）对会议工作人员进行礼仪培训。工作人员言谈举止要自信从容，态度要温和，面带笑容，这样才能更好地为会议服务。

（3）预测与会代表的需要。根据以往会议经验和反馈信息来推测与会者的需要。要尽可能满足与会者不同层次的要求。

（4）做好突发事件的预案。在各类会议活动中，都有可能遭遇突发情况，如天气、交通、会场、与会代表、嘉宾等问题，一定要对突发情况的预案进行周到而详尽的策划，以灵活应对突如其来的状况，使损失降到最小。

**4. 准备会议资料**

根据会议特点和要求，会务组准备会议资料，并将其装在会议资料袋里。通常会议资料包括以下内容。

（1）会议证件。证件主要是与会者和会务人员的会议通行凭证，如代表证、出席证、来宾证、工作证、记者证、车辆通行证等。这些都是为了区分与会者与非与会者，以控制非与会者进入会议现场和餐饮场地，减少会议的不安定因素和不必要的成本。

（2）会议内容资料。例如，大会报告的起草、修改和定稿，发言材料等。文字资料应能做到使阅读者一目了然。在资料数量较大，要求比较详细时，至少应在会议一周前发给与会者。

（3）会议活动日程安排。包括会务安排方面的信息，在与会者到达会议地点进行报到时发给他们，便于与会者挑选感兴趣的报告和选择参加各种活动。

（4）会议指南。包括会议现场注册、会议专题活动、与会议相关的社会活动、住宿、餐饮、交通、学术考察等与会者参会所涉及的全部信息。

（5）其他。包括当地交通安排表、参加会议名单（住房安排表）、会议旅游手册、本地地图等。

**5. 发出会议通知**

举行会议的通知工作，原则上要以文字形式进行，一般要在会前发出通知书。它是指由会议的主办单位发给所有与会单位或全体与会者的书面文件，同时还包括向有关单位或嘉宾发的邀请函件。在会议通知书上，要写明以下事项：会议名称；会议召开及结束的预定时间；会议场所（附导向图）和电话号码；会议的议题；对方答复是否出席的期限；主办者及其联络地址；会议有无停车场和其他事项（例如，有无会议资料，有无就餐安排等）。

**6. 会场布置**

必须根据会议的目的、人数、会场的大小等情况布置会场。会场布置应显得庄严、隆重、艺术。根据会议内容，在会场内悬挂与会议主题相适应的横幅；主席台上可悬挂国旗、党旗或会徽等；在会场摆放适当的盆景、花卉等；在会场门口张贴欢迎和庆祝的标语；对于会场的桌椅要根据需要作好安排，将写有与会者姓名的牌子放置在相应的坐席上，并在桌面上摆放干净的茶杯、饮料、纸、笔及会议资料等；对于开会时所需的各种音响、照明、投影、摄像、照相、录音、扩音、空调、通风设备和多媒体设备等，应提前进行调试检查。

**7. 会务预算**

会议的预算一般包括：场地租用费、会场布置费、会议资料费、交通费、通信费、茶点费、餐饮费、住宿费、礼品费等。

## 7.1.2 会议服务礼仪

会议服务礼仪是会展活动的一道亮丽的风景线。会议服务不仅能为会议活动顺利进行提供有益的引导，而且青春亮丽的礼仪小姐和活力四射的礼仪先生也给整个会议带来勃勃生机。礼仪服务的工作人员主要是从事贵宾接待、路线指引、资料派发、产品宣传，以及接待或会议过程中的翻译服务。在会议中做好礼仪服务工作并不容易。

**1. 会议礼仪服务的要求**

（1）安排有序。每个工作人员在活动过程中承担什么角色，要做什么样的工作都已经事前确定，不能出现手忙脚乱、不知所措的现象。

（2）行为规范。所有参加服务的工作人员应按标准的商业行为规范来引导和服务客人，统一的服饰、统一的礼貌用语、统一的行走站立姿势、统一的商业礼仪训练，使客人感受到所有的人员都训练有素，是一支专业的服务队伍。

（3）态度真诚。可人的微笑，亲切的问候，细声的叮咛，耐心的解说都是礼仪人员良好素质的表现，也是人们对礼仪服务的基本要求。同时礼仪人员应具备一定的应变能力和解说能力，能灵活应对客人提出的各种问题。

（4）富有个性。根据会议的形式和内容，礼仪服务的形式也可以设计得富有个性和特色，通过礼仪服务来凸显展会活动的特色和主题。不同类型的会议活动，其礼仪服务的表现形式有很大不同。例如，举办国际性的学术会议，会议过程较为严肃和正式。礼仪服务人员应选择较为典雅和娴静的礼仪小姐，并且能进行简单的英语沟通。在着装上要求正式、高雅、富有中国特色，如中国传统的长旗袍。

**2. 会议的接待礼仪**

会议的组织者要重视会议前的接待工作。接待工作的基本要求是主动、准时、热情、周到。会议的组织者要根据与会人员的身份、人数、到会时间、所乘交通工具等来确定接待的规格、所需车辆、时间和地点等事项。

**3. 会议签到**

为掌握到会人数，严肃会议纪律，凡大型会议或重要会议，通常要求与会者在入场时签名报到。参加会议人员在进入会场一般要签到，会议签到是为了及时、准确地统计到会人数，便于安排会议工作。有些会议只有达到一定人数才能召开，否则会议通过的决议无效。因此，会议签到是一项重要的会前工作，它是出席会中重要内容之一。会议签到一般有以下几种方法。

（1）簿式签到。与会人员在会议工作人员预先备好的签到簿上按要求签署自己的姓名，表示到会。签到簿上的内容一般有姓名、职务、所代表的单位等，与会人员必须逐项填写，不得遗漏。簿式签到的优点是利于保存，便于查找。缺点是这种方法只适用于小型会议，一些大型会议，参加会议的人数很多，采用簿式签到就不太方便。

（2）证卡签到。会议工作员将印好的签到证事先发给每位与会人员，签证卡上一般印有会议的名称、日期、座次号、编号等，与会人员在签证卡上写好自己的姓名，进入会场时，将签证卡交给会议工作人员，表示到会。其优点是比较方便，避免临开会时签到造成拥挤，缺点是不便保存查找。证卡签到多用于大中型会议。

（3）会议工作人员代为签到。会议工作人员事先制定好参加本次会议的花名册，开会时，来一人就在该人名单后画上记号，表示到会，缺席和请假人员也要用规定的记号表示。例如，"√"表示到会，"×"表示缺席，用"○"表示请假等。这种会议签到方法比较简便易行，但要求会议工作人员必须认识绝大部分与会人员，所以这种方法只适宜于小型会议和一些常规性会议。对于一些大型会议，与会人员很多，会议工作人员不能认识大部分人，逐个询问到会人员的姓名很麻烦，所以大型会议不适宜采用这种方法。

（4）座次表签到方法。会议工作人员按照会议模型，事先制定好座次表，座次表上每个座位按要求填上合适的与会人员姓名和座位号码。参加会议的人员到会时，就在座次表上消号，表示出席。印制座次表，与会人员座次安排要求有一定规律，如从×号到×号是某部门代表座位，将同一部门的与会人员集中一起，便于与会者查找自己的座次号。采用座次表签到，参加会议的人员在签到时就知道了自己座位的排数和座号，起到了引导的效果。

（5）计算机签到。计算机签到快速、准确、简便，参加会议的人员进入会场时，只要把特制的卡片放到签到机内，签到机就将与会人员的姓名、号码传到中心，与会者的签到手续就在几秒钟内办完，将签到卡退还本人，参加会议人员到会结果由计算机准确、迅速地显示出来。计算机签到是先进的签到手段，一些大型会议都是采用计算机签到。

#### 4. 会议记录

会议记录是指在会议进行的同时，用书面文字的形式将会议的基本情况、议题、决议等有关内容如实地记录下来，以备事后查阅材料。会议记录一般由工作人员或秘书担任，也可由主持人临时指定。

会议记录是会议现场情况的写实。一般会议，特别是重要会议都应有记录。

1）会议记录的方法

负责文秘工作的人员应做好会议记录工作，在会场记录时要注意以下几个方面。

（1）注意所在位置。规模、种类不同的会议，文秘人员的记录位置也不相同。一般来说不能靠得太前，喧宾夺主；也不能太靠后，隐而不现。应该坐在台下会场两侧，能听清发言内容，观察会场全貌的位置上。有的例行工作会议、办公会议，文秘人员应坐在主持人身后或身旁；有些会议，所在位置由主持人临时指定，因此，文秘人员要注意自己在不同会议中的记录位置，不能盲目乱坐。

（2）要集中注意力。文秘人员必须精力高度集中，对发言人的原话，要注意听清、记准、记全。记录时，可将会场气氛记录下来，如欢迎、鼓掌、笑声等。切忌残缺不全，断章取义，马马虎虎或记录人主观发挥，误解发言人本意。

（3）记录内容要详细。会议名称、时间、地点、参加人、主持人、发言人、会议内容、形成的决议都要记下来。要注意格式和先后顺序，字迹要清楚、美观、大方。

（4）传递会议消息。大中型会议期间，为了交流情况，传递信息，在会议进行期间要迅速及时撰写简报、快报，会议结束后，一般要缩写、印发会议纪要。上述稿件印发前，文秘人员要主动送交有关领导、主管部门审批。通过后，方能印发。对于间接听到、有待查实的内容，要亲自考证，以获得第一手资料。

2）会议记录的内容

会议记录首先应记录会议名称、开会时间、会议地点、出席人、列席人及主持人和记录人等 7 项内容。如出席人较多时，可只写出席人数。列席人是指没有选举权和表决权的非正式代表。记录内容主要包括主持人的讲话、会议报告、代表们的发言、讨论的问题及会议决议等。记录的简繁程度，应视会议性质等具体情况而定。正式的会议记录，最后要由主持人和记录人签名，并写上签名的日期。

会议记录的综合材料就是会议纪要。会议纪要是指摘要记述会议情况、议程和会议基本精神、决议内容的一种书面材料。纪要以记录为基础提炼加工而成。它既可以作为纪实性材料保存，也可以作为报告性材料上报，还可以作为正式文件下发。纪要的写作要将记录的口头语转化为书面语，使文件条理化、理论化，突出中心和要点。

#### 5. 会议的餐饮服务礼仪

在会议中必须提供茶水服务，具体做法如下。

（1）入场半小时前，服务人员准备好热茶、温茶和纯净水。

（2）与会者入场时，服务人员站立在接待桌旁，双手交叉自然放在腹前，面带笑容，一字排开。与会者入座时，主动上前表示欢迎和问候，并为与会者斟茶。

（3）与会人员饮茶交谈时，服务人员应注意观察饮水情况并及时续水。为了不影响与会者之间的交谈，服务人员要站在不交谈的两个座位之间，左手拿开杯盖，翻放在桌上，再拿起茶杯撤离座位后约 20 厘米处倒水，倒水至八分满为宜，然后将茶杯放回原处。

（4）大会开始后，应及时清理现场，调换用过的茶具，按要求重新摆放整齐。

（5）饮水处的热茶、温茶和纯净水等摆放整齐，标上字样，备好充足的茶杯，杯把向外便于取用。

### 6. 会议返离服务礼仪

返离服务是指工作人员提供的闭会后的离会和返回服务。返离服务礼仪充分体现了会议服务礼仪的细致和周到。

（1）预订返程票。提前预订返程票，能解除与会者的后顾之忧，使与会者安心参加会议。

（2）结算费用。报到时如果预收了有关费用，在与会者离会前应将费用结算清楚并开具正式发票。

（3）把与会者存放的衣物，准确无误地还给本人。

（4）赠送纪念品。

（5）如果在会议结束后尚有宴会，要为客人做好向导。

（6）检查会场与房间。如果发现会场或房间有遗失物品，要妥善保管，并同失主联系及时送还。

（7）送行。如同接站一样，与会者离会也要热情欢送，安排好车辆，将与会者送至机场或车站；贵宾由会议主要领导亲自送行，其他人可由工作人员随车送行。

（8）认真打扫收拾整理，使会场恢复原状。

（9）向会场的主人归还借用的会议室及物品，并致谢意。

### 7. 会议组织礼仪的注意事项

工作人员组织会议时，应注意的事项有以下几点。

（1）开会之前要深入考虑召开会议的目的，准备好会议上报告、提问、调查或讨论的纲目。

（2）要根据会议内容、性质与需要选定参加会议的人员名单。参加会议人数的多少，应根据会议内容和会议预期效果、场地条件而定。为深入探讨一些问题而开的会议，人数可少些。调查情况、纪念及宣传性的会议，人数可多些。

（3）为使会议开得有成效，根据会议内容，会前应考虑一些人重点发言，并在发言上做一些重点分工。

（4）尽可能了解与会人员情况，在会议休会期间，组织一些联谊活动，增进了解，加深感情。会议结束后，做好客户回访工作。及时的跟踪服务工作有利于与客户发展成深层关系，并促进进一步的合作。

（5）根据会议的安排，确定会议的地址，安排好主会场和分组讨论的地点。住宿会议还应安排好房间，落实食宿各项问题。

（6）根据会议的时间安排，发出会议通知，会议通知应及早，内容要明确、具体。

（7）会议开始后，及时掌握会议的动态，对会议的进展情况进行搜集整理，还要注意安排好会议期间的记录人员。

（8）会议结束后，要对会议的各类文件材料做好善后工作，需发简报或文件的应从速拟发。各类记录、发言稿、原始材料等，应立案存档。

（9）注意合理安排会议日程，适当安排一些娱乐体育活动，以减轻与会者疲劳，活跃会议气氛。

### 7.1.3 会议的坐席安排

坐席的配置要讲究礼宾次序，适合于会议的风格和气氛。众多人在同一空间时，人们所处的位置不同，角度不同，产生的心理作用不同，会议的效果也不同。

**1. 常见的坐席类型**

（1）圆桌形。会议使用圆桌或椭圆形桌，与会人员一起围桌而坐，给人以平等的感觉。圆桌会议一般适用于 10～20 人的规模。座次安排应注意来宾或上级领导与主办方领导及陪同人员面对面，来宾的最高领导坐在朝南或朝门的正中位置，主办方的最高领导与其相对而坐（见图 7-1）。

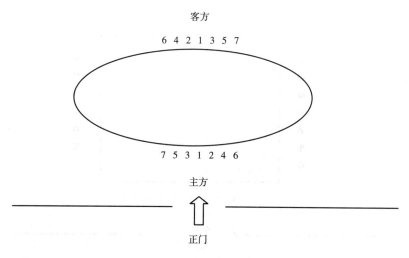

图 7-1 圆桌形座次安排

（2）口字形。用长方形桌子围成较大的口字形。适用于较多人数的会议。可分为 ABC

三种形式。A 型一般用于座谈会、联欢会，B、C 型一般用于比较严肃的会议。B 型座次突出与会者的等级，表现最高领导者的权威。C 型体现双方的平等相处和对来宾的尊重（见图 7-2、图 7-3 和图 7-4）。

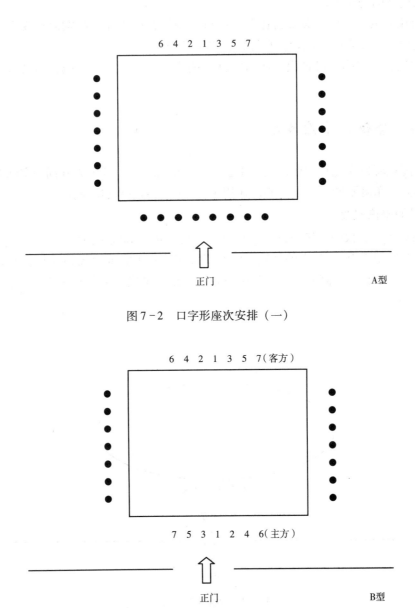

图 7-2　口字形座次安排（一）

图 7-3　口字形座次安排（二）

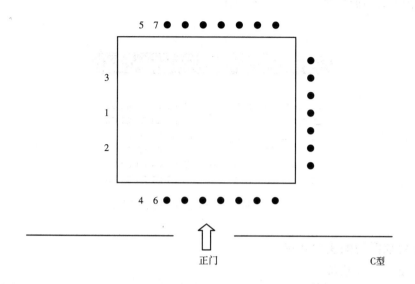

图7-4 口字形座次安排（三）

（3）教室型。教室型是采用最多的形式。适用于与会人数较多的会议，传达情况、指示为目的的会议，与会人员之间不需要讨论、交流意见。主席台的位次排列要遵循3点要求。

① 前排高于后排。

② 中央高于两侧。

③ 右侧高于左侧（政务会议则为左侧高于右侧）。主持人之位，可在前排正中，也可居于前排最右侧。发言席一般可设于主席台正前方，或者其右方。

主席台座次安排的图示如下。

①主席台人数为奇数时，如图7-5所示。

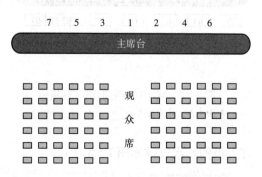

图7-5 人数为奇数时主席台座次安排

②主席台人数为偶数时，如图7-6所示。

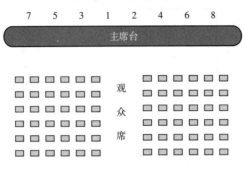

图7-6 人数为偶数时主席台座次安排

### 2. 常见会议类型的座次礼仪

1）洽谈会的座次礼仪

在洽谈会上，不仅应当布置好洽谈厅的环境，预备好相关的用品；而且应当特别重视礼仪性很强的座次问题。

举行双边洽谈时，应使用长桌或椭圆形桌子，宾主应分坐在桌子两侧。桌子横放，以面对正门的一方为上，属于客方。桌子竖放，以进门的方向为准，右侧为上，属于客方。在进行洽谈时，各方的主谈人员在自己一方居中而坐。其余人员则应遵循右高左低的原则，依照职位的高低自近而远地分别在主谈人员的两侧就座。如果有翻译，可以安排就坐在主谈人员的右边。

（1）桌子横放时，双方人员的座次安排如图7-7所示。

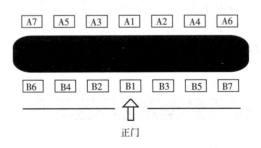

图7-7 桌子横放时的座次安排

注：A为主方，B为客方。

（2）桌子竖放时，双方人员的座次安排如图7-8所示。

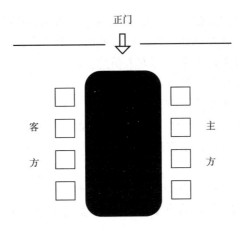

图7-8  桌子竖放时的座次安排

（3）与外宾会谈时，双方人员的座次安排如图7-9所示。

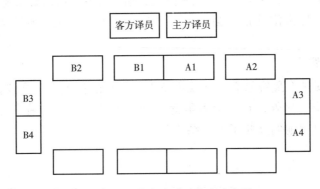

图7-9  与外宾会谈时的座次安排

注：A为主方，B为客方。

（4）与上级领导座谈时，双方人员的座次安排如图7-10所示。

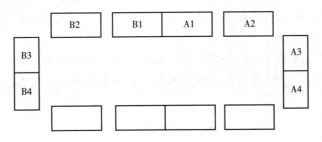

图7-10  与上级领导座谈时的座次安排

注：A为上级领导，B为主方领导。

举行多边洽谈时，按照国际惯例，一般要以圆桌为洽谈桌来举行"圆桌会议"。这样一来，尊卑的界限就被淡化。即便如此，在具体就座时，仍然讲究各方的与会人员尽量同时入场、同时就座。最起码主方人员不要在客方人员之前就座。

2）茶话会的座次礼仪

茶话会注重气氛和谐，座次排列方式主要有以下4种。

（1）环绕式。就是不设立主席台，把座椅、沙发、茶几摆放在会场的四周，不明确座次的具体尊卑，与会者在入场后自由就座。这一安排座次的方式，与茶话会的主题最相符，也最流行。

（2）散座式。常见于在室外举行的茶话会。座椅、沙发、茶几四处自由地组合，甚至可由与会者根据个人要求而随意安置。这样就容易创造出一种宽松、惬意的社交环境。

（3）圆桌式。指的是在会场上摆放圆桌，请与会者在周围自由就座。圆桌式排位又分下面两种形式：①适合人数较少的，仅在会场中央安放一张大型的椭圆形会议桌，而请全体与会者在圆桌前就座；②在会场上安放数张圆桌，请与会者自由组合就座。

（4）主席式。这种排位是指在会场上，主持人、主人和主宾被有意识地安排在一起就座。

### 3. 参加者的位置

会议参加者应安排在最容易看到会议主持人和黑板的位置上。会议记录人可根据需要另外使用一张小桌子。另外，在与会者彼此不熟悉的情况下，应在每个与会者面前的桌子上摆放姓名牌，以便他们互相了解、结识。

 **【知识链接】**

**不要坐错位子**

如果受到邀请参加一个排定座位的会议，最好等着将自己引导到座位上去。通常会议主席坐在会议长桌离门口最远的一端。主席两边是为参加会议的客人和拜访者准备的座位，或是给高级管理人员、助理坐的，以便能帮助主席分发有关材料、接受指示或完成在会议中需要做的事情。

如果会议中有特殊的情况，如有从其他国家、其他公司来的代表，双方代表应各自坐在长会议桌的中间，旁边坐自己一方的人员，会议桌的两端则空着。

# 7.2　会议主持礼仪

## 7.2.1　会议主持人应遵循的礼仪

会议主持是一门学问，一门艺术。优秀的主持人是会议成功的一半，会议主持人应了解和具备基本会议主持礼仪。

**1. 做好会前准备工作**

开会前要明确会议目的，确定议题、程序和开会的方法方式；选定出席的人员；确定会议的时间、地点。要把会议目的、议题、时间、地点、要求事先通知参加者，请他们做好准备。会前应收集意见，准备必要的有关资料，做好会场的准备，搞好卫生，桌椅的排列方法要适于会议的特点。做了充分准备，会议就开得顺利、紧凑，效果就会好。

**2. 控制出席人数**

国外群体心理学家研究表明，会议参加者超过 10 人以上，就容易出现不思考问题和滥竽充数的人。有的单位规定与会者一般不超过 12 人。据研究表明，参加会议的人数与人们之间沟通的渠道数量和难度成正比，而 14 个人的会议就会出现 12 条沟通渠道。与会者越多，能够充分利用个人才智的可能性就越少，主持者也就越难于有效地控制会议进程。

**3. 严肃会议作风**

（1）准时到会，不能迟到。

（2）不准私下交谈，不允许做私活、早退席。

（3）发言不能信口开河，不能离题胡扯。

（4）要集中时间和精力解决主要问题。

（5）要发扬民主，不搞一言堂。与会者只有自由地说出自己的意见，才能更好地集思广益。主要结论应当场确认，会而有议，议而有决，决而必行。

**4. 保持自然大方的主持姿态**

主持人主持会议时，从走向主持位置到落座等环节都应符合身份。各种会议的主持人一般由具有一定职位的人来担任，其礼仪表现对会议能否圆满成功有着重要的影响。主持人应衣着整洁、大方庄重、精神饱满，切忌不修边幅、邋里邋遢。其仪态姿势应自然、大方。

1）走姿

主持人在步入主持位置时，步伐要稳健有力，表现出胸有成竹、沉稳自信的风度和气概，要视会议内容掌握步伐的频率和幅度。主持庄严隆重的会议，步频要适中，以每秒约2步为宜，步幅要显得从容；主持热烈、欢快类型的会议，步频要快，每秒至少2～2.5步，步幅略大；主持纪念、悼念类会议，步频要放慢，每秒1～2步，步幅要小，以表达缅怀、悲痛之情；平常主持工作会议，可根据会议内容等具体情况决定步频、步幅。一般性会议，步频适中、步幅自然；紧急会议、重要会议，可以适当加快步频。行进中要挺胸抬头，目视前方，振臂自然。重要会议开始前，在步入主持位置的过程中，不要与熟人打招呼。一般性工作会议，如果时间未到，落座后可适当与邻座寒暄，与距离远的人微笑点头示意。如果特殊情况因故来迟，不要破门而入，跑步到位、大喘粗气。应该以手轻轻推门，进门后快步到位，放下文件袋、落座，先向等候者道歉，并简要说明原因，求得大家谅解，立即主持会议。

2）坐姿

主持人主持会议多为坐姿。坐立应端正，身体挺直，面对前方，虚视全场，双臂前伸，两肘轻按会议桌沿，对称，呈"外八字"。主持过程中，切忌出现搔头、揉眼、不停抖腿等不雅动作，以免显得紧张，不够沉稳。

3）站姿

在一些集会典礼中，主持人以站立姿势主持。站立主持时，要双腿并拢，腰背挺直，右手持稿底部中间，左手五指并拢自然下垂。有风的天气，要双手持稿，与胸等高，与身体呈45°。脱稿主持人应两手五指平伸，自然下垂，身体不能晃动，腰背挺直，目视前方。两腿不能叉开，不能抖动，两手不能上抬、晃动、抓握话筒等。

4）手势

主持人与一般讲话者不同，一般不需要手势。在一些小型会议进行总结概括时，可以加入适当手势，但是动作不能过大。

**5. 运用丰富幽默的主持语言**

主持会议要通过语言表述来进行。因此，主持人应特别注意语言的礼仪规范。

（1）所有言谈都要服从会议的内容和气氛的要求，或庄重，或幽默。

（2）口齿清楚，思维敏捷，积极启发，活跃气氛。主持人一定要明确开会的目的，如主持记者招待会，主持人、发言人要对记者提出的问题，反应敏锐，流利回答，不能支支吾吾；开座谈会、讨论会等，主持人要阐明会议宗旨和要解决的问题，切实把握会议进程和会议主题，勿使讨论或发言离题太远，而应引导大家就问题的焦点畅所欲言；同时，要切实掌握会议的时间，不使会议拖得太长。

（3）会议进行过程中，主持人对持不同观点、认识的人，应允许其做充分解释；会议出现僵局时要善于引导，出现空场、冷场时应及时补白。要处处尊重别人的发言和提问，不能以任何动作、表情或语言来阻止别人，或表示不满。要用平静的语言、缓和的口气、准确的事实来阐述正确主张，使人心服口服。

### 6. 引导会议内容

主持者要善于观察与会者的性格、气质、素质和特点，并根据各类人员特点，区别对待，因势利导，牢牢掌握会议进程。遇到冷场，要善于启发，或选择思想敏锐、外向型的同志率先发言。有时可以提出有趣的话题或事例，活跃一下气氛，以引起与会者的兴趣，使之乐于发言。遇有离题情况，可根据具体情况，接过议论中的某一句话，或插上一句话做转接，巧妙柔和地使议论顺势回到议题上来。当发生争执时，如果因事实不清，可让与会者补充事实，如事实仍不甚清，可暂停该问题的争执。主持者应设法缓和冲突，而不能激化矛盾，更不能直接参加无休止的争吵。

### 7. 提高会议效率

准时开会，不准拖延时间。国外某公司有如下经验：在办公时间不准开会，凡二级主管会议，大都在下午6点以后举行，并不得超过60分钟，否则轻者扣薪，重者解聘。严格限制会议时间，可以抓住问题的核心。举世瞩目的南北首脑的坎昆会议，每个发言者只有25分钟的时间。此外可在会议室挂一时钟，提醒与会者抓紧时间。

### 8. 掌握会议进程

主持人应随时掌握会议进程。在工作性会议中，主持人就像交响乐团的指挥，随时控制、掌握会议进程。为此，应做好下述几点。

（1）事先准备好一份会议议程表，并按照议程进行。

（2）提请与会者注意本次会议的目的，并使会议始终不离宗旨，以保证会议顺利进行，并达到预期目的。

（3）规定会议的开始时间，并对结束时间作出限制。要准时开始，按时结束。另外，在工作会议的进行过程中，有时会碰到需要裁决的问题。"少数服从多数"的民主集中制原则固然必须遵守，但对少数人的意见也应给予尊重，并把它交付给全体与会人员反复推敲。

### 9. 掌握主持技巧

会议的气氛是否融洽、顺利，与会议主持人角色扮演得好坏有很大的影响。会议主持人是宣布开会、散会、休息及主持会议进行者，主持会议时应公平、公正，客观地行使其职权。会议主持人在会议中，应做到以下几点。

（1）应明确介绍所有来宾及参与开会的人士。

（2）如有许多贵宾，无须请贵宾一一致辞，请一位代表即可。

（3）如同时有两人以上请求发言，这时若没有其他补充或都尚未发言时，可请距离主持人较远者先发言。

（4）维持会场秩序，并遵守会议规则。

（5）不可在发言人尚未发言完毕时随便插嘴，但有权控制发言人的发言时间。

（6）请人发言时，态度要诚恳，用语应有礼貌。

（7）有人发言时，应看着发言人，仔细聆听。

### 7.2.2　发言人应遵循的礼仪

会议发言有正式发言和自由发言两种，前者一般是领导报告，后者一般是讨论发言。

对于正式发言人，应衣冠整齐，走上主席台应步态自然，刚劲有力，体现一种成竹在胸、自信从容的风度与气质。发言时应口齿清晰，讲究逻辑，简明扼要。如果是书面发言，要时常抬头扫视一下会场，不能低头读稿，旁若无人。发言完毕，应对听众的倾听表示谢意。

自由发言则相对比较自由灵活，但发言应讲究顺序和秩序，不能争抢着发言；发言应简短，观点应明确；与他人有分歧时，应以理服人，态度平和地听从主持人的指挥，不能只顾自己。

【知识链接】

**如何应对观众反应**

会议上有发言任务的人，仪态要落落大方，掌握好语速、音量。注意观众反应，当会场中人声渐大时，则意味着发言人该压缩内容，尽快结束。发言完毕应向全体与会者表示感谢。

# 7.3　参会礼仪

参与会议更应知晓参会的基本礼仪，这样会议才可有条不紊地成功召开。参会的基本礼仪、基本要求大致如下。

**1. 尊重他人发言**

对于别人的意见和看法应该给予最大的尊重，不可一意孤行，过于坚持，甚至取笑他人的想法或创意。

**2. 主动思考问题**

成功的会议得靠与会者脑力激荡，共同参与。多一位主动者，看法差异就会减少，比较容易产生解决方案。

**3. 踊跃提供建议**

会议的进行中，参会者除了要正面响应，也要踊跃发表意见，分享信息，适时提案，贡献"打胜仗"的智慧。

**4. 坚守事实**

会议中的陈述，一定要有事实依据，不可过于夸大。

**5. 保持弹性，坚持原则**

很多人赞同大事化小，小事化无，对于某些原则过于放松，以致绩效不彰；但是有些议题，必须视情况弹性调整。根据需要设置开放议题，给予适当弹性，以免讨论陷入胶着。

**6. 有备而来**

会议中出现的相关数据、图表，与会者均应事先准备，深入了解，这样才能达成会议目的，提出解决议案。

**7. 慎选座位**

会议的席次和座位有其既定的安排礼节，与会者应谨守分寸，选择符合自己职务的位置入座，以免贻笑大方。

**8. 聚精会神**

这是大家最容易忽略而未确实遵守的会议礼仪，有些议题进行节奏较快，如果没有集中精神，很容易错失重要内容却不自知，轻则延误自己的工作，重则可能造成企业业务损失。

**9. 准时出席**

好的开始，是成功的一半，会议能准时开始，就表示会议目的已经成功达成一半。人人准时出席，会议才会成功。

**10. 注意仪容，维护形象**

企业外部会议，与会者代表着公司，个人的仪态举止就是企业形象的缩影。穿紧身装、透视装、低胸装、露背装、超短装、牛仔装、运动装或休闲装，全身上下戴满各式首饰，从耳垂一直"武装"到脚脖子，以这些打扮出席商务会议，是对会议的不尊重，是缺乏修养的表现。

以上 10 点是参会人员的基本礼仪要求，相应地，参会人员切忌出现以下 10 种失礼细节。

（1）发言时不可长篇大论，滔滔不绝。

（2）不可从头到尾沉默到底。

（3）不可取用不正确的资料。

（4）不要尽谈些期待性的预测。

（5）不可做人身攻击。

（6）不可打断他人的发言。

（7）不可不懂装懂，胡言乱语。

（8）不可对发言者吹毛求疵。

（9）没有特殊情况不要中途离席。

（10）不可鼓倒掌。

【知识链接】

1. 座谈会的礼仪

（1）预先通知，合理安排。座谈会召开之前，应事先发出会议通知；通知中应说明会议召开的时间、地点、出席者的范围和座谈的内容，以便让与会者有所准备；同时根据会议内容与参加人员的特点，可事先请部分人做好准备，以促进会议顺利、成功地召开。

（2）布局合理，营造氛围。会场布置应从利于形成会议氛围、便于会议讨论的角度考虑，将会议室内的桌椅安置成圆形或长方形，使与会者能面对面地围坐在一起相互交流；会场四周，可适当放置一些鲜花与盆景，营造愉悦的气氛；应准备充足的茶水或饮料，以供与会者饮用。

（3）引导交流，控制协调。主持人应先阐明会议的目的、作自我介绍和相互间的引见介绍；应努力营造平等的氛围，充分发扬民主，使与会者畅所欲言；要鼓励各种不同的观点进行交流和讨论，善于引导与会者围绕主题进行交谈；出现"冷场"时，主持人应及时"救场"，逐步引导大家深入讨论；同时，与会者也应踊跃发言、各抒己见，遇有不同观点，应耐心听取、平等商榷。

2. 庆祝表彰会的礼仪

庆祝表彰会的基本氛围是喜庆欢乐，应注重如下礼仪。

（1）会场采用大红横幅、彩旗、宣传标语来布置和点缀，以体现这种气氛。

（2）做好迎送工作，对上级领导或被表彰人员要热情、妥善地迎送，会场可播放轻松的乐曲。主席台人员入座时，全体与会人员要报以热烈的掌声。

（3）会议发言要简短扼要，每一个发言结束时，主持人要引导全场热烈鼓掌，这既是对发言者的尊重，也是为了进一步渲染、烘托会议气氛。

（4）表彰时先由领导宣布表彰决定，并为受表彰人颁发奖状、锦旗或奖金，宣读祝贺词。

（5）会后可安排联欢会、舞会或庆功宴会。

3. 茶话会的礼仪

（1）茶话会的场地。适合举行茶话会的场地主要有：主办单位的会议厅；宾馆的多功能厅；主办单位负责人的私家客厅；主办单位负责人的私家庭院或露天花园；包场高档的营业性茶楼或茶室。餐厅、歌厅、酒吧等地方，不合适举办茶话会。

（2）茶点的准备。茶话会不上主食，不安排品酒，只提供茶点。茶话会是重"说"不重"吃"的，没必要在吃的方面过多下工夫。

对于用来待客的茶叶、茶具，务必要精心准备。应尽量挑选上品，不要滥竽充数。还要注意照顾与会者的不同口味。最好选用陶瓷茶具，并且讲究茶杯、茶碗、茶壶成套。

除主要供应茶水外，在茶话会上还可以为与会者略备一些点心、水果或是地方风味小吃。需要注意的是，在茶话会上向与会者供应的点心、水果或地方风味小吃，品种要适合、数量要充足，并要方便拿，同时还要配上擦手巾。

（3）茶话会的基本议程。①主持人宣布茶话会开始。宣布开始后，主持人可对主要与会者略加介绍。②主办单位的主要负责人讲话。讲话应以阐明这次茶话会的主题为中心内容，还可以代表主办单位，对全体与会者表示欢迎和感谢。③与会者发言。这些发言在任何情况下都是茶话会的重心。为了确保与会者在发言中直言不讳，畅所欲言，通常，主办单位事先不对发言者进行指定和排序，也不限制发言的具体时间，而是提倡与会者自由地进行即兴式的发言。一个人还可以多次发言，来不断补充、完善自己的见解、主张。④主持人总结。主持人略作总结后，可以宣布茶话会结束。

现场发言在茶话会上举足轻重。茶话会假如没有人踊跃发言，或者是与会者的发言严重脱题，都会导致茶话会的最终失败。

茶话会上，主持人更重要的作用是能够审时度势，因势利导地引导与会者发言，并且控制会议的全局。大家争相发言时，主持人决定先后。没有人发言时，主持人引出新的话题；或者恳请某位人士发言。会场发生争执时，主持人要出面劝阻。在每位与会者发言前，主持人可以对发言者略作介绍。发言的前后，主持人要带头鼓掌致意。

茶话会与会者的发言及表现必须得体。在要求发言时，可以举手示意；但也要注意谦让，不要争抢。不管自己有什么高见，都不要打断别人的发言。肯定成绩时，要力戒阿谀奉承。提出批评时，不能讽刺挖苦。切忌当场表示不满，甚至私下里进行人身攻击。

思 考 题

1. 会议组织礼仪包括哪些内容？
2. 茶话会一般有几种座次礼仪，与洽谈会有何区别？
3. 会议主持人在主持会议时应注意哪些礼仪？
4. 参会人员要做到守礼应注意哪些禁忌？

# 第8章 会展仪式活动礼仪

> 【学习目标】了解会展仪式活动的主要类型；识记仪式活动的主要内容；掌握主要仪式的主要程序和礼仪规范。
>
> 【主要内容】签字仪式的筹备与现场安排、剪彩仪式的筹备与现场安排、开业仪式的筹备、开业仪式的常见类型及礼仪程序、交接仪式的筹备与现场安排、礼品赠送的基本问题及禁忌。

在会展实务活动中，有很多仪式性的活动，如签字仪式、剪彩仪式、揭牌揭幕仪式、庆典活动、馈赠活动与交接活动等。这些活动的举行，对于密切主客双方关系，推动合作深入开展都有积极意义。因此，会展人员还要熟悉这些仪式活动的筹备与现场安排礼仪。

## 8.1 签字仪式礼仪

签字仪式是指商务活动中的合作伙伴经过洽商或谈判，就彼此之间的商务合作、商品交易或某种争端达成协议或订立合同后，由各方代表正式在有关的协议或合同上签字的一种庄严而隆重的仪式。在会展活动中，签字仪式往往标志着双方合作关系取得重大进展或达成标志性进展，因此，它很受会展行业的重视。

### 8.1.1 签字仪式的类型

签字仪式从不同的角度可分为不同的类型。从签约文本的性质来分，可将签字仪式分为以下几种。

**1. 意向书的签字仪式**

意向书的签字仪式通常是指合作方在初次接触之后就某一事项的合作表示了共同兴趣，并愿意继续开展新的磋商而举行的签字仪式。意向书或备忘录往往只规定框架性的或原则性的内容，通常不包括各种具体的硬性规定，而且也不具备强制性的法律效应。

**2. 正式协议的签字仪式**

正式协议的签字仪式是指合作方在经过广泛磋商和充分讨论之后，就某一方面的合作达成了完全一致而举行的签字仪式。这种形式形成的协议是充分讨论的结果，具有强制性的法律效应。

另外，根据签字仪式主体多少可将签字仪式分为双方签字仪式和多方签字仪式两种类型。根据签字仪式主体的层级可将签字仪式分为国家间的签字仪式、政府部门间的签字仪式、企业间的签字仪式等类型。

## 8.1.2 签字前的准备工作

签字仪式现场时间虽然不长，但由于它涉及各方面关系，同时往往是谈判成功的一个标志，因此筹办一定要认真。之前的准备工作有以下几个方面。

**1. 准备待签文本**

（1）双方待签文本的内容应该在签字仪式之前磋商达成一致，签字前各方对文本的表达无任何异议。

（2）根据双方语言形成签字文本。按照惯例，待签文本应当同时使用双方的母语。

（3）如有必要，应当为各方准备一份副本。约定出现分歧的时候，以某一方语言的表述为准，当然也可以以第三方语言的解释为准。

（4）待签文本要以精美的白纸印制而成，通常按大八开的规格装订。还要为文本准备高档材料（如真皮、金属、软木等）制作的封面。

**2. 确定签字人员**

在签字仪式现场，有3类人：主签人、助签人和观礼人员。签字仪式之前，有关各方面应预先确定好参加签字的人员，明确他们的身份，向有关方面通报。尤其是客方，一定要将自己一方的人选和出席人数提前通知对方，这样便于主方根据对等的原则确定签字人员。

**3. 选择签字场所**

签字场所的选择通常要考虑签字人员的规格、人数多少及协议的内容等因素。在会展活动中，常见的签字场所有：会展活动举行的宾馆、酒店或展览现场，东道主的会客厅或洽谈室。有时候，签字场所的选择能表达重要信息，如有些国内企业将签字仪式安排在人民大会堂或国内其他省市的政府会议场所，它往往暗含了国家或地方政府对双方合作的支持。

**4. 布置签字厅**

签字厅的布置一般遵循简洁、庄重的原则。

（1）标准的签字厅要求室内铺地毯，在签字厅中央放置签字桌椅，签字桌椅后面的墙上悬挂横幅。

（2）签字桌一般要求是长方形的，上面铺设深绿色的台呢。

（3）签字椅要面门而放。主宾位置是左主右宾。签字椅的数量视签字主体而定，双方签字时安排两把。多边性协议或合同可以仅安排一把。

（4）签字桌上要放好双方要签的文本、签字笔和吸墨器。涉外的签字仪式要悬挂国旗。国际商务谈判协议的签字桌中间摆一个旗架，悬挂签字国双方的国旗。多边的签字国旗一般插在各方的身后。

## 8.1.3 签字的程序安排

**1. 主宾双方有序进场**

参加人员进入签字厅，在既定的座位上各就各位。参加人员进入签字厅的顺序要视主签人和观礼人员的身份来定。一般情况下，按照主签人、助签人、观礼人员的顺序进入签字厅。如果观礼人员中有高于主签人的领导时，则有可能请领导先进，主签人再进，其他人依次进入。

**2. 主签人在助签人的帮助下先在己方文本上签字**

签字仪式正式开始后，助签人帮助各自的主签人打开文本，并指示签字的位置。签字采用"轮换制"，先在自己的文本上签，按照惯例应该名列首位，这样每人都有机会在所签文本上居于首位，以显示机会均等，各方平等。

**3. 助签人帮助交换文本**

主签人在己方文本签完之后，交给身边的助签人员，助签人员帮助交换文本，交给各自的主签人员，引导主签人在对方的文本上签字。

**4. 主签人亲自换回己方的签字文本**

在助签人员的帮助下，主签人在对方的文本上签字。签字结束后，双方主签人起立，亲自交换文本，握手表示祝贺。

**5. 上香槟酒表示庆贺**

签字结束后，有关人员应给主签人和重要的观礼领导上香槟酒，主宾双方碰杯祝贺签字成功。其他观礼人员鼓掌表示祝贺。

**6. 主宾双方有序退场**

在祝贺结束后，参加人员要有序退场。一般情况下，双方最高领导人和主签人先退场，然后是客方观礼人员，最后是主方观礼人员。

# 8.2　剪彩仪式礼仪

在会展活动中，剪彩仪式也是一项重要的仪式活动。剪彩仪式是为了庆贺公司设立、企业开工、建筑物建成或启用、展销会或展览会的开幕等而隆重举行的一项仪式性活动。由于剪彩仪式现场比较热闹，又能联络各方来宾，还能借机扩大宣传，一直以来深受社会各方欢迎。剪彩仪式有以下一些礼仪规则。

## 8.2.1　剪彩仪式上的特殊用具

### 1. 硕大、醒目的红色缎带

红色缎带即剪彩仪式之中的"彩"。按照惯例，它应当由一整匹未曾使用过的红色绸缎，在中间结成数朵花团而成。为了节省，也可以红布条、红线绳、红纸条作为其变通。一般来说，红色缎带上花团的具体数目要根据现场剪彩者的人数确定。花团具体数目的确定可以遵循 $N+1$ 或 $N-1$ 两种方法（$N$ 为现场剪彩者的人数）。$N+1$ 法是花团的数目比现场剪彩者的人数多一个，这样安排的好处是每位剪彩者总是处于两朵花团之间。$N-1$ 法是花团的数目较现场剪彩者的人数少一个，这样安排的好处是剪彩者能够把整条缎带完整地剪下来。

### 2. 专供剪彩者现场使用的新剪刀

新剪刀的数量必须保证现场剪彩者人手一把，而且必须崭新、锋利。事先，一定要逐把检查新剪刀是否已经开刃，好用。确保剪彩者在正式剪彩时，可以"刀起花落"，而不需要一再补刀。剪彩仪式结束后，主办方通常会把剪刀作为礼物送给剪彩者。

### 3. 剪彩时使用的白色薄纱手套

正式的剪彩仪式上，剪彩者剪彩时最好每人戴上一副白色薄纱手套，以示郑重其事。在准备白色薄纱手套时，除了要确保数量充足之外，还须使之大小合适、崭新平整、洁白无瑕。

### 4. 银色的不锈钢托盘

在剪彩仪式上礼仪小姐手上会托一个托盘，用于盛放红色缎带、剪刀、白色薄纱手套。为了显示正规，可在托盘上铺红色绒布或绸布。托盘的数量可视情况而定，可以一只托盘依次向各位剪彩者提供剪刀与手套，并同时盛放红色缎带；也可以为每一位剪彩者配置一只专为其服务的托盘，同时使红色缎带专由一只托盘盛放。但一般来讲，最少不能少于剪彩者的数量。

### 5. 剪彩者行进和站立时的红地毯

在剪彩现场铺设红色地毯，主要是为了提升其档次，并营造一种喜庆的气氛。其长度可视剪彩人数的多寡而定，其宽度则不应在一米以下。

## 8.2.2 剪彩人员

剪彩仪式上有3类人：剪彩者、礼仪小姐和观礼群众。其中剪彩者是主角，是红花；礼仪小姐是配角，是绿叶；观礼群众是营造现场气氛的重要条件，缺一不可。剪彩礼仪主要是规范剪彩者和礼仪小姐的举止行为。

### 1. 剪彩者

在剪彩仪式上担任剪彩者，是一种很高的荣誉。剪彩仪式档次的高低，往往也同剪彩者的身份密切相关。因此，在选定剪彩的人员时，最重要的是要把剪彩者选好。

（1）事先确定剪彩者名单。必须是在剪彩仪式正式举行之前确定剪彩人员名单。名单一经确定，即应尽早告知对方，使其有所准备。在一般情况下，确定剪彩者时，必须尊重对方个人意见，切勿勉强对方。需要由数人同时担任剪彩者时，应分别告知每位剪彩者届时他将与何人同担此任。这样做是对剪彩者的一种尊重。千万不要"临阵磨枪"，在剪彩开始前方才强拉硬拽，临时找人凑数。

（2）提示剪彩者注意着装和仪表。按照常规，剪彩者应着套装、套裙或制服，将头发梳理整齐，不允许戴帽子或者戴墨镜，也不允许穿着便装。

（3）剪彩位置安排要符合座次礼仪。若剪彩者仅为一人，则其剪彩时居中而立即可。若剪彩者不止一人时，则其同时上场剪彩时位次的尊卑就必须予以重视。一般的规矩是：中间高于两侧，右侧高于左侧，距离中间站立者越远位次便越低，即主剪者应居于中央的位置。需要说明的是，之所以规定剪彩者的位次"右侧高于左侧"，主要是因为这是一项国际惯例，剪彩仪式理当遵守。

（4）剪彩开始前提示剪彩注意事项。如有必要可在剪彩仪式举行前，将剪彩者集中在一起，告之对方有关的注意事项，并稍事训练。

### 2. 礼仪小姐

（1）剪彩仪式上礼仪小姐可依其承担的职能而分成不同的类型。常见的有：① 迎宾小姐，在活动现场负责迎来送往；②引导小姐，剪彩时负责带领剪彩者登台或退场；③ 服务小姐是为来宾尤其是剪彩者提供饮料，安排休息之处；④ 拉彩小姐是在剪彩时展开、拉直红色缎带；⑤ 捧花小姐则在剪彩时手托花团；⑥ 托盘小姐是为剪彩者提供剪刀、手套等剪彩用品。

（2）礼仪小姐的数量可视情况而定。一般情况下，迎宾者与服务者应不止一人。引导者既可以是一个人，也可以为每位剪彩者各配一名。拉彩者通常应为两人。捧花者的人数则主要视花团的具体数目而定，一般应为一花一人。托盘者可以为一人，亦可以为每位剪彩者各配一名。有时，礼仪小姐亦可身兼数职。

（3）礼仪小姐的着装要统一规范。礼仪小姐的最佳装束是：化淡妆；盘起头发；穿款式、面料、色彩统一的单色旗袍；配肉色连裤丝袜；穿黑色高跟皮鞋；除戒指、耳环或耳钉外，不佩戴其他任何首饰。有时，礼仪小姐身穿深色或单色的套裙亦可。必要时，可向专门的礼仪公司聘请礼仪小姐。

## 8.2.3　剪彩仪式的常规程序

**1. 请来宾就位**

在剪彩仪式上，通常只为剪彩者、来宾和本单位的负责人安排坐席。在剪彩仪式开始时，即应敬请大家在已排好顺序的座位上就座。在一般情况下，剪彩者应就座于前排。若其不止一人时，则应使之按照剪彩时的具体顺序就座。

**2. 宣布剪彩仪式正式开始**

在主持人宣布仪式开始后，乐队应演奏音乐，现场可燃放鞭炮，全体到场者应热烈鼓掌。此后，主持人应向全体到场者介绍重要来宾。

**3. 奏国歌以示庄重**

此刻须全体起立。在国歌演奏完毕后，亦可随之演奏本单位标志性歌曲。

**4. 安排简短发言**

发言者依次应为东道主单位的代表、上级主管部门的代表、地方政府的代表、合作单位的代表，等等。其内容应言简意赅，每人不超过 3 分钟，重点分别为介绍、道谢与祝贺。

**5. 组织剪彩**

此刻，全体应热烈鼓掌，必要时还可奏乐或燃放鞭炮。在剪彩前，须向全体到场者介绍剪彩者。

**6. 组织参观**

剪彩之后，主人应陪同来宾参观。仪式至此宣告结束。随后东道主单位可向来宾赠送纪念性礼品，并以自助餐款待全体来宾。

## 8.2.4　现场剪彩的礼仪细节

（1）礼仪小姐上台。当主持人宣告剪彩开始，礼仪小姐即应率先登场。在上场时，礼仪小姐应排成一行行进，从两侧同时登台，或是从右侧登台。登台之后，拉彩者与捧花者应当站成一行，拉彩者处于两端拉直红色缎带，捧花者各自双手手捧一朵花团。托盘者须站立在拉彩者与捧花者身后一米左右，并且自成一行。

（2）引导剪彩者登场。在剪彩者登台时，引导者应在其左前方进行引导，使之各就各位。剪彩者登台时，宜从右侧出场。当剪彩者均已到达既定位置之后，托盘者应前行一步，到达前者的右后侧，以便为其递上剪刀、手套。

（3）注意剪彩者登场的先后顺序。剪彩者若不止一人，则其登台时亦应排成一行，并且使主剪者行进在前。在主持人向全体到场者介绍剪彩者时，后者应面含微笑向大家欠身或点头致意。

（4）剪彩者行至既定位置之后，应向拉彩者、捧花者含笑致意。当托盘者递上剪刀、手套，亦应微笑着向对方道谢。

（5）剪彩者和礼仪小姐配合协调，完成剪彩。在正式剪彩前，剪彩者应首先向拉彩者、捧花者示意，待其有所准备后，集中精力，右手手持剪刀，表情庄重地将红色缎带一刀剪断。若多名剪彩者同时剪彩时，其他剪彩者应注意主剪者动作，与其主动协调一致，力争大家同时将红色缎带剪断。红色花团应准确无误地落入托盘者手中的托盘里，而切勿使之坠地。为此，需要捧花者与托盘者的合作。

（6）对剪彩成功表示祝贺。剪彩者在剪彩成功后，可以右手举起剪刀，面向全体到场者致意。然后放下剪刀、手套于托盘之内，举手鼓掌。

（7）有序退场。剪彩成功后，剪彩者列队在引导者的引导下退场。退场时，一般宜从右侧下台。

 【知识链接】

### 剪彩的起源

剪彩仪式起源于20世纪初美国的一个乡间小镇。当时，有一家商店即将开业。按照惯例，新商店开业要低价促销以吸引人气。低廉的价格吸引了周围很多的居民。店主为了阻止顾客在正式营业前闯入店内抢购低价打折商品，便找来一条布带子拴在门框上。谁曾料到这项临时性的措施竟然更加激发起了挤在店门之外的人们的好奇心，促使他们更想早一点进入店内，对行将出售的商品先睹为快。事也凑巧，正当店门之外的人们的好奇心上升到极点，显得有些迫不及待的时候，店主的小女儿牵着一条小狗突然从店里跑了出来，那条"不谙世事"的可爱小狗若无其事地将拴在店门上的布带子碰落在地。店外不明真相的人们误以为这是该店为了开张志喜所搞的"新把戏"，于是立即一拥而入，大肆抢购。让店主转怒为喜的是，他的这家小店在开业之日的生意居然红火得令人难以想象。迷信的店主便追根溯源地对此进行了一番"反思"，最后他认定，自己的好运气全是由那条被小女儿的小狗碰落在地的布带所带来的。因此，此后在他旗下的几家"连锁店"陆续开业时，他便将错就错地如法加以炮制。久而久之，他的小女儿和小狗无意之中的"发明创造"，经过他和后人不断"提炼升华"，逐渐成为一整套的仪式。在流传的过程中，它自己也被人们赋予了一个极其响亮的大名——剪彩仪式。

# 8.3 开业仪式礼仪

开业仪式亦称作开业典礼,是指在单位创建、开业,项目完工、落成,某一建筑物正式启用,或某项工程正式开始之际,为了表示庆贺或纪念,而按照一定的程序所隆重举行的专门的仪式。从仪式礼仪上来讲,开业仪式是一个统称,结合不同的场合或不同的行业,它具体又可细分为开幕仪式、开工仪式、奠基仪式、破土仪式、竣工仪式、下水仪式、通车仪式和通航仪式等。这些仪式活动具有共性,所以统称为开业仪式。

## 8.3.1 开业仪式的筹备活动

### 1. 做好舆论宣传工作

举办开业仪式的主旨在于塑造本单位的良好形象,那么就要对其进行必不可少的舆论宣传,以吸引社会各界对自己的注意,争取社会公众对自己的认可或接受。为此要做以下常规工作。

(1)选择有效的大众传播媒介,进行集中性的广告宣传。介绍开业仪式举行的日期、开业仪式举行的地点、开业之际对顾客的优惠、开业单位的经营特色等。

(2)邀请有关新闻记者在开业仪式举行之时到场进行采访、报告,以便对本单位进行进一步的正面宣传。

### 2. 做好来宾邀请工作

开业仪式影响的大小,实际上往往取决于来宾的身份的高低与其数量的多少。在力所能及的条件下,要力争多邀请一些来宾参加开业仪式。地方领导、上级主管部门与地方职能管理部门的领导、合作单位与同行单位的领导、社会团体的负责人、社会贤达、媒体人员,都是邀请时应予优先考虑的重点。为慎重起见,用以邀请来宾的请柬应认真书写,并应装入精美的信封,由专人提前送达对方手中,以便对方早作安排。

### 3. 做好场地布置工作

开业仪式多在开业现场举行,其场地可以是正门之外的广场,也可以是正门之内的大厅。按惯例,举行开业仪式时宾主一律站立,故一般不布置主席台或座椅。为显示隆重与敬客,可在来宾尤其是贵宾站立之处铺设红色地毯,并在场地四周悬挂横幅、标语、气球、彩带等。此外,还应当在醒目之处摆放来宾赠送的花篮、牌匾。来宾的签到簿、本单位的宣传材料、待客的饮料,等等,亦须提前备好。对于音响、照明设备及开业仪式举行之时所需使用的用具、设备,必须事先认真进行检查、调试,以防其在使用时出现差错。

### 4. 做好接待服务工作

在举行开业仪式的现场,一定要有专人负责来宾的接待服务工作。除了要教育本单位的全体员工在来宾的面前，要以主人翁的身份热情待客，有求必应，主动相助之外，更重要的是分工负责，各尽其职。在接待贵宾时，需由本单位主要负责人亲自出面。在接待其他来宾时，则可由本单位的礼仪小姐负责此事。须为来宾准备好专用的停车场、休息室，并应为其安排饮食。

**5. 做好礼品馈赠工作**

举行开业仪式时赠予来宾的礼品，一般属于宣传性传播媒介的范畴之内。若能选择得当，必定会产生良好的效果。根据常规，向来宾赠送的礼品，应具有如下 3 大特征。

（1）宣传性。可选用本单位的产品，也可在礼品及其包装上印有本单位的企业标志、广告用语、产品图案、开业日期，等等。

（2）荣誉性。要使之具有一定的纪念意义，并且使拥有者对其珍惜、重视，并为之感到光荣和自豪。

（3）独特性。它应当与众不同，具有本单位的鲜明特色，使人一目了然，并且可以令人过目不忘。

**6. 做好程序拟定工作**

从总体上来看，开业仪式大都由开场、过程、结局三大基本程序所构成。开场，即奏乐，邀请来宾就位，宣布仪式正式开始，介绍主要来宾。过程，是开业仪式的核心内容，它通常包括本单位负责人讲话，来宾代表致辞，启动某项开业标志，等等。结局，则包括开业仪式结束后，宾主一道进行现场参观、联欢、座谈，等等。它是开业仪式必不可少的尾声。为使开业仪式顺利进行，在筹备之时，必须要认真草拟一个程序，并选定好称职的仪式主持人。

## 8.3.2　常见开业仪式活动的礼仪

**1. 开幕仪式**

开幕仪式指公司、企业、宾馆、商店、银行正式启用之前，或各类商品的展示会、博览会、订货会正式开始之前正式举行的相关仪式。每当开幕仪式举行之后，公司、企业、宾馆、商店、银行将正式营业，有关商品的展示会、博览会、订货会将正式接待顾客与观众。开幕仪式的主要活动是揭幕或剪彩。开幕仪式需要较为宽敞的活动空间，通常选择在门前广场、展厅门前、室内大厅等处。开幕仪式主要有以下程序。

（1）宣布仪式开始。全体起立，介绍来宾。

（2）邀请专人揭幕或剪彩。揭幕的具体做法是：揭幕人行至彩幕前恭位，礼仪小姐双手将开启彩幕的彩索递交对方；揭幕人随之目视彩幕，双手拉启彩索，令其展开彩幕，全场目视彩幕，鼓掌并奏乐。

（3）在主人的亲自引导下，全体到场者依次进入幕门。

（4）主人致辞答谢，来宾代表发言祝贺。致辞和发言要简短，切忌长篇大论。

（5）主人陪同来宾进行参观。开始正式接待顾客或观众，对外营业或对外展览宣告开始。

### 2. 开工仪式

开工仪式即工厂准备正式开始生产产品、矿山准备正式开采矿石时专门举行的庆祝性、纪念性活动。按照惯例，开工仪式大都在生产现场举行，即工厂的主要生产车间、矿山的主要矿井等处。在开工仪式现场，除司仪人员按惯例着礼仪性服装之外，东道主一方的全体职工均应穿着干净而整洁的工作服出席仪式。

开工仪式的主要程序有 5 项。

（1）宣布仪式开始，全体起立，介绍各位来宾，奏乐。

（2）引导来宾到开工仪式操作现场。在司仪的引导下，本单位的主要负责人陪同来宾行至开工现场肃立，如机器开关或电闸附近。

（3）仪式活动启动。届时应请本单位职工代表或来宾代表来到机器开关或电闸旁，首先对其躬身施礼，然后再动手启动机器或合上电闸。全体人员此刻应鼓掌致贺，现场奏乐。

（4）全体职工各就各位，上岗进行操作。

（5）在主人的带领下，全体来宾参观生产现场。

### 3. 奠基仪式

奠基仪式是一些重要的建筑物，如大厦、场馆、亭台、楼阁、园林、纪念碑等，在动工修建之初正式举行的庆贺性活动。奠基仪式举行的地点，一般应选择在动工修筑建筑物的施工现场。奠基的具体地点，通常应选择在建筑物正门的右侧。用以奠基的奠基石应为一块完整无损、外观精美的长方形石料。奠基石的文字应当竖写。其右上款应刻有建筑物的正式名称，其正中央应刻有"奠基"两个大字，其左下款应刻有奠基单位的全称及举行奠基仪式的具体年月日。奠基石的下方或一侧，还应安放一只密闭完好的铁盒，内装与该建筑物相关的各项资料及奠基人的姓名。届时，它将同奠基石一道被奠基人等培土掩埋于地下，以志纪念。

奠基仪式的程序也是 5 项：① 宣布仪式开始；② 奏国歌；③ 主人对该建筑物的功能及规划设计进行简介；④ 来宾致辞道贺；⑤ 奠基仪式开始。首先由奠基人双手持握系有红绸的新锹为奠基石培土，随后再由主人与其他嘉宾依次为之培土，直至将其埋没为止。

### 4. 破土仪式

破土仪式亦称破土动工。它是指在道路、河道、水库、桥梁、电站、厂房、机场、码头、车站等正式开工之际，所专门为此而举行的动工仪式。破土仪式举行的地点，大多应当选择在工地的中央或其某一侧。举行仪式的现场，务必要事先进行认真的清扫、平整、装饰。至少，也要防止出现道路坎坷泥泞、飞沙走石或是蚊蝇扑面的状况。

破土仪式的程序也是 5 项，前 4 项和奠基仪式相同，第 5 项是正式破土动工活动。众人环绕于破土之处的周围肃立，并且目视破土者，以示尊重。接下来，破土者须双手执系有红绸的新锹垦土 3 次，以示良好的开端。这时全体在场者一道鼓掌，并演奏喜庆音乐或燃放鞭炮。

### 5. 竣工仪式

竣工仪式又称落成仪式或建成仪式。它是指某一建筑物或某项设施建设、安装工作完成之后或某一纪念性、标志性建筑物，如纪念碑、纪念塔、纪念堂、纪念像、纪念雕塑等建成之后，以及某种意义特别重大的产品生产成功之后，所专门举行的庆贺性活动。举行竣工仪式的地点，一般应以现场为第一选择，如新建成的厂区之内、新落成的建筑物之外，以及刚刚建成的纪念碑、纪念塔、纪念堂、纪念像、纪念雕塑的旁边。竣工仪式举行时，全体出席者的情绪应与仪式的具体内容相适应。在庆贺工厂、大厦落成或重要产品生产成功时，应当表现得欢快而喜悦。在庆祝纪念碑、纪念塔、纪念堂、纪念像、纪念雕塑建成时，则须表现得庄严而肃穆。

竣工仪式的基本程序和其他开业仪式基本相同。竣工仪式的主要活动有两个：①进行揭幕或剪彩；②向竣工仪式的"主角"——刚刚竣工或落成的建筑物郑重其事地恭行注目礼。

### 6. 下水仪式

下水仪式是指在新船建成下水之时所专门举行的仪式。准确一点讲，下水仪式乃是造船厂在吨位较大的轮船建造完成、验收完毕、交付使用之际，为其正式下水起航而特意为之举行的庆祝性活动。按照惯例，下水仪式基本上都是在新船码头上举行的。对下水仪式的主角新船，亦须认真地进行装扮，通常是要在船头上扎上由红绸结成的大红花，并且在新船的两侧船舷上插上彩旗，系上彩带。

下水仪式的特色活动是行掷瓶礼。它的做法是由身着礼服的特邀嘉宾双手持一瓶正宗的香槟酒，用力将瓶身向新船的船头投掷，使瓶破之后酒香四溢，酒沫飞溅。在嘉宾掷瓶以后，全体到场者须面向新船行注目礼，并随即热烈鼓掌。此时，还可在现场再度奏乐或演奏锣鼓，施放气球，放飞信鸽，并且在新船上撒彩花，落彩带。

### 7. 通车仪式

通车仪式大都是在重要的交通建筑完工并验收合格之后正式举行的启用仪式。例如，公路、铁路、地铁及重要的桥梁、隧道等在正式交付使用之前，均会举行一次以示庆祝的通车仪式。通车仪式的地点通常均为公路、铁路、地铁新线路的某一端，新建桥梁的某一头，或者新建隧道的某一侧。通车仪式上被装饰的重点，应当是用以进行"处女航"的汽车、火车或地铁列车。在车头之上，一般应系上红花；在车身两侧，则可酌情插上彩旗，系上彩带，并且悬挂上醒目的大幅宣传性标语。

通车仪式的主要活动是开车试通行。届时宾主及群众代表应一起登车而行。有时还须由主人乘坐的车辆行进在最前方开路。

### 8. 通航仪式

通航仪式又称首航仪式。它是指飞机或轮船在正式开通某一条新航线之际，所正式举行的庆祝性活动。一般而言，通航仪式除去主要的角色为飞机或轮船之外，在其他方面，尤其是在具体程序的操作上，往往与通车仪式大同小异。因此，对其不再赘述。

# 8.4 交接仪式礼仪

交接仪式一般是指施工单位依照合同将已经建设、安装完成的工程项目或大型设备，如厂房、商厦、宾馆、办公楼、机场、码头、车站，或飞机、轮船、火车、机械、物资等，经验收合格后正式移交给使用单位之时，专门举行的庆祝典礼。有时捐赠活动也会举行交接仪式。

## 8.4.1 交接仪式的筹备

### 1. 做好来宾的邀请工作

来宾的邀请工作一般应由交接仪式的东道主——施工、安装单位负责。在具体拟定来宾名单时，施工、安装单位亦应主动征求自己的合作伙伴——接收单位的意见。接收单位对于施工、安装单位所草拟的名单不宜过于挑剔，可以酌情提出自己的一些合理建议。

交接仪式的出席人员应当包括：施工、安装单位的有关人员，接收单位的有关人员，上级主管部门的有关人员，当地政府的有关人员，行业组织、社会团体的有关人员，各界知名人士、新闻界人士，以及协作单位的有关人员。

### 2. 选择并布置交接仪式现场

根据常规，一般可将交接仪式的举行地点安排在已经建设、安装完成并已验收合格的工程项目或大型设备所在地的现场。有时，亦可将其酌情安排在东道主单位本部的会议厅，或者由施工、安装单位与接收单位双方共同认可的其他场所。

在交接仪式的现场，可临时搭建一处主席台。必要时，应在其上铺设一块红地毯。至少，也要预备足量的桌椅。在主席台上方，应悬挂一条红色巨型横幅，上书交接仪式的具体名称，如"某某工程交接仪式"，或"热烈庆祝某某工程正式交付使用"。在举行交接仪式的现场四周，尤其是在正门入口之处、干道两侧、交接物四周，可酌情悬挂一定数量的彩带、彩旗、彩球，并放置一些色泽艳丽、花朵硕大的盆花，用以美化环境。

### 3. 准备象征性的物品

在交接仪式上，有不少需要使用的物品，应由东道主一方提前进行准备。

（1）交接象征物。比较常见的有验收文件、一览表、钥匙等。验收文件，此处是指已经公证的由交接双方正式签署的接收证明性文件。一览表，是指交付给接收单位的全部物资、设备或其他物品的名称、数量明细表。钥匙，则是指用来开启被交接的建筑物或机械设备的钥匙。

（2）赠送给来宾的礼品，应突出其纪念性、宣传性。被交接的工程项目、大型设备的微缩模型，或以其为主角的画册、明信片、纪念章、领带针、钥匙扣等。

### 8.4.2 交接仪式的程序

**1. 主持人宣布交接仪式正式开始**

此刻，全体与会者应当进行较长时间的鼓掌，以热烈的掌声来表达对于东道主的祝贺之意。在此之前，主持人应邀请有关各方人士在主席台上就座，并以适当的方式暗示全体人员保持安静。

**2. 奏国歌**

奏国歌，并演奏东道主单位的标志性歌曲。演奏国歌前，全体与会者必须肃立。该项程序，有时亦可略去。不过若能安排这一程序，往往会使交接仪式显得更为庄严而隆重。

**3. 举行交接**

主要是由施工、安装单位的代表，将有关工程项目、大型设备的验收文件、一览表或者钥匙等象征性物品，正式递交给接收单位的代表。此时，双方应面带微笑，双手递交、接收有关物品。双方热烈握手表示祝贺。

**4. 各方代表发言**

按惯例，在交接仪式上，须由有关各方的代表进行发言。他们依次应为：施工、安装单位的代表，接收单位的代表，来宾的代表，等等。这些发言，一般均为礼节性的，并以喜气洋洋为主要特征。它们通常宜短忌长，只需要点到为止的寥寥数语即可。原则上来讲，每个人的发言应以 3 分钟为限。

**5. 宣告交接仪式结束**

随后安排全体来宾进行参观或观看文娱表演。此时，全体与会者应再次进行较长时间的热烈鼓掌。

### 8.4.3 应邀参加者的礼仪

**1. 应当致以祝贺**

接到正式邀请后，被邀请者即应尽早以单位或个人的名义发出贺电或贺信，向东道主表示热烈祝贺。有时，被邀请者在出席交接仪式时，将贺电或贺信面交东道主，也是可行的。不仅如此，被邀请者在参加仪式时，还须郑重其事地与东道主一方的主要负责人一一握手，再次口头道贺。

**2. 应当略备贺礼**

为表示祝贺之意，可向东道主一方赠送一些贺礼，如花篮、牌匾、贺幛，等等。当下以赠送花篮最为流行。它一般需要在花店订制，用各色鲜花插装而成，并且应在其两侧悬挂特制的红色缎带，右书"恭贺某某交接仪式隆重举行"，左书本单位的画龙点睛式全称。它可由花店代为先期送达，亦可由来宾在抵达现场时面交主人。

**3. 应当预备贺词**

假若自己与东道主关系密切，则还须提前预备一份书面贺词，供被邀请代表来宾发言时之用。其内容应当简明扼要，主要是为了向东道主一方道喜祝贺。

**4. 应当准点到场**

若无特殊原因，接到邀请后，务必牢记在心，届时正点抵达，为主人捧场。若不能出席，则应尽早通知东道主，以防在仪式举行时来宾甚少，使主人因"门前冷落鞍马稀"而难堪。

# 8.5　礼品馈赠礼仪

在会展活动中，会经常遇到与礼品相关的问题。会展人员还需懂得礼品馈赠的礼仪规范。

## 8.5.1　赠送礼品的基本问题

**1. 送给谁**

"宝剑赠英雄，红粉送佳人"，赠送礼品要因人而异，讲求投其所好。要做到男女有别、长幼有别、行业有别、兴趣有别、亲疏有别、习俗有别。

**2. 谁来送**

选择谁来送礼体现了送礼者对获赠者的重视。因此，谁来送也是公司之间交往需要考虑的一个问题。一般来说，业务部门对口负责人、行政或公关负责人、公司副总或老总都可以成为送礼者，究竟选谁来送，体现的是送礼者的重视程度。

**3. 送什么**

送什么直接关系到送礼者的礼品定位。所谓礼品定位是指礼品所具有的基本属性。在不同场合下，赠送的礼品在具体定位上显然会有所不同。一般来讲，赠送的礼品应具有以下属性：宣传性，礼品能对公司形象或公司产品起到宣传作用；纪念性，礼品能让接收者记住礼品接收的场合或时机；趣味性，礼品能让接收者觉得有意思、好玩；业务性，礼品能反映公司的业务特点；便携性，礼品便于携带和运输。具体地说，通常作为礼品的物品有：办公用品、生活用品、电子产品、服装配饰、食品土特产、工艺品、艺术品、礼金和商通卡等。

### 4. 为什么而送

送礼都需要一定的理由，公司常见的送礼理由有：为宣传送礼；为纪念送礼；为庆贺送礼；为感谢送礼；为慰问送礼；为贺喜送礼；为示好送礼。选择礼品时要注意因事而异。

## 8.5.2 赠送礼品的基本礼仪

### 1. 赠送礼品要适当包装

依照惯例，凡是公司正式赠送礼品，都需要对礼品认真地进行包装。在国外，礼品的包装通常要占到整个礼品价值的1/3。另外，在对礼品进行包装时要注意包装的图案和颜色不要触犯对方的禁忌。

### 2. 送礼的时间要恰当

送礼的时间主客有别，公私有别。主客有别是指主人和客人送礼的时间有区别，客人是见面之初就将礼品赠与对方，俗称"见面礼"；主人应该是为客人送行时再把礼物送给客人，过早送礼有逐客之嫌。当然，如果是举行一个礼品交换仪式，主客双方可在同一个时间相互交换礼品。公私有别是指组织间赠送礼品应该在正式上班时间赠送，私人送礼往往是在私人交际时间进行。

### 3. 送礼的地点要精心选择

赠送礼品地点选择也要斟酌。在赠送礼品的地点选择上也要做到公私有别。以公司名义送礼的可选择在东道主办公场所、工作现场、公开场所。私人送礼通常选择在私人居所或私人交际场所。

### 4. 送礼要注意顺序

当需要给多个人送礼时，送礼顺序也很重要。送礼顺序通常遵循先长辈后晚辈、先上司后下级、先女士后男士的原则。

### 5. 送礼要郑重其事

送礼本身是一件形式大于内容的事情，因此送礼时一定要郑重其事，送礼的时候神态自然，举止大方，表现适当，切忌敷衍、应付。

### 6. 对礼品要加以说明

介绍礼品寓意，要多讲几句吉祥话，这样受赠者听了心里都会高兴。特别时尚、新奇的产品要介绍礼品的用途与功能，以便于受赠者正确使用。礼品具有特殊价值也要重点进行说明，如赠送的图书有亲笔签名等。

### 8.5.3　接受礼品的礼仪

**1. 接受礼品最好当面打开**

受赠者是否要当着送礼者打开礼物，不同的文化有不同的要求。很多亚洲国家如中国、日本、韩国、新加坡、马来西亚等国，一般不当着送礼人打开礼品。在西方国家，要求是要当面打开礼品。现在，越来越多的人喜欢当着送礼者的面打开礼品。

**2. 对送礼者表示感谢，让对方感受到你的愉快**

送礼者从选择礼品到送出，是忐忑不安的。假如对方送的是比较实用的东西，一定要说，"正准备去买呢"。

**3. 郑重其事地收好礼品**

收到礼品后郑重其事地收好，放在比较显眼的位置或放在比较稳妥的地方。不要随手放在一边，这样显得不够尊重。

**4. 拒收礼品要注意方式方法**

一般情况下拒收礼品是不礼貌的。如果不能接受送礼者的礼物，一定要迅速，在尽可能短的时间内作出反应，一定要解释不能接受的原因，并同样地表示感谢。

### 8.5.4　送礼的禁忌

**1. 转赠纪念性很强的礼物**

礼品表达了送礼者对受赠者的重视和尊重，一般情况下受赠者不宜将礼品再转赠其他人，尤其是送礼者专门制作的纪念性很强的礼物。

**2. 标签留在礼品上**

赠送礼品时不宜向受赠者明示商品的价格，即使是价格较高的礼品，也不宜将标签留在礼品上。

**3. 保质期短或过期的礼品**

对于有保质期的礼品，送礼者在选择礼品时一定要查看礼品的保质期，对于所剩保质期较短或过期的礼品则不应再送。

**4. 自制礼品过分简陋**

亲手制作礼品当然能显示送礼者对受赠者的重视，但这要求送礼者在礼品制作上要有一定的水平，如果水平不高则不宜自制礼品。

**5. 礼品包装太过简单**

送人礼品一定要适当包装，不能只重视礼品本身，不重视包装。送礼是形式，礼品的包装则是礼品的形式，两个形式都不能忽视。

### 6. 不遵守异性送礼的禁忌

按照我国传统，除非表达爱意，男士不宜送项链和内衣给女士；女士不宜送领带和腰带给男士。不遵守异性送礼的禁忌可能会使受赠者尴尬。

另外，在礼品赠送的时候，下列礼品也尽量不要送。

（1）违法、违规的礼品不要送，如高额礼金、过分昂贵的黄金首饰等。

（2）坏俗的礼品不要送。例如，给老年人送钟，给年轻夫妇送伞，给小孩送鞋，给环保人士送象牙制品，给穆斯林送酒，给佛教徒送牛制品。

（3）私忌的礼品不要送。由于种种原因，人们会忌讳某些物品。例如，给高血压患者送高胆固醇的食品，给糖尿病人送高糖食物，给肥胖者送高脂肪食物，给有呼吸道疾病的人送刺激性鲜花等。

（4）广告礼品不要送。轻易不要把带有广告标志或广告语的东西赠送给别人。不然，会让对方产生利用廉价劳动力、替你免费宣传的嫌疑。而且也不要把过时、没用的东西送给别人，不然这样只能证明你小瞧人。例如，台历、挂历、T恤衫、雨伞、文具等现在都不宜作为礼品送人。

思 考 题

1. 签字仪式筹备的4项准备工作是什么？

2. 在签字现场，文本交换有哪些礼仪细节？

3. 剪彩现场要准备哪些基本道具？

4. 简述常见的开业仪式的8种类型及其特色活动。

5. 交接仪式的主要程序是什么？

6. 礼品赠送有哪些禁忌？

# 第 9 章　宴请礼仪

【学习目标】了解宴请筹备的主要工作；掌握不同餐饮类型的桌子、座次安排礼仪；了解不同餐饮类型的点菜技巧；掌握不同餐饮类型的用餐及席间礼仪规范。

【主要内容】宴请筹备工作、中餐礼仪规范、西餐礼仪规范、日本料理礼仪规范、自助餐礼仪规范

宴请是会展活动中不可缺少的一种沟通和交流方式，它是会展人员联络老客户、认识新客户的重要手段。对会展人员来说，请客吃饭的礼仪细节不容忽视。

## 9.1　宴请的礼仪常识

宴请是会展人员接触最频繁的社交活动之一。一次精心准备的宴请，会让客户感觉到主人的用心和尊重，从而迅速增进主宾之间的关系与感情。宴请的种类繁多，有中餐、西餐之分，更有正式宴请、工作餐、冷餐、自助餐之分，涉及的礼仪细节也比较多。会展人员需要详细了解宴请的基本礼仪规范。

要做好宴请工作，会展人员在事先要做好一系列的准备工作。

### 9.1.1　了解宴请的理由

宴请的理由有许多种，有接风宴、祝贺宴、公关宴、答谢宴、常规年会宴、送行宴。宴请理由不同，参加的对象会不同，宴请的形式也会不同，宴请的活动安排和档次亦有区别。宴请前先要了解宴请的理由。

### 9.1.2　确定宴请的参加人员

宴请参加人员的身份及数量会影响座次的安排及宴请的档次，因此在宴请前要加以了解和确定。宴请的参加人员由两部分组成：客人的身份及数量；己方陪同人员的身份及数量。在多数情况下，己方陪同人员会遵循对等及数量相当的原则确定，即陪同人员的身份应同客人相当，人数应基本相同。

### 9.1.3　了解对方的饮食习惯

确定了宴请的参加人员之后，还要了解对方的饮食习惯，根据客人的喜好和禁忌选择饮食场所和菜品。饮食习惯的了解分为两个层次。

（1）要根据客人的民族、文化、宗教、地域的差别，了解客人公共的饮食兴趣和禁忌。例如，穆斯林不食猪肉和禁酒；印度人不食牛肉；欧美人有"六不食"的观念：不食动物内脏，不食动物的头、四肢，不食猫狗等宠物，不食珍稀动物，不食淡水鱼，不食无鳞、无鳍的鱼，如蛇鳝等。中国地域辽阔，各个地方的饮食差距也比较明显，如西北人喜吃面食，南方人喜吃米饭，四川人爱吃辣，等等。在社交活动上，虽然讲究客随主便，但主人如果能提前了解客人的饮食爱好与禁忌，能根据客人的饮食兴趣与禁忌作出有针对性的安排，则效果往往会更好。

（2）要了解 VIP 客人的个人饮食兴趣与禁忌。除了公共的饮食兴趣与禁忌外，每个人还有自己的饮食兴趣与偏好。假如最重要的客人有糖尿病、高血压或对某类食物过敏，主人在点菜的时候都要照顾到。

### 9.1.4　确定宴请的形式

宴请的形式有很多种，常见的宴请形式有以下几种。

**1. 宴会**

宴会指比较正式、隆重的设宴招待，宾主在一起饮酒、吃饭的社交形式。宴会是正餐，出席者按主人安排的席位入座进餐，由服务员按专门设计的菜单依次上菜。按其规格又分为以下几种。

（1）国宴。特指国家元首或政府首脑为国家庆典或为外国元首、政府首脑来访而举行的正式宴会，是宴会中规格最高的。按规定，举行国宴的宴会厅内应悬挂两国国旗，安排乐队演奏两国国歌及席间乐，席间主、宾双方有致辞、祝酒。

（2）正式宴会。这种形式的宴会除不挂国旗、不奏国歌及出席规格有差异外，其余的安排大体与国宴相同。有时也要安排乐队奏席间乐，宾主均按身份排位就座。许多国家对正式宴会十分讲究排场，对餐具、酒水、菜肴的道数及上菜程序均有严格规定。

（3）便宴。这是一种非正式宴会，常见的有午宴、晚宴，有时也有早宴。其最大特点是简便、灵活，可不排席位、不作正式讲话，菜肴也可丰可俭。有时还可以自助餐形式，自由取餐，可以自由行动，更显亲切随和。

（4）家宴。即在家中设便宴招待客人。西方人士喜欢采取这种形式待客，以示亲切，且常用自助餐方式。这种方式在中餐中并不常见。

## 2. 招待会

招待会是指一些不备正餐的宴请形式。一般备有食品和酒水饮料，不排固定席位，宾主活动不拘形式。较常见的有以下几种。

（1）冷餐会。此种宴请形式的特点是不排席位，菜肴以冷食为主，也可冷、热兼备，连同餐具一起陈设在餐桌上，供客人自取。客人可多次进食，站立进餐，自由活动，边谈边用。这种形式适宜于招待人数众多的宾客。食品和饮料均事先放置于桌上，招待会开始后，自行进餐。

（2）酒会，较为活泼，便于广泛交谈接触。招待品以酒水为主，略备小吃，不设座椅，仅置小桌或茶椅，以便客人随意走动。酒会举行的时间亦较灵活，中午、下午、晚上均可，客人可在一定的时间段内入席、退席，来去自由，不受约束。鸡尾酒是用多种酒配成的混合饮料，酒会上不一定都用鸡尾酒。通常鸡尾酒会备置多种酒品、果料，但不用或少用烈性酒。饮料和食品由服务员托盘端送，亦有部分放置桌上。近年来许多企业举行的各类答谢宴请常采用酒会的形式。

## 3. 工作餐

工作餐是一种非正式宴请形式。按用餐时间分为工作早餐、工作午餐、工作晚餐，主客双方可利用进餐时间，边吃边谈问题。我国现在也开始广泛使用这种形式。它的用餐多以快餐分食的形式，既简便、快速，又符合卫生。此类活动一般不请配偶，因它多与工作有关。双边工作进餐往往以长桌安排席位，其座位与会谈桌座位排列相仿，便于主宾双方交谈、磋商。

## 4. 茶会

茶会是一种更为简便的招待形式。它一般在西方人早、午茶时间（上午 10 时、下午 4 时左右）举行，地点常设在客厅，厅内设茶几、座椅，不排席位，如为贵宾举行的茶会，入座时应有意识地安排主宾与主人坐在一起，其他出席者随意就座。在中国比较常见的是茶话会，除了茶水之外，还会供应水果和点心等，气氛比较轻松，目的是鼓励大家畅所欲言。

### 9.1.5 确定宴请的场所

宴请场所的选择往往会受到宴请形式的限制，如工作餐一般选择在公司内部餐厅或客人下榻的宾馆或酒店；招待会、茶会往往会选择在公司内部的或外租的会议场所举行。正式宴请的场所则需要精心选择，宴请场所的选择通常要遵循3个原则。

（1）宴请场所要有特色。所谓特色是指具有比较强的区域或地域文化特征，如在北京宴请客人，全聚德的烤鸭、东来顺的涮肉、后海的烤肉季等都具有比较强的特色。

（2）宴请场所要有文化内涵。宴请招待客人，菜品的类型和质量是一个方面，另一个方面是菜品的文化内涵。例如，宴请国外客人，要尽量选择有中国文化氛围的餐厅，选择有历史故事的菜品。

（3）宴请场所要有档次。同样吃烤鸭，人均消费从几十元到几百元不等。档次高的餐厅环境和服务相对较好，因此，在经济条件允许的前提下，宴请场所要尽量档次高一点。

### 9.1.6 宴请时间要合理

重要的宴请事先要发请柬，请柬一般在宴请前1~2周发出，以便对方能较早地作出安排，临时通知重要宴请是一种失礼的行为。宴请的具体时间要合理，首先要考虑主宾双方时间上的便利，在中国晚宴通常安排在晚上6点到7点之间，在西方晚宴通常安排在7点到8点之间。涉外宴请还要考虑外宾在日期与具体时间上有无禁忌。

 【知识链接】

---

**请柬上注明"R. S. V. P."是什么含义**

R. S. V. P. 是法语短语"répondez s'il vous plaît"的缩写，意思是"敬请回复"。发出请柬的人希望您告诉他是否接受这份邀请。也就是说，您是否会参加活动？按照大部分西方国家的礼仪，如果您收到一份正式的书面邀请，应该立即回复，而且最好是在收到请柬当天回复。这对正打算举办晚餐会或欢迎宴会的主人来说有着重要的实际意义，因为他们需要知道有多少人会参加，以及需要准备多少食物和饮料。更重要的是，回复别人善意的邀请本身就是一种礼节，即使您在回复中说自己不能参加活动，并对此感到遗憾。

---

### 9.1.7　订菜及对宴请现场进行布置

重要的宴请需要提前去订菜，订菜首先要考虑我方的预算标准，同时尽量兼顾菜品的特色及客人的饮食偏好与兴趣。规模较大、参加人数较多的宴请还要对现场进行适当布置，如悬挂横幅或特殊装置，餐桌上布置装饰物，确定宴请的背景音乐，制作桌次牌与座次牌等。

# 9.2　中餐宴请的礼仪

### 9.2.1　中餐的桌次礼仪

中餐宴请中，桌次的排列涉及主人对客人身份与地位的礼遇程度，是一个很重要的礼仪细节。中餐桌次安排的一般原则是"以右为尊，以中间为尊，以内侧为尊"的基本原则。具体叙述如下。

当宴请只有两桌的时候，桌次的安排遵循的是"以右为尊"的原则（见图9-1）。在这里需要特别提醒的是"以右为尊"以谁的朝向为标准？这里讲的左和右是由面对正门的位置来确定的，因为尊者通常是面门而坐。

当宴请有3桌的时候，遵循的是以"中间为尊，以右为尊"的原则，"以中间为尊"是指中间一桌为一号桌，"以右为尊"是指第一主桌右侧桌子为二号桌，左侧为三号桌。左右的确定标准仍然是最重要的客人坐定后的朝向（见图9-2）。

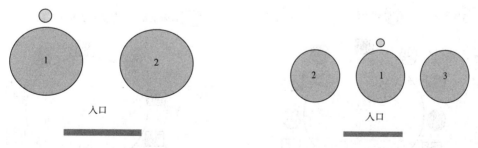

图9-1　两桌时的座次安排　　　　　图9-2　三桌时的座次安排

当桌子超过四桌以后，桌次安排遵循的礼仪规范就是"以内侧为尊，以中间为尊，以右为尊"的原则。"以内侧为尊"是指当桌子离门口有远近之分的时候，离门越远的桌次越高，离门越近的桌次越低。"以中间为尊，以右为尊"的原则同上述含义（见图9－3和图9－4）。

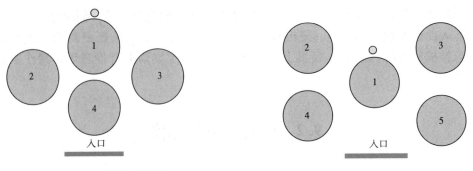

图9－3　四桌时的座次安排　　　　　　　图9－4　五桌时的座次安排

当然，桌次安排的具体位置除了要遵循上述的礼仪原则之外，通常还要受到宴请场所空间布局的限制，如宴会厅的现状与大小也是制约宴请桌次安排的重要因素。

## 9.2.2　中餐的座次礼仪

在进行宴请时，每张桌上的座次也有主次之分。每张桌上的人数不宜太多，最好不要超过12个人，最好为双数。座次安排的基本原则是：主人面门，以右为尊，近高远低，主客交替相邻、女士不坐末席。具体来说：座位排列首先区分单主人还是双主人。单主人的含义是指陪同客人吃饭的只有一位主要领导，其他都是陪同人员；双主人的含义是指公司两位主要领导都在宴请现场，如董事长和总经理都在座。单主人陪同的座次安排如图9－5所示。

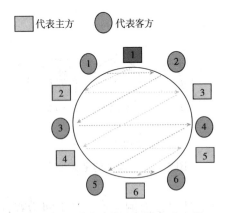

图9－5　单主人情况下的座次安排

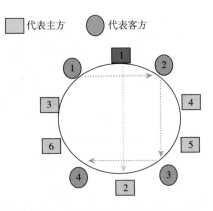

图9－6　双主人情况下的座次安排

主要领导作为一号主人坐在面门的位置上，其右手边是一号客人，左手边是二号客人，主人一方的陪同人员和其他客人则依次按照右高左低的原则交替相邻而坐。双主人陪同的座次安排如图 9 - 6 所示。一号主人面门坐在一号座位上，一号客人和二号客人则依次坐在一号主人的右手边和左手边。二号主人则坐在背门的二号主人位置上，三号客人和四号客人则坐在二号主人的右手边和左手边，其他人员交替相邻而坐。为了体现对女士的尊重，宴请座次安排上还有一个女士不坐末席的原则，即女士不应坐在宴请座次上最后一个位置。

### 9.2.3　中餐点菜的礼仪

（1）中餐菜肴一般都是放在桌上，同桌人一起分食，因此点菜时应互相商量点选；尤其是要考虑到客人的饮食偏好与禁忌，不要光顾自己的喜好。

（2）点菜先考虑主菜。宴请外宾的时候，优先考虑中餐特色的菜肴；宴请外地客人，优选有本地特色的菜肴；餐厅的特色菜、招牌菜也是优先的选择。

（3）菜量多少要适中，避免浪费。中国人好面子，总喜欢点上满满一桌子菜，这样才显得对客人的尊重。这一观念正在改变，点菜无须太多。正常情况下，中国人点菜喜欢点双，凉菜数量约为席间人数的 1/2（如果是 10 人桌，可点 4 个或 6 个），热菜的数量与席间人数相同。

（4）客人入席一般遵循客随主便的原则，请主人点菜。如果个人有特殊要求，也不妨告诉主人。如果主人热情邀请客人点菜，客人也可小试牛刀，点上 1 ~ 2 个菜；但客人点菜遵循经济实惠的原则，所点菜肴价格不能超过主人所点的菜。

（5）不要非议别人点的菜。人的饮食习惯会有差异，但不应有偏见，在一般情况下，不要非议别人点的菜。这样的评价即使是无心的，也足以让其他人心存不快。

### 9.2.4　中餐上菜的礼仪

（1）要注意上菜的顺序，先上凉菜，接着上一般炒菜，再上主菜，然后上汤，最后上主食和甜点。在宴请过程中，主人一方陪同人员要跟餐厅服务人员打好招呼，按照顺序上菜。

（2）把握上菜的速度和节奏。上菜的速度和节奏要均匀，既不要太快，短时间内把所有菜肴都摆上桌，以至于桌上都放不下；也不要上菜太慢，一两个菜迟迟未上，以至于最后就为等这一两个菜。

（3）将好菜或菜的最优部位朝向主宾。每上一道热菜，都要将餐桌上的菜肴进行一次位置上的调整，把新上的菜转到主宾面前，以示尊重。在遇到整鸡、整鸭、整鱼等菜肴时，要按照各地的习俗把不同的部位摆到主宾面前，有的地区习惯将头部对准主宾，有的则不然。当菜肴有图案时，应将菜肴图案的正面朝向主宾，以供主宾欣赏。

（4）尊者先尝的原则。当新一道菜上来后，请主宾先品尝，其他人依次动筷，不要贸然动筷，抢先品尝。

（5）分餐请用公筷。一般情况下，请餐厅服务人员帮助分餐；主人一方为示好客，也可主动分餐，但分餐一定要用公筷，切忌使用自己的筷子给别人分餐。

## 9.2.5　斟酒、敬酒礼仪

（1）站立右侧斟酒。主人陪同人员给客人斟酒要起立，且要站在客人右侧斟酒。

（2）酒满茶浅的原则。在给客人斟酒时，要遵循酒满茶浅的原则，酒通常要斟满，茶要浅。酒满通常是指白酒或啤酒，葡萄酒通常不需要斟满。

（3）斟酒要注意顺序。斟酒的顺序一般遵循先主宾，后次宾；先女宾，后男宾的原则斟酒，由近及远的顺序不提倡。

（4）敬酒要适时。先行祝酒的只能是一号主人。在中国北方地区，一号主人通常敬三个酒，然后是主陪，要依次敬客人的酒。主人和主陪敬完之后，主人的其他陪同人员才能开始敬酒。客人通常是在主人敬完酒之后，才能回敬主人。

（5）敬酒要注意酒杯高度。一般情况下，向年长者、职务高者、女士敬酒时，碰杯时酒杯杯沿要略低于对方酒杯，同时还应该稍稍欠身，以示尊重。

（6）敬酒要适量。中国是个酒桌文化盛行的国家，很多地区尤其是北方地区，餐桌上敬酒劝酒的风气很盛，甚至流传"要想客人喝好，自己首先喝倒"的酒风。在正式场合，这种敬酒的做法不可取，随意尽兴即可，敬酒劝酒过度无益健康。

## 9.2.6　席间进餐的礼仪

（1）不要抢先用餐。用餐开始时，所有的人都会等待主人让餐，只有当主人请大家用餐时，才表示宴会开始。在主人未示意用餐前，请不要动碗筷。在进餐过程中，新菜上桌，一般让主人、主宾或年长者先用。身边有年长者、女士、年幼者时，要请他们先尝。

（2）取餐要文明。取餐时不要碰到邻座，不要把盘里的菜拨到桌上，更不要把汤泼翻溅到别人和自己身上。夹菜的量要适中，一次不要夹取太多，用完后还可再取。遇到自己喜欢的菜肴，也要学会适可而止，不要取个不停。

（3）进餐要注意吃相。好的吃相是食物就口，不可用口就食物；绝不能大块往嘴里塞，狼吞虎咽；吃饭时不要发出不必要的声音，吃菜时嘴里吧嗒作响，喝汤时咕噜咕噜，也不要让餐具发出任何声响；嘴角和脸上不可留有食物残渣；餐后不要不加控制地打饱嗝或嗳气。

（4）吐出食物残渣举止要文雅。嘴内的鱼刺、骨头不要直接往外吐，可用餐巾或手掩嘴，用筷子取出，或轻轻地吐在盘子上。如发现不洁食物、异味食物，或看到盘中的菜肴有昆虫或碎石，不要大惊小怪，要等待侍者走近，轻声告知服务人员更换。

（5）口内有食物不要讲话。口中有食物要尽量不讲话，如别人问话，可等食物咽下去之后再回答。在席间不可高声谈话，影响他人，更不可激动地口吐白沫。

（6）席间行为要节制。在席间不宜当众剔牙，更不能用手指直接剔牙。如果有必要，请用牙签剔牙，而且要用手捂住嘴。席间也不应有化妆、抠鼻子、抚摸肚皮等不文雅的行为。

（7）尽量不要中途退席。在正常情况下，要先请长者、女士先退席。如遇急事，应先与主人打招呼，再跟周围的人解释，方可离席。

## 9.2.7 中餐餐具的使用礼仪

### 1. 筷子的使用

筷子是中餐不可缺少的器具，它有别于西餐中的刀叉。在正式场合，要注意其使用。入席后不能玩耍筷子，在餐桌上使用筷子应轻拿轻放；摆放时，筷子应整齐竖直地放在筷架上，不可将筷子的一端摆在盘、碗的边缘。用餐时，使用筷子有8忌。

（1）忌戳筷。不要用筷子指向别人，戳戳点点地与别人讲话。

（2）忌搅筷。用筷子搅动盘、碗中的菜肴，挑肥拣瘦地翻乱食物。

（3）忌剔筷。用筷子当牙签剔牙缝。

（4）忌插筷。把筷子插在碗中的食物上或插在碗中。

（5）忌舔筷。用舌舔筷子。

（6）忌迷筷。用筷子夹选食物又不知选哪道菜，在餐桌上来回晃动。

（7）忌交叉筷。避免与别人同时夹菜，不使自己用的筷子与别人的筷子成交叉状。

（8）忌敲筷。用餐时不得用筷子敲击餐桌上的各类盘、碗。

### 2. 餐巾和湿巾的使用

在餐馆就餐前将餐巾一角压在餐盘下或平铺在双腿上，不要把它扣在衣领里，也不要披在腰上。

宴请开始前和宴请结束后的湿毛巾用途不一样。宴请开始前的湿毛巾主要用来擦手，不能用来擦脸和嘴，更不能用来擦脖子和头。宴请结束后的湿毛巾可以用来擦嘴。

在餐厅用餐，也不宜用餐巾或纸巾擦拭餐具，这是对餐厅及其工作人员的不信任。

### 3. 餐桌上水盂的使用

在进食某些需要动手的菜肴，如大排、羊排等，在上菜的同时，还会上一个水盂。水盂里通常是清水，有时也会飘着玫瑰花瓣。要清楚，水盂里的水是用来洗手的，而且只能洗手指，不能洗手掌，更不能洗身体的其他部位。

【知识链接】

## 中国的八大菜系及其特色菜

中国饮食文化源远流长，诞生了不少的流派，公认的是鲁、川、粤、闽、苏、浙、湘、徽等菜系，即被人们常说的中国"八大菜系"。这八大菜系各有特点，自成一派。它们有各自的特点及代表菜。

（1）鲁菜是由济南和胶东两地的地方菜演化而成的。其特点是清香、鲜嫩、味纯，十分讲究清汤和奶汤的调制，清汤色清而鲜，奶汤色白而醇。济南菜擅长爆、烧、炸、炒，其著名品种有"糖醋黄河鲤鱼"、"九转大肠"、"汤爆双脆"、"烧海螺"、"烧蛎蝗"、"烤大虾"、"清汤燕窝"等。胶东菜以烹制各种海鲜而驰名，口味以鲜为主，偏重清淡，其著名品种有"干蒸加吉鱼"、"油爆海螺"等。

（2）川菜是以四川成都、重庆两地的菜肴为代表而形成的。重视选料，讲究规格，分色配菜主次分明，鲜艳协调。其特点是酸、甜、麻、辣香、油重、味浓，注重调味，离不开三椒（辣椒、胡椒、花椒）和鲜姜，以辣、酸、麻脍炙人口，为其他地方菜所少有，形成川菜的独特风味，享有"一菜一味，百菜百味"的美誉。烹调方法擅长于烤、烧、干煸、蒸。川菜善于综合用味，收汁较浓，在咸、甜、麻、辣、酸五味基础上，加上各种调料，相互配合，形成各种复合味，如家常味、咸鲜味、鱼香味、荔枝味、怪味等23种。代表菜肴有"大煮干丝"、"黄焖鳗"、"怪味鸡块"、"麻婆豆腐"等。

（3）粤菜是以广州、潮州、东江三地的菜为代表而形成的。菜的原料较广，花色繁多，形态新颖，善于变化，讲究鲜、嫩、爽、滑，一般夏秋力求清淡，冬春偏重浓醇。调味有所谓五滋（香、松、臭、肥、浓）、六味（酸、甜、苦、咸、辣、鲜）之别。其烹调擅长煎、炸、烩、炖、煸等，菜肴色彩浓重，滑而不腻。尤以烹制蛇、狸、猫、狗、猴、鼠等野生动物而负盛名，著名的菜肴品种有"三蛇龙虎凤大会"、"五蛇羹"、"盐焗鸡"、"蚝油牛肉"、"烤乳猪"、"干煎大虾碌"和"冬瓜盅"等。

（4）闽菜起源于福建省闽侯县。它以福州、泉州、厦门等地的菜肴为代表发展起来。其特点是色调美观，滋味清鲜而著称。烹调方法擅长于炒、溜、煎、煨，尤以"糟"最具特色。由于福建地处东南沿海，盛产多种海鲜，如海鳗、蛏子、鱿鱼、黄鱼、海参等，因此，多以海鲜为原料烹制各式菜肴，别具风味。著名菜肴品种有"佛跳墙"、"醉糟鸡"、"酸辣烂鱿鱼"、"烧片糟鸡"、"太极明虾"、"清蒸加力鱼"、"荔枝肉"等。

（5）苏菜是以苏州、扬州、南京、镇江四大菜为代表而构成的。其特点是浓中带淡，鲜香酥烂，原汁原汤，浓而不腻，口味平和，咸中带甜。其烹调技艺擅长于炖、焖、烧、煨、炒而著称。烹调时用料严谨，注重配色，讲究造型，四季有别。苏州菜口味偏甜，配色和谐；扬州菜清淡适口，主料突出，刀工精细，醇厚入味；南京、镇江菜口味和醇，玲珑细巧，尤以鸭制的菜肴负有盛名。著名的菜肴品种有"清汤火方"、"鸭包鱼翅"、"松鼠桂鱼"、"西瓜鸡"、"盐水鸭"等。

（6）浙菜是以杭州、宁波、绍兴、温州等地的菜肴为代表发展而成的。其特点是清、香、脆、嫩、爽、鲜。浙江盛产鱼虾，又是著名的风景旅游胜地，湖山清秀，山光水色，淡雅宜人，故其菜如景，不少名菜，来自民间，制作精细，变化较多。烹调技法擅长于炒、炸、烩、溜、蒸、烧。久负盛名的菜肴有"西湖醋鱼"、"生爆鳝片"、"东坡肉"、"龙井虾仁"、"干炸响铃"、"叫花童鸡"、"清汤鱼圆"、"干菜焖肉"、"大汤黄鱼"、"爆墨鱼卷"、"锦绣鱼"。

（7）湘菜是以湘江流域、洞庭湖区和湘西山区的菜肴为代表发展而成的。其特点是用料广泛，油重色浓，多以辣椒、熏腊为原料，口味注重香鲜、酸辣、软嫩。烹调方法擅长腊、熏、煨、蒸、炖、炸、炒。其著名菜肴品种有"腊味合蒸"、"东安子鸡"、"麻辣子鸡"、"红煨鱼翅"、"汤泡肚"、"冰糖湘莲"、"金钱鱼"等。

（8）徽菜是以沿江、沿淮、徽州三地区的地方菜为代表构成的。其特点是选料朴实，讲究火功，重油重色，味道醇厚，保持原汁原味。徽菜以烹制山野海味而闻名，早在南宋时，"沙地马蹄鳖，雪中牛尾狐"，就是那时的著名菜肴了。其烹调方法擅长于烧、焖、炖。著名的菜肴品种有"符离集烧鸡"、"火腿炖甲鱼"、"腌鲜桂鱼"、"火腿炖鞭笋"、"雪冬烧山鸡"、"红烧果子狸"、"奶汁肥王鱼"、"毛峰熏鲥鱼"等。

# 9.3 西餐宴请的礼仪

西餐宴请在现代社会已不陌生，但西餐的许多礼仪细节与中餐有着很大不同。会展人员不仅要精通中餐礼仪，也要懂得西餐礼仪，这样在涉外交往中才能游刃有余。

## 9.3.1 西餐的主要类型

西餐是对西式饭菜的统称。客观来讲，它其实是一个十分笼统的概念，因为西方各国在菜品的形式和内容上都存在较大的差异。具体来说，西餐主要有以下几种类型。

### 1. 法式大餐

法国人一向以善于吃并精于吃而闻名，法式大餐名列西餐之首。法式菜肴的特点是：选料广泛（如蜗牛、鹅肝都是法式菜肴中的美味），加工精细，烹调考究，滋味有浓有淡，花色品种多；法式菜还比较讲究吃半熟或生食，如牛排、羊腿以半熟鲜嫩为特点，海味的蚝也可生吃，烧野鸭一般六成熟即可食用等；法式菜肴重视调味，调味品种类多样，用酒来调味，什么样的菜选用什么酒都有严格的规定，如清汤用葡萄酒，海味品用白兰地酒，甜品用各式甜酒或白兰地等。法国人十分喜爱吃奶酪、水果和各种新鲜蔬菜。法式菜肴的名菜有：马赛鱼羹、鹅肝排、巴黎龙虾、红酒山鸡、沙福罗鸡、鸡肝牛排等。

**2. 英式西餐**

英国的饮食烹饪，有家庭美肴之称。英式菜肴的特点是：油少、清淡，调味时较少用酒，调味品大都放在餐台上由客人自己选用。烹调讲究鲜嫩，口味清淡，选料注重海鲜及各式蔬菜，菜量要求少而精。英式菜肴的烹调方法多以蒸、煮、烧、熏见长。英式菜肴的名菜有：鸡丁沙拉、烤大虾苏夫力、薯烩羊肉、烤羊马鞍、冬至布丁、明治排等。

**3. 意式大餐**

意式菜肴的特点是：原汁原味，以味浓著称。烹调注重炸、熏等，以炒、煎、炸、烩等方法见长。意大利人喜爱面食，做法吃法甚多。其制作的面条有独到之处，各种形状、颜色、味道的面条至少有几十种，如字母形面条、贝壳形面条、实心面条、通心面条等。意大利人还喜食意式馄饨、意式饺子等。意式菜肴的名菜有：通心粉素菜汤、焗馄饨、奶酪焗通心粉、肉末通心粉、比萨饼等。

**4. 美式菜肴**

美国菜是在英国菜的基础上发展起来的，继承了英式菜简单、清淡的特点，口味咸中带甜。美国人一般对辣味不感兴趣，喜欢铁扒类的菜肴，常用水果作为配料与菜肴一起烹制，如菠萝焗火腿、苹果烤鸭。美国人喜欢吃各种新鲜蔬菜和各式水果。美国人对饮食要求并不高，只要营养、快捷即可。美式菜肴的名菜有：烤火鸡、橘子烧野鸭、美式牛扒、苹果沙拉、糖酱煎饼等。

**5. 俄式菜肴**

俄国人喜食热食，爱吃鱼肉、肉末、鸡蛋和蔬菜制成的小包子和肉饼等，各式小吃颇有盛名。俄式菜肴口味较重，喜欢用油，制作方法较为简单。口味以酸、甜、辣、咸为主，酸黄瓜、酸白菜往往是饭店或家庭餐桌上的必备食品。烹调方法以烤、熏、腌为特色。俄式菜肴的名菜有：什锦冷盘、鱼子酱、酸黄瓜汤、冷苹果汤、鱼肉包子、黄油鸡卷等。

## 9.3.2　西餐的座次安排

西餐座次安排的一般原则是：恭敬主宾，女士优先，以右为尊，面门为上，交叉排列。具体的座次安排要区分桌子形状，在西餐用餐时，人们所用的餐桌有长桌、方桌，尤以长桌最常见。西餐座次安排的具体规则如下。

**1. 长桌**

排位一般有两个主要办法。

（1）男女主人在长桌中央对面而坐，男女主人身边分别坐女主宾和男主宾，其他人男女交叉依次而坐，餐桌两端可以坐人，也可以不坐人。

（2）男女主人分别就座于长桌两端。某些时候，如用餐者人数较多时，还可以参照以上办法，以长桌拼成其他图案，以便安排大家一道用餐。

### 2. 方桌

以方桌排列位次时，就座于餐桌四面的人数应相等。在一般情况下，一桌共坐 8 人，每侧各坐两人的情况比较多见。在进行排列时，应使男、女主人与男、女主宾对面而坐，所有人均各自与自己的恋人或配偶坐成斜对角。

### 3. 圆桌

圆桌在西餐中并不多见，在隆重而正式的宴会里，则尤为罕见。这一点与中餐存在较大不同。

## 9.3.3　西餐的点菜技巧

### 1. 西餐点菜一定要看菜谱

即使是法国总统，去法式餐厅点菜也要郑重地翻开餐厅的菜谱。西餐点菜不看菜谱是对餐厅的不尊重，是失礼的表现。

### 2. 看不懂菜谱不要乱点

较早前流传中国人在西餐厅因看不懂菜谱又好面子点的全是背景音乐的笑话。西餐点菜时，如果不懂，不要乱点，遇到不明白的地方请侍者帮忙不算失礼。

### 3. 点菜要注意顺序

点菜的顺序和上菜的顺序并不一样，西餐在点菜时一般先点主菜，然后再点开胃菜和汤。这是因为有些主菜中包含了与开胃菜功能相近似的小菜，同时汤要考虑与主菜的搭配。西餐中点菜顺序和上菜顺序并不相同，这一点经常被人们忽略。

### 4. 同类菜只点一种

西餐中上菜有着严格的顺序，每类菜一般只点一个，如开胃菜点一个，汤点一个，以海鲜为主的副菜和以肉为主的主菜也要各点一个。这是西餐与中餐的一个重要区别，中餐讲究鸡鸭鱼肉全上桌，而西餐则不然。

### 5. 酒水要和菜品相配

西餐中的酒也比较多，有开胃酒、副菜配酒、主菜配酒、餐后酒。不同酒水与不同的菜品相配，不能随便乱点。

### 6. 菜量不宜过大

西餐讲究节约，反对浪费，根据个人的饭量和胃口合理点菜，反对点一大桌子菜宴请客人的行为。

**7. 以酒店名字命名的菜都是招牌菜**

在许多西餐厅中，都有以自己餐厅名字命名的菜肴，这样的菜肴都是餐厅的招牌菜。

## 9.3.4　西餐的上菜顺序

（1）西餐的第一道菜是头盘，也称为开胃品。开胃品的内容一般有冷头盘或热头盘之分，常见的品种有鱼子酱、鹅肝酱、熏鲑鱼、鸡尾杯、奶油鸡酥盒、焗蜗牛等。因为是要开胃，所以开胃菜一般都具有特色风味，味道以咸和酸为主，而且数量较少，质量较高。

（2）与中餐有极大不同的是，西餐的第二道菜就是汤。西餐的汤大致可分为清汤、奶油汤、蔬菜汤和冷汤等4类。品种有牛尾清汤、各式奶油汤、海鲜汤、美式蛤蜊周打汤、意式蔬菜汤、俄式罗宋汤、法式焗葱头汤。冷汤的品种较少，有德式冷汤、俄式冷汤等。

（3）鱼类菜肴一般作为西餐的第三道菜，也称为副菜。品种包括各种淡、海水鱼类，贝类及软体动物类。通常水产类菜肴与蛋类、面包类、酥盒类菜肴均称为副菜。因为鱼类等菜肴的肉质鲜嫩，比较容易消化，所以放在肉类菜肴的前面，叫法上也和肉类菜肴主菜有区别。西餐吃鱼菜肴讲究使用专用的调味汁，品种有鞑靼汁、荷兰汁、酒店汁、白奶油汁、大主教汁、美国汁和水手鱼汁等。

（4）肉、禽类菜肴是西餐的第四道菜，也称为主菜。肉类菜肴的原料取自牛、羊、猪、小牛仔等各个部位的肉，其中最有代表性的是牛肉或牛排。牛排按其部位又可分为沙朗牛排（也称西冷牛排）、菲利牛排、"T"骨型牛排、薄牛排等。其烹调方法常用烤、煎、铁扒等。肉类菜肴配用的调味汁主要有西班牙汁、浓烧汁精、蘑菇汁、白尼斯汁等。禽类菜肴的原料取自鸡、鸭、鹅，通常将兔肉和鹿肉等野味也归入禽类菜肴。禽类菜肴品种最多的是鸡，有山鸡、火鸡、竹鸡，可煮、可炸、可烤、可焖，主要的调味汁有黄肉汁、咖喱汁、奶油汁等。

（5）蔬菜类菜肴可以安排在肉类菜肴之后，也可以与肉类菜肴同时上桌，所以可以算为一道菜，或称之为一种配菜。蔬菜类菜肴在西餐中称为沙拉。与主菜同时服务的沙拉，称为生蔬菜沙拉，一般用生菜、西红柿、黄瓜、芦笋等制作。沙拉的主要调味汁有醋油汁、法国汁、千岛汁、奶酪沙拉汁等。沙拉除了蔬菜之外，还有一类是用鱼、肉、蛋类制作的，这类沙拉一般不加调味汁，在进餐顺序上可以作为头盘食用。还有一些蔬菜是熟食的，如花椰菜、煮菠菜、炸土豆条。熟食的蔬菜通常是与主菜的肉食类菜肴一同摆放在餐盘中上桌，称之为配菜。

（6）西餐的甜品是主菜后食用的，可以算做是第六道菜。从真正意义上讲，它包括所有主菜后的食物，如布丁、煎饼、冰淇淋、奶酪、水果，等等。

（7）西餐的最后一道程序是上饮料，咖啡或茶。咖啡一般要加糖和淡奶油。茶一般要加香桃片和糖。

## 9.3.5　西餐开始和结束的标志

在西餐中，女士优先处处得到体现。在餐厅门口，男士要为女士拉门；女士进入房间，男士应起立欢迎；女士入座时，男士要为女士拉开椅子，为其提供方便。西餐开始也是从女士开始的，女主人为第一顺序，女主人开始为自己铺餐巾，等于宣布用餐开始；当女主人不在时，男主人身边的女主宾则是第一顺序，开始的标志也是为自己铺餐巾。西餐结束的标志是女主人把餐巾放在自己右前方的餐桌上。

## 9.3.6　西餐餐具的使用礼仪

西餐餐具的使用方法是学习西餐礼仪的重要内容。在西餐餐具中最重要的是刀叉和餐巾，它们的使用方法如下。

**1. 刀叉的使用**

刀叉是西餐中餐刀和餐叉的统称，它们既可以结合使用，也可以分开使用。具体来说，要了解刀叉的使用类别、刀叉的使用方法和刀叉摆放所代表的含义及刀叉使用的禁忌。

（1）刀叉的类型。在正式的西餐宴请中，菜肴要一道一道地上，每上一道菜就要换一副刀叉。常见的刀叉类型有开胃菜刀叉、副菜刀叉、肉刀叉和沙拉刀叉等。在正式西餐中，既不可以从头到尾使用一副刀叉，也不可以胡乱地使用刀叉。

（2）刀叉的使用。刀叉的使用又可分为刀叉的拿法和刀叉的使用顺序。关于刀叉的拿法，西方各国也存在差异。英国人讲究绅士风度，始终坚持右刀左叉的方法，边切边食。美国人则较为随意，通常先右手拿刀左手拿叉把食物切好，然后刀叉互换，右手持叉就餐。刀叉的使用顺序只需要记住两点就可以了：不管有多少副刀叉，使用顺序永远是自外向内依次使用；如果不确定使用哪副刀叉，跟着女主人使用刀叉。因为女主人是西餐中的第一顺序人。

（3）在西餐中刀叉的不同摆放往往代表了不同的含义。在用餐过程中如需暂时离开，要把刀叉呈汉字"八"字形摆在餐盘上，刀刃朝向自身，叉齿向下。这样服务员就不会把盘子收走。用餐结束后，把叉子正面朝上，刀刃向内，刀叉平行放置于盘上。如果服务员看到这样的摆放，就会把餐盘和餐具收走。

（4）西餐中刀叉使用的禁忌有：① 不能拿刀叉指人；② 不能一边讲话，一边挥舞刀叉；③ 刀叉切割食物时不能在餐盘上划出响声；④ 不要一手拿刀叉，另外一只手喝酒或用餐巾擦嘴；⑤ 不可把刀叉一端放在桌子上，一端放在餐盘上。

**2. 餐巾的使用**

在西餐中，餐巾主要有 4 种用途。① 把餐巾铺在腿上，防止用餐时食物或汤汁弄脏自己的衣服。② 用餐巾擦拭口部，女士在用餐开始前可轻拭口部，去掉唇膏；用餐过程中可擦拭嘴边的食物残渣。③ 可用来掩口遮羞。例如，需要剔牙时，可用餐巾遮挡。④ 暗示用餐进程。女主人可用铺餐巾和收餐巾的动作暗示用餐开始或结束。在用餐过程中，需要短暂离席时只需要将餐巾放在自己的座椅上即可。

### 9.3.7 西餐中酒水的类型及与菜品的搭配

（1）餐前酒也称开胃酒，是指在餐前饮用的、喝了后可以刺激人的胃口、使人增加食欲的饮料。开胃酒通常由药材浸制而成，如味美思（Vermouth）、比特酒（Bitters）、茴香酒（Anisette）。

（2）佐餐酒，是在进餐时饮的酒，常用葡萄酒（Wine）。外国人就餐时通常只喝佐餐酒。佐餐酒包括红葡萄酒、白葡萄酒、玫瑰红葡萄酒和汽酒。白葡萄酒等应冰镇，红葡萄酒用酒篮。佐餐酒的饮用规则是"红肉配红酒，白肉配白酒"。海鲜类的食物要与冰镇的白葡萄酒搭配；各种猪羊牛肉与肉排要与红葡萄酒搭配。

（3）甜食酒，一般是在佐助甜食时饮用的酒品。其口味较甜，常以葡萄酒为基酒加葡萄蒸馏酒配制而成。主要品种：雪莉酒（Sherry）、波特酒（Port）、玛德拉（Madeira）、玛萨拉（Marsala）。

（4）餐后甜酒又叫利口酒（Liqueur），是餐后饮用的，是糖分很多的酒类，人喝了之后有帮助消化的作用。这类酒有很多种口味，原材料有两种类型：果料类和植物类。制作时用烈性酒加入各种配料（果料和植物）和糖配制而成。主要品种：本尼狄克丁（Benedictine D. O. M）、谢托利斯（Chartreuse）、乔利梳（Curacao）、金万利（Grand Marnier）、君度（Cointreau）、薄荷酒（Creme de Menthe）。

与中餐相比，西餐中饮酒更为文雅，基本的礼仪要求是：祝酒不劝酒，敬酒不碰杯。在饮酒中应该注意的禁忌有：喝酒发出声音；劝酒或灌酒；自行为他人斟酒；喝酒乱碰杯，在西餐中只有香槟酒可以碰杯，其他的酒水都不可以碰杯；离开座位给人敬酒或与人碰杯。

### 9.3.8 西餐用餐中的5个基本要求

**1. 喝汤要区分容器**

西餐中有用盘子盛的汤，也有用杯子盛的汤。如果是盘子盛的汤需要用汤匙舀着喝；如果是杯子盛的汤，可以直接端起杯子喝。在喝汤的时候一定不能发出声音，更不要用嘴直接吹汤。

**2. 吃鱼用刀叉绝对不能给鱼翻身**

吃鱼时要使用刀叉，首先将上面一层的鱼肉吃完，然后用刀叉把鱼骨剔掉再吃下面一层，绝对不能给鱼翻身。

**3. 吃面包要用手撕**

吃面包的时候，要用手掰成小块送入口中，不可拿着整块面包去咬，更不可以用刀叉切割或用叉叉着吃。

**4. 吃煮鸡蛋要用茶匙掏着吃**

西餐中吃鸡蛋，要先拨开一个口，用茶匙掏着吃，不能把鸡蛋完全剥开用手拿着吃。

**5. 吃肉必须用刀叉，不能用手拿着吃**

吃鸡肉时应先用力把骨头去掉，不要用手拿着吃。吃其他肉或排骨时要切成小块，块不能切得太大，用叉子叉着吃。

### 9.3.9　西餐中水果的吃法

（1）香蕉的吃法：吃香蕉时要把半寸左右的头尾先切掉；用刀剖开香蕉皮，用刀把皮拨开自左至右逐块切开吃；吃完后要把香蕉皮复原。

（2）苹果的吃法：左手按住苹果，用刀剖半，切成四瓣或八瓣；用叉叉住削皮；用叉压住果肉，用刀剔果芯；最后切成适口大小再吃。

（3）橘子的吃法：将橘蒂朝下，用手掰开；逐瓣取食，瓣膜则留在皮中；吃完后要合拢橘皮；翻出橘蒂朝上置放于碟内。

（4）瓜类的吃法：用叉叉住；用刀削皮；切成适口大小再吃。

（5）葡萄的吃法：用手一个一个揪下来吃；用手遮着嘴，然后把皮和核取出，整齐地放在果盘中。

## 9.4　日本料理宴请的礼仪

### 9.4.1　进包厢和入座的礼仪

吃日本料理时要脱鞋。脱鞋的正确方法是：人面朝包厢脱下鞋子；蹲坐在廊间；将鞋头朝外放；鞋子尽量往里面放，以免他人行走时不小心踢到。不可贪图方便，背对包厢将鞋子脱掉，这是不礼貌的。

日本料理以两人侧对座方式用餐。倘若为宴会性质，晚辈要比长辈先到达，切忌迟到，因为日本人十分守时。包厢式的座位则以最靠近房间内的摆设（如花瓶，壁龛）处为主位，依序类推；越接近门边的位置，则辈份越低。

### 9.4.2　吃饭时的坐姿

正式吃饭时应该是双腿跪坐，大腿压住小腿，左右脚掌交叠；不过这样坐容易疲劳，因此也可以双脚弯成倒 V 字体，斜坐在垫子上。当前台湾有改良式的包厢，就是和式桌下有方形凹槽，不习惯跪坐的人，就顺其自然将脚直放。

### 9.4.3　谁来点菜及点菜的顺序

如果是公司聚会，一般由下属拿起菜单，询问上司想要点什么菜。如果是商务宴请，通常是由主人来点。点菜的顺序是先点酒，接着再点基本必点的菜：生鱼片、前菜（开胃菜）、清汤、煮物、烧物，其余菜色可随情况增加。

### 9.4.4　喝酒的礼仪

首先，要注意酒杯的拿法。男性持酒杯的方法，是用拇指和食指轻按杯缘，其余手指自然向内侧弯曲。女性持酒杯的方法：右手拿住酒杯，左手以中指为中心，用指尖托住杯底。其次，要注意斟酒及方法。如果上司的酒快喝完了，女性职员或属下，应适时帮对方斟酒，无论是啤酒或者清酒；斟酒时，都由右手拿起酒瓶，左手托住瓶底；接受斟酒时，要以右手持杯，左手端着酒杯底部。再次，干杯要先帮别人斟酒。两人干杯时，必须先帮别人斟酒，然后再由对方帮自己斟，不能自己斟酒。

### 9.4.5　筷子的使用礼仪

筷子取出后，筷袋应纵排于食物左侧，或放置坐垫旁。筷子则横摆，用餐中途要将筷子放回筷枕，一样要横摆，筷子不能正对他人。这是因为古代的日本餐馆是不准携带刀具进入的，所以武士用餐时将筷子削得尖尖的以作防身，因此形成筷子不能正对他人的习惯。筷子如果沾有残余菜肴，可用餐巾纸，将筷子擦干净，不可用口去舔筷子。如果没有筷枕，就将筷套轻轻地打个结，当做筷枕使用。用餐完毕，要将筷子装入原来的筷套。

### 9.4.6　芥末怎么用

芥末的使用方法有两种：将生鱼片盘中的芥末挖一些到酱油碟子内，与酱油搅拌均匀；将芥末蘸到生鱼片上，再将生鱼片蘸酱油入食。蘸作料时应该蘸前 1/3，轻轻蘸取，不要贪多。作料少量，才能吃出鱼片的鲜度与原味。

### 9.4.7 吃生鱼片的顺序

吃生鱼片其实是有学问的，应该先由油脂较少，白肉的鱼片先食用；而油脂较丰富或味道较重，如鲑鱼、海胆、鱼卵等，则到最后食用。

# 9.5 自助餐宴请的礼仪

在大型会展活动中，自助餐也是常见的就餐方式。自助餐礼仪，泛指人们安排或享用自助餐时所需要遵守的基本礼仪规范。具体来讲，自助餐礼仪又分为安排自助餐的礼仪与享用自助餐的礼仪等两个主要的部分。

### 9.5.1 安排自助餐的礼仪

安排自助餐的礼仪，指的是自助餐的主办者在筹办自助餐时规范性做法。一般而言，它又包括食物的准备、客人的招待、备餐的时间、就餐的地点等 4 个方面的问题。

**1. 食物的准备**

一般而言，自助餐上所备的食物在品种上应当多多益善，菜品上最好能够做到中西兼顾、花样齐全。具体来讲，一般的自助餐上所供应的菜肴大致应当包括冷菜、汤、热菜、点心、甜品、水果及酒水等几大类型。在准备食物时，务必要注意保证供应，在一般情况下，自助餐所供应的食物不宜出现短缺。同时，还须注意食物的卫生及热菜、热饮的保温问题。

**2. 客人的招待**

自助餐对于东道主来说，具有方便省心的特征；但这并不意味着主人可以不用招待客人，相反招待好客人，是自助餐主办者的责任和义务。具体地说，有以下几个方面。① 要照顾好主宾，如陪同其就餐，与其进行适当的交谈，为其引见其他客人。② 要充当引见者。自助餐给就餐者提供了自由交际的机会。在自助餐就餐期间，主人一定要尽可能地为彼此互不相识的客人多创造一些相识的机会，并且积极为其牵线搭桥，充当引见者，即介绍人。③ 综合调配服务人员为就餐者服务，服务人员人手不够时，主人还要亲自为客人服务。

**3. 备餐的时间**

依照惯例，自助餐大都被安排在各种正式的商务活动之后，作为其附属的环节之一，而极少独立出来，单独成为一项活动，因此自助餐的时间通常要受到正式商务活动的限制。根据惯例，自助餐的用餐时间不必进行正式的限定。只要主人宣布用餐开始，大家即可动手就餐。在整个用餐期间，用餐者可以随到随吃，大可不必非要在主人宣布用餐开始之前到场恭候。在用自助餐时，也不像正式的宴会那样，必须统一退场，不允许"半途而废"。用餐者只要自己觉得吃好了，在与主人打过招呼之后，随时都可以离去。通常，自助餐是无人出面正式宣告其结束的。

**4. 就餐的地点**

选择自助餐的就餐地点，大可不必如同宴会一样正式。重要的是，它既能容纳下全部就餐之人，又能为其提供足够的交际空间。按照正常的情况，自助餐安排在室内外进行皆可。它大多选择在主办单位所拥有的大型餐厅、露天花园之内进行。有时亦可外租、外借与此相类似的场地。

## 9.5.2　自助餐的用餐礼仪

自助餐虽然形式自由，但在用餐时也不能过分随意，要遵循基本的礼仪规范。

**1. 先了解菜品供应情况**

在吃自助餐时，应先巡视一下全场，做到用餐前心中有数：这个现场能提供什么食物，冷的有什么，热的有什么，哪些食物是自己喜欢的，再酌情加以取舍。

**2. 排队取餐**

在取菜的时候应遵守公共秩序，讲究先来后到，不应该出现强夺、乱挤、加塞等不文明行为。在排队的时候应与前后人保持一定的距离，取菜时要从速，不要挑三拣四。

**3. 循序取菜**

通常情况下，自助餐的取餐与正常桌餐的上菜顺序保持一致，先取凉菜，再取热菜，接着取点心、甜品或水果。取餐时，切勿乱七八糟乱取一气。

**4. 少取多次**

少取多次是自助餐取菜最基本的礼数。享用自助餐要量力而行，切忌贪多，选取过量而又无力消化导致浪费是自助餐上的失礼表现。

**5. 要利己利他**

自助餐礼仪中还强调自我照顾和照顾他人。在吃东西时不要发出声音，现场不能吸烟，当众不能化妆。此外，在自助餐上还要善于照顾好别人，适当地介绍菜肴，但不能向别人摊派菜肴。

**6. 适度交际**

任何宴会，吃饭只是形式，社交才是真正的内容。吃自助餐时不能埋头猛吃，要利用机会，及时而适当地与周围就餐者进行结交认识。

自助餐用餐时还应注意的其他礼仪细节有：取餐不要用个人筷子取餐；不要站在餐台取餐的位置上品尝；不要乱丢乱扔废弃物；不要把用完的餐具乱放在餐桌上。

思 考 题

1. 欧美人"六不食"指的是什么？
2. 宴请的常见形式有哪些？
3. 中餐的桌次和座次安排礼仪规范有哪些？
4. 中餐八大菜系的代表菜有哪些？
5. 西餐的主要类型及其代表菜有哪些？
6. 西餐点菜技巧及上菜顺序有什么要求？
7. 西餐餐具使用的礼仪规范有哪些？
8. 中餐与西餐的主要区别有哪些？
9. 中餐与日本料理有哪些区别？
10. 用自助餐须遵循哪些礼仪规范？

# 第 10 章　社交活动礼仪

【学习目标】认识到社交活动对会展正式活动的促进作用；了解主要社交活动的类型；掌握常见社交活动的基本常识；掌握常见社交活动组织与参加的礼仪规范。

【主要内容】饮茶礼仪、咖啡礼仪、鸡尾酒会礼仪、参观访问礼仪、唱歌跳舞与剧院观看礼仪、高尔夫与保龄球活动礼仪。

会展人员在实际工作中，除了正式的交流与洽谈外，还会通过安排娱乐活动的方式来加深双方的了解和增进双方的感情，从而促进双方合作的达成和开展。在实践中，这些方面的娱乐活动通常包括参观访问、文化娱乐、体育活动等。会展人员除了会展实务技能之外，还应了解这些娱乐活动方面的礼仪规范和常识。

## 10.1　喝茶、喝咖啡的礼仪及鸡尾酒会的饮酒礼仪

除了正式的商务宴请之外，会展人员还经常与客户在茶楼、咖啡厅举行非正式的沟通与交流，同时也会组织与参加鸡尾酒会的社交活动。这一方面的礼仪常识也需要有所涉猎。

### 10.1.1　喝茶的礼仪

**1. 茶的类型**

（1）绿茶。绿茶是不经过发酵的茶，即将鲜叶经过摊晾后直接下到一二百度的热锅里炒制，以保持其绿色的特点。名贵品种有龙井茶、碧螺春茶、黄山毛峰茶。

（2）红茶。红茶与绿茶恰恰相反，是一种全发酵茶（发酵程度大于 80%）。红茶的名字得自其汤色红，名贵品种有祁红、滇红、英红等。

（3）黑茶。黑茶原来主要销往边区，像云南的普洱茶就是其中一种。普洱茶是在已经制好的绿茶上浇上水，再经过发酵制成的。普洱茶具有降脂、减肥和降血压的功效，在东南亚和日本很普遍。

（4）乌龙茶。乌龙茶也就是青茶，是一类介于红绿茶之间的半发酵茶。乌龙茶在六大类茶中工艺最复杂费时，泡法也最讲究，所以喝乌龙茶也被人称为喝功夫茶。名贵品种有武夷岩茶、铁观音、凤凰单丛、台湾乌龙茶。

（5）黄茶。著名的君山银针茶就属于黄茶，黄茶的制法有点像绿茶，不过中间需要闷黄三天。

（6）白茶。白茶则基本上就是靠日晒制成的。白茶和黄茶的外形、香气和滋味都是非常好的。名贵品种有白豪银针茶、白牡丹茶。

以上是茶叶的基本类型，在基本茶的基础上经过综合加工，还可以形成再加工茶。再加工茶主要是添加其他材料制成，比较常见的有各种药茶和花茶，药茶是添加各种中药药茶；花茶则是添加各种花香。

**2. 喝茶的座次礼仪**

按照茶道文化，喝茶的座次安排大有讲究。其基本的座次安排应遵循如下礼仪。

（1）遵循中国传统上"以左为尊"的座次礼仪。主人的左手边是"尊位"。顺时针旋转，由尊到卑，直到主人的右手边，不论茶桌的形式如何，这个是不变的铁律。

（2）尊位的第一顺序为：老年人、中年人，比自己年纪大的人。其中师者、长者为尊，如果年龄相差不大，女士优先坐尊位。

（3）喝茶时忌讳"对头"坐。就是头对头和主人面对面地坐。只有和主人两个人时尤其忌讳坐"对头"，知礼的客人应该做主人右边的"卑位"。在现代社会这一忌讳已很少有人知道。

**3. 喝茶的基本程序**

在较为讲究的场合，喝茶的基本程序如下。

（1）嗅茶，是指主客坐定以后，主人取出茶叶，主动介绍该品种的特点、风味，客人则依次传递嗅赏。

（2）温壶，是指先将开水冲入空壶，使壶体温热。然后将水倒入"茶船"——一种紫砂茶盘。

（3）装茶，用茶匙向空壶中装入茶叶，通常装大半壶。切忌用手抓茶叶，以免手气或杂味混淆。

（4）冲茶，右手拿暖瓶，暖瓶提手归向把手一边，左手带小毛巾。往高杯中倒水、续水，应用左手的小指和无名指夹住高杯盖上的小圆球，用大拇指、食指和中指握住杯子，从桌上端下茶杯，腿一前一后，侧身把水倒入杯中。

（5）品茶，即茶泡好之后，主人把茶倒到茶杯或茶盅中，主客相互礼让，呷上一口，慢慢回味。

### 4. 品茶中的常见礼仪

（1）鞠躬礼，分为站式、坐式和跪式三种。根据行礼的对象分成"真礼"（用于主客之间）、"行礼"（用于客人之间）与"草礼"（用于说话前后）。站立式鞠躬与坐式鞠躬比较常用，其动作要领是：两手平贴大腿徐徐下滑，上半身平直弯腰，弯腰时吐气，直身时吸气。弯腰到位后略作停顿，再慢慢直起上身。行礼的速度宜与他人保持一致，以免出现不协调感。"真礼"要求行九十度礼，"行礼"与"草礼"弯腰程度较低。在茶会上比较常见的是坐式与跪式鞠躬礼。

（2）伸掌礼，是品茗过程中使用频率最高的礼节，表示"请"与"谢谢"，主客双方都可采用。两人面对面时，均伸右掌行礼对答。两人并坐时，右侧一方伸右掌行礼，左侧一方伸左掌行礼。伸掌姿势为：将手斜伸在所敬奉的物品旁边，四指自然并拢，虎口稍分开，手掌略向内凹，手心中要有含着一个小气团的感觉，手腕要含蓄用力，不致显得轻浮。行伸掌礼同时应欠身点头微笑，讲究一气呵成。

（3）叩指礼，是从古时中国的叩头礼演化而来的，叩指即代表叩头。早先的叩指礼是比较讲究的，必须屈腕握空拳，叩指关节。随着时间的推移，逐渐演化为将手弯曲，用几个指头轻叩桌面，以示谢忱。

（4）凤凰三点头。用手提壶把，高冲低斟反复三次，寓意向来宾鞠躬三次，以示欢迎。高冲低斟是指右手提壶靠近茶杯口注水，再提腕使开水壶提升，此时水流如"酿泉泄出于两峰之间"，接着仍压腕将开水壶靠近茶杯口继续注水。如此反复三次，恰好注入所需水量，即提腕断流收水。

### 5. 喝茶的禁忌

在喝茶的过程中，会展人员要注意的礼仪禁忌有：慢慢品茶忌牛饮；喝茶不要吐茶；捞茶或吃茶；茶壶嘴正对他人；沏茶过满；喝茶期间反复劝茶。

## 10.1.2 喝咖啡的礼仪

### 1. 咖啡的种类

根据咖啡制作的工艺及饮用时添加辅料的类型，咖啡通常分为以下6类。

（1）黑咖啡，即在饮用时既不加糖，也不加牛奶的纯咖啡。这种咖啡化解油腻的效果比较好，在正式的西餐中，通常以黑咖啡压轴。在西方，上流社会的权贵们仍以喝黑咖啡来标榜自己。

（2）白咖啡，即在饮用时加牛奶或牛奶制品，不加糖。这种咖啡喝法法国人比较喜欢，所以又称之为法国白咖啡。它在许多非正式场合也比较常见。

（3）浓黑咖啡，是以特殊的蒸汽加压的方式制成的，又称意大利浓黑咖啡，饮用时可以加茴香酒，但不宜多饮。

（4）浓白咖啡，又称意大利浓白咖啡，是加了奶油或奶皮制成，又浓又稠，可以加柠檬汁。

（5）爱尔兰式咖啡，它的最大特点是在饮用时加了威士忌，味道比较浓烈，刺激提神。

（6）土耳其咖啡，既不是蒸馏式的也不是冲泡式的，而是用很细的土耳其咖啡粉，加冷水，用长勺小锅以小火慢煮至沸腾煮出。它的特点是没有去除咖啡渣，又苦又浓，深受中东人民喜欢，又被称之为阿拉伯式咖啡。

**2. 喝咖啡的礼仪细节**

（1）正确端拿咖啡杯。在一般场合下咖啡都是用袖珍型的杯子来盛。这种杯子的杯耳较小，手指无法穿出去。咖啡杯的正确拿法，应是拇指和食指捏住杯把再将杯子端起。端拿咖啡杯的禁忌是满把握住咖啡杯或用手指穿过杯耳端杯子。

（2）正确使用咖啡匙。咖啡匙是专门用来搅咖啡的，饮用咖啡时应当把它取出来。在喝咖啡时，咖啡匙的使用有三个不许：不能用咖啡匙舀喝咖啡；不能把咖啡匙竖在杯中；不能用咖啡匙捣碎杯中方糖。

（3）杯碟要配套使用。盛放咖啡的杯碟都是特制的。它们应当放在饮用者的正面或者右侧，杯耳应指向右方。饮咖啡时，可以用右手拿着咖啡的杯耳，左手轻轻托着咖啡碟，慢慢地移向嘴边轻啜。添加咖啡时，不要把咖啡杯从咖啡碟中拿起来。

（4）给咖啡加糖要区分情形。咖啡中加的糖分为砂糖与方糖两种类型。砂糖可用咖啡匙舀取加入杯内；方糖可使用糖夹子，先把方糖夹在咖啡碟的近身一侧，再用咖啡匙把方糖加在杯子里。如果直接用糖夹子或手把方糖放入杯内，有时可能会使咖啡溅出，从而弄脏衣服或台布。

（5）喝咖啡的举止要文雅。咖啡太热可用咖啡匙在杯中搅拌使之冷却，不能直接用嘴吹拂；喝咖啡要慢慢品，忌大口吞咽；喝咖啡要端起咖啡杯，不宜俯首去就咖啡杯；喝咖啡时可以吃一些点心，但不要一手端着咖啡杯，一手拿着点心，吃一口喝一口地交替进行。

# 10.1.3 鸡尾酒会的饮酒礼仪

近年来，鸡尾酒会在中国也逐渐变得流行起来。这种聚会形式时尚简洁，非常方便人们交谈，它实际上是一种形式比较简单的，略备酒水、点心款待来宾的招待会。

**1. 鸡尾酒的来历**

鸡尾酒，代表酒水混合饮料的名字，起源于何时，有许多版本。流传最广的一种说法是，它起源于 18 世纪 70 年代一家用鸡尾羽毛作装饰的酒馆。一天当这家酒馆各种酒都快卖完的时候，一些军官走进来要买酒喝。一位叫贝特西·弗拉纳根的女侍者，便把所有剩酒统统倒在一个大容器里，并随手从一只大公鸡身上拔了一根毛把酒搅匀端出来奉客。军官们看看这酒的成色，品不出是什么酒的味道，就问贝特西，贝特西随口就答："这是鸡尾酒哇！"一位军官听了这个词，高兴地举杯祝酒，还喊了一声："鸡尾酒万岁！"从此便有了"鸡尾酒"这个名字。

也有人说鸡尾酒的名称来自鸡尾酒的形状。鸡尾酒是以烈性酒或葡萄酒为酒基，再配以果汁、蛋清、糖等调制而成的。这些饮料比重、颜色不同，配制在一起时，在杯子里一时难以融合在一起，而形成若干层次、色调，好像美丽的公鸡尾巴，故名鸡尾酒。

**2. 鸡尾酒会的特点**

（1）酒会以酒和冷餐为主。酒会以酒为主，有葡萄酒类、各类烈性酒、啤酒、可口可乐、矿泉水、橙汁、雪碧等常见饮料。食物是冷餐、水果、点心，通常不备热菜。

（2）不设座椅，不排位次。鸡尾酒会通常不设座椅，更不用排桌次、位次。人们手持酒杯或饮料杯，或站立，或走动，以交流为主。

（3）时间上灵活自由。出席酒会时，来宾到场与退场的时间一般掌握在自己手中，完全没有必要像出席正规宴会那样，非要准时到场、退场不可。

（4）自由交际。因无席位限定，在酒会上用餐者完全可以自由自在地随便选择自己中意的交际对象，自由组合，随意交谈。这样一来，就不必非与不喜欢的人进行周旋了。

**3. 鸡尾酒会的饮酒礼仪**

（1）初次饮用要尝试。如果是第一次饮用某种酒，最好先尝试一下，即先喝一小口，不要急着下咽，而是在口中充分品味，看是否适合自己的口味。

（2）饮酒要讲究顺序。在鸡尾酒会上饮酒的正确顺序是先从度数低的开始，逐渐升级，最后饮少许烈性酒；先喝甜的，后喝干（不甜）的；先喝白的，后喝红的。另外，西方人饮酒对酒的温度颇为讲究，如香槟酒需5℃、白葡萄酒10℃、红葡萄酒15℃，因为这些酒只有在这种温度时，口感才最好。

（3）喝酒要适可而止，避免劝酒、灌酒。忌酒、戒酒者可如实告人，如穆斯林，可以饮料代酒与人干杯。如拒绝饮酒时，不能把酒杯反扣在桌上，因为这是失礼行为。

（4）注意握杯的姿态。饮用常温酒，手可握杯身；而饮用带冰块的酒、鸡尾酒或其他冰镇酒，就不能手握杯子的盛酒部分，而是手持酒杯杯脚，以免让适温斟上的酒变热，影响酒的口感。另外，在鸡尾酒会上通常都是左手握杯，这样右手可随时和交往对象握手。

# 10.2　参观访问礼仪

参观访问是指有计划、有准备地对特定的项目、景点、场所进行实地考察。在繁忙紧张的会议、会谈、展览活动之余，安排一些参观访问和游览，可以起到放松娱乐、开阔眼界、陶冶情操的作用。

## 10.2.1　组织参观访问的礼仪

（1）事先了解客人的需要。为了使参观访问收到较好的效果，首先，必须根据来访外宾的情况，选择好参观访问的项目和路线。其次，根据来访者的专业、兴趣、爱好与愿望，安排相应的参观项目和参观场所。

（2）参观访问项目尽可能与业务会谈相配合。例如，会谈中涉及某些合作项目，而参观某相关单位可有助于对情况和问题的了解。

（3）参观访问的行程要事先安排妥当。在确定参观访问项目或场所后，要事先接洽妥当；对于参观活动期间的休息、用餐、介绍情况、座谈、陪同、导游等，事先都应作出妥善的安排。对年老体弱的外宾，不宜安排过于辛苦劳累的参观项目。

（4）参观访问不要影响被参观单位的正常工作秩序。参观工农业项目人数不宜太多；尤其是陪同人员不宜过多，现场不要围观，也不要在现场逗留太长时间，更不要长时间的同工作人员攀谈。

（5）为参访客人精心准备礼品。工作人员在组织参观时，可结合参访项目或场所精心准备礼品，留作纪念。

## 10.2.2　项目参观访问的礼仪

（1）要精心选择项目。项目选择有针对性，参观项目的选择要与自己的业务工作相关，有助于自己工作的开展。项目选择要量力而行，在安排参观项目时，应同时兼顾费用的高低、时间的长短、路途的远近及当时工作繁忙的具体程度。

（2）精心做好参观准备工作。参观前应制订专门的计划；计划制订后向全体参观人员进行传达；对参观项目的历史、现状、发展前景进行了解；对全体参观人员进行详细的分工；为东道主预备具有纪念意义的礼品，以酬谢对方的接待。

（3）参观访问严格按照计划进行。在计划的时间内进行参观访问；按照接待人员指示的路线进行参观访问；遵从接待人员提出的要求携带物品；录像、录音和拍照等行为事先征询接待人员的意见。

## 10.2.3　旅游观光的礼仪

（1）爱护旅游景点的一砖一瓦、一草一木。山川名胜和历史古迹是不可再生的宝贵的自然资源和文化遗产，应倍加珍惜。不要触摸珍贵的文物展品，不要在建筑物上乱刻、乱画，不能戏弄旅游景点的动物，不用树木为承重载体做各种运动，不采折花卉、践踏草地。

（2）维护环境整洁。游客在旅游观光时，都有维护环境整洁的责任与义务，在需要静谧观赏的地方，不要随意大声喧哗、嬉笑打闹。在外野餐之后，一定要将垃圾收拾干净，集中丢弃在垃圾箱或垃圾点，不可信手丢弃，更不要随地便溺。不污染景点内的水资源，尽量保持水域的环境卫生。

（3）以礼相待，主动谦让。旅游途中，如走在狭窄的曲径、小桥、山洞时，要主动给老弱妇孺让道，不争先抢行。如果不小心冒犯了他人，应及时致歉，不要与之发生纠纷。如果是随团队旅游，一定要听从导游的安排，应征得导游同意方可离队；在自由浏览时不可玩得忘乎所以而误过归队时间。

（4）遵守公共秩序。不要独自前往禁行之处"探险"。购票或观看某景点的人较多时，要自觉排队，不要前拥后挤，制造混乱。

（5）注意个人形象，不伤风化。游山玩水时服饰可舒适自然，运动装、休闲装皆可，但不要赤身露体，有碍观瞻；不要围观、尾随陌生人；情侣、夫妻举止不要过于亲昵。所到之处要入乡随俗，尊重当地的风俗习惯和一些宗教戒规。

### 10.2.4  参观博物馆、美术馆的礼仪

（1）言行举止要文明。博物馆、美术馆是文化气息比较浓厚的场所，也是提高修养与素质的场所。因此，在参观这些场所时应注意言行，时刻保持文明、有序参观，为自己也为他人创造良好的参观环境。

（2）听从工作人员的参观安排。当观众较多时，场馆工作人员会采取相应措施控制人流。这时就需要大家互相体谅，按照工作人员的指挥有序排队领票、参观及体验各种动手项目，以免发生不必要的争执和妨碍其他观众参观。

（3）不要随意碰触展品。由于体量较大，或博物馆为方便观众能更直观地观察，部分展品裸露展出，未加装玻璃罩等防护措施。观众不应随意触摸或攀爬这些展品，以免造成它们的污损，影响其他观众参观。

（4）不要随意拍照、录像。个别展览的展品因版权原因，不允许观众进行拍照；特别是一些临时展览和引进展览，主办方一般都会明确提出不允许对参展展品进行拍照、录像。有些展品因为材料特殊，如书画、古籍善本、织绣品等文物，都很"怕光"，在强光的照射下，会加速它们的"衰老"，甚至形成永久性的损坏。对于博物馆、美术馆明确提出禁止拍照、录像的场所，观众要自觉遵守。

## 10.3  文化娱乐活动礼仪

### 10.3.1  舞会礼仪

在各式各样的社交聚会当中，舞会无疑是最受欢迎的了。舞会一般是指以参加者自愿相邀共舞为主要内容的娱乐性社交活动。优美的音乐、柔美的灯光、翩翩的舞姿，参与人员可以从容自在地进行交流与交谈。

**1. 舞会的组织礼仪**

（1）选择合适的时间。舞会的成功，首先要考虑时间因素。舞会举办要师出有名，具体时间的选择要便于绝大部分被邀请者参加，可优先考虑周末或节假日；舞会开始的具体时间要考虑和其他活动的有机衔接，不能让参加者感到时间太仓促；舞会举办的时间不宜过长，通常以 2 个小时为宜。

（2）选择合适的场地。场地分为举办地点与舞池条件。场所的选择要考虑舞会举办的目的、经费等因素。舞池要尽量选择专供跳舞的地方，要考虑舞池的大小、灯光和音响条件。如果能有乐队伴奏则效果更好。

（3）提前邀请来宾。舞会确定后要提前邀请来宾，最好能在一周之前邀请来宾；来宾的邀请数量要考虑到舞池的大小；在确定邀请对象时要考虑来宾的性别比例，让男女来宾大致相当。

（4）选择合适的曲目。曲目选择应遵循从众、交叉、适量和遵循惯例的原则。从众是指曲目的选择要能符合大多数参与者的需要；交叉是指不同舞步的舞曲要交叉安排，避免同一舞步的舞曲连续播放；适量是指舞曲的多少要和舞会时间的长短相吻合；遵守惯例是指舞会的最后一首舞曲通常是《一路平安》，这一惯例应遵守。

（5）做好招待工作。公司举办舞会要选择一位有文艺特长、能调动现场气氛的主持人；在进入舞池前要配备必要的工作人员为来宾提供引导和介绍服务；舞会举办者在现场还要为来宾提供适量的茶点服务。

**2. 跳舞前的准备工作**

（1）遵守时间，按时到达。舞会的参加者在收到舞会举办者的邀请之后，最好能给举办者反馈，以便举办者统计参加人数。如果确定参加应按时到达，尤其是事先邀请了其他舞伴，更不要迟到。

（2）注意个人仪容。在仪容方面，舞会的参加者均应沐浴，并梳理适当的发型。男士务必要剃须，女士在穿短袖或无袖装时须剃去腋毛。特别需要强调的有两点：①务必注意个人口腔卫生，认真清除口臭；②禁食气味刺激的食物。

（3）着装要符合礼仪规范。在较为正式的舞会上，着装要正式。在我国，男士应穿西服，女士应穿套裙或连衣裙；在西方，正式舞会男士要穿黑色燕尾服配领结，女士穿晚礼服。在舞会上，一般不允许穿外套、制服或工作服，也不允许戴帽子、墨镜，穿旅游鞋和牛仔裤。对女士而言，过短、过透、过紧、过露的衣服不适合在舞会上穿，大耳环、胸针、长项链等配饰也不适合。

（4）进舞池之前也要再次整理一下妆容。在正式进入舞池之前，舞会参加者最好先去洗手间或化妆间整理一下个人妆容，妆容出现残破，应及时补妆。

**3. 邀请跳舞的礼仪**

（1）男士应邀请同来的女伴跳第一支舞。按照惯例，男士携带女伴参加舞会，第一首曲子一定要邀请同来的同伴。

（2）男士应主动邀请女士跳舞。在舞会上，主动邀请女士跳舞是绅士风度的表现。

（3）女士亦可主动邀请上级、长辈跳舞。在舞会上，女士亦可主动邀请职务较高、年龄较长的男性跳舞。

（4）邀请女士跳舞要征询其身旁家人、舞伴的意见。男士在邀请女士跳舞时，不仅要征得女士本人的同意，还应礼貌性地征询其身边家人或舞伴的意见。

（5）多人邀请一人跳舞要礼让。如果遇到多人邀请一个女士跳舞的情形，邀舞者要相互礼让，女士一般应遵循先来后到的原则接受第一位邀舞者。

（6）家庭舞会一定要邀请主人跳舞。

**4. 共舞的基本礼仪**

（1）进舞池男士应让女士先行。女士同意男士邀舞后，男士应优雅地做出"请"的动作，让女士先进入舞池。

（2）舞伴之间要保持适当的距离。男女共舞时，男士左手轻扶舞伴的后腰（略高于腰部），右手轻托舞伴的右掌，身体之间要保持适当的距离，男士不能故意和女伴贴得太近。

（3）目光要柔和，避免长时间直视。在共舞时，目光不能长时间盯在舞伴身上，尤其不要长时间盯在舞伴的某一个部位上。

（4）跳舞逆时针绕行避免直行。跳舞的行进路线要与其他人相协调，避免直行与他人碰撞。

（5）男士跳舞舞兴要控制。难度较大、节奏较快的舞步要考虑女伴的能力和意愿。

（6）碰撞、脚踩别人要赶紧道歉，不能与他人争执、吵闹。

（7）舞曲结束，礼貌送女士回原位。跳舞要有始有终，舞曲终了，男士要送女士回原位并表示感谢。

（8）乐队伴奏要向其鼓掌致意。如果现场是乐队伴奏，一曲终了，要鼓掌行注目礼，向乐队表示感谢。

**5. 跳舞的禁忌**

在跳舞时应尽量避免以下行为：仪表邋遢，着装不适合；男士不照顾同行的女伴；男士舞技不熟频频邀请陌生舞伴；连续邀请同一个舞伴跳舞；同性共舞或单独跳舞；拒绝邀舞太直白；多人争抢舞伴；跳舞轻浮鲁莽；跳舞没做到善始善终。

## 10.3.2　歌厅唱歌的礼仪

去歌厅唱歌娱乐，也是会展人员招待客户的常见活动。具体有以下几个方面的礼仪常识。

**1. 选择正规的歌厅**

会展人员组织唱歌娱乐时，要选择设备完善、环境条件好、服务到位的正规歌厅，避免黑歌厅或有"三陪"等色情服务的歌厅。

### 2. 点歌要礼让有序

无论在公共大厅点歌还是在包厢里点歌，都要遵守"先来后到"的顺序，并要注意礼让他人。点歌时要避免争先恐后，唱歌时也不要加塞儿。

### 3. 别人唱歌时要有礼貌

当别人唱歌时，要洗耳恭听。当别人唱得好时，要鼓掌示好；当别人飙歌失败时，要适当安慰，给别人台阶，不要起哄喝倒彩。

### 4. 自己唱歌要有风度

当自己唱歌时，态度要端正，认真投入；不随意乱改歌词、曲调；唱歌不要忘乎所以，更不要张牙舞爪；不要当麦霸，连续演唱；如果唱得不好要果断停掉并向大家表示歉意。

### 5. 交往尊重异性

在歌厅进行娱乐活动时，必须始终对在场的异性表示尊重。与熟悉的异性相处不开过火的玩笑，不要动手动脚；与不熟悉的异性交往，要尊重对方的意愿，切莫死缠烂打。

## 10.3.3　剧院观看礼仪

对会展人员来说，邀请同事或客户一起观看戏曲、歌剧、话剧表演，也是社交活动的重要形式。在剧院观看演出的时候，应遵循以下礼仪规范。

### 1. 要提前到场

去剧院观看演出，一定要提前到场。尤其是组织者，最好能提前半小时到场，给其他人员提供帮助。观看人员也尽量提前到场，并在演出开始前进入安静观看状态。如果迟到，不要贸然进入，以免影响其他人员观看。如果是话剧或歌剧，可选择在幕间进入座位。

### 2. 不要弄出响声

在演出开始前合理调整手机；避免带发响的塑料袋、纸袋，更不要在演出过程中翻动这些物品引起令人讨厌的响声；避免经常交头接耳或其他动静。

### 3. 不要随便走动

除了幕间和特殊情况外，在演出期间不要随便站立，更不要随便走动。

### 4. 鼓掌、叫好要符合规范

交响乐在乐章停顿时不能鼓掌，歌舞剧在幕间可以鼓掌，观看传统戏曲、相声可叫好，但不要起哄。

**5. 退场要有礼貌**

除非特殊情况，观看表演不能提前退场。演员谢幕时要起立并鼓掌致谢。

# 10.4　体育活动礼仪

## 10.4.1　打高尔夫球的礼仪

在现代社会，打高尔夫球已成为许多商务人员热衷的一项运动，也是许多公司进行交际的重要形式。在正规的高尔夫俱乐部打球，要懂得以下礼仪常识。

**1. 着装要规范**

正规的球场对着装都有要求，有领有袖的恤衫和棉质的休闲长裤是男士的常见选择，女士着装也不要过分随意。打球要穿带有胶钉的高尔夫专用球鞋，这样有助于保护草坪。效仿高尔夫职业球员的穿着是最稳妥的做法。

一般情况下，圆领汗衫、吊带背心、牛仔系列服装、超短裙、过短短裤等不适合打高尔夫球。第一次去某个球场打球，最好先打个电话询问俱乐部对球员下场打球的服装是否有特殊规定。

**2. 将安全放在首位**

高尔夫球也是一项有一定危险性的运动，在球场上，既要考虑自身的安全，也要考虑身边球员的安全。

在球场走动时要注意自身安全，观察是否有别人挥杆。自己挥杆时不要对着有人的地方击球或练习空挥杆，以免击出的球或无意间打起的石块、树枝和草皮打中别人。

紧随前一组打球距离要适中。一定要在前一组所有球员都离开击球距离范围之后再开始打球，以免打中前面一组球友。如有必要，可使用"前面当心"警告用语来提醒前一组的球友。

**3. 打球时保持安静**

打高尔夫球需要集中精力。因此当其他选手正在进行准备或挥杆时，保持安静是必需的礼仪。球场上的交谈要压低声音，尽量不影响同组的其他球友，切忌大声喧哗、吵闹和嬉戏。在球场上也切忌急促地跑动，这会引起其他球员分心和烦躁，必要时应尽量轻步快走。

**4. 专心打球，重视效率**

（1）击球之前做好充足准备。不要等轮到时才开始考虑用哪根球杆，或决定是直接打过水还是对着水障碍区前方打保险球，最好趁别人击球时提前考虑周全。

（2）让准备好的球友先打。不是比赛或在其他正式场合，那么同组球友之间打球时要相互谦让，可以让准备好的同组球友先打。

（3）每次击球之前只做一次挥杆练习。如果每场球打 120 杆，每次都额外用 30 秒钟多做一次挥杆练习的话，整场球打下来就要多花 1 小时。

（4）紧随前面一组球员。当他们离开果岭时，就应该做好击球准备。不用介意后面一组会不会赶上，只要与前一组保持合适的距离和打球速度就行了。

（5）打球较慢时让后一组的球友先行。当与前一组之间已经空出一洞以上的时候，说明打球速度较慢。如果觉得后面的一组追得很紧，可能希望先行通过，应主动询问并提供方便。

（6）拣球不要花费太长时间。按照惯例，拣球最好不要超过 2 分钟。如果觉得球比较难找，应主动放弃；如果执意要找，应示意后一组先行通过。

**5. 球场驾车要符合规范**

90°驾车规则。该规则要求球车主要在车道上行驶，到达与落球点平齐的位置后，转弯 90°直角，横穿球道直接开到球位旁，击球后按原路开回球道，继续向前行驶。实行 90°规则既能让球员开车到球位旁，又能最小限度地损伤球道的草。

驾车要注意安全。行车时应时刻关注周围的打球者，一旦发现有人正准备击球，就必须停下来，等到他击球之后再继续行驶。

驾车要注意安全，避免发出较大的噪声。

在任何球场，球车、手拉车都严禁开（推）上果岭和发球区。

**6. 爱护草皮和球场**

练习挥杆时，球员应注意避免削起草皮损伤球场，在发球区时尤为如此。

放置旗杆或球杆袋时不伤及球洞区。球员及其球童在靠近球洞站立时、扶持旗杆时或将球从洞中取出时，应注意避免损伤球洞。球员在离开球洞区之前应将旗杆正确地放回球洞中。球员不得倚靠推击杆而损伤球洞区，特别是将球从球洞中取出时更应注意。

离开沙坑之前，球员应将他在沙坑内造成的所有坑穴和足迹仔细地修整复原。将被切削起的草皮放回原处；修复球痕和钉鞋造成的损伤。球员应保证将他在球洞区通道上切削或打起的草皮放回原处并压平，取球对球洞区造成的损伤也应认真予以修复。

## 10.4.2　打保龄球的礼仪

打保龄球也是公司员工聚会、招待客户的重要运动形式。在打保龄球时，应注意以下礼仪规则。

**1. 提前预订球道**

保龄球馆的球道都有固定数量，邀请别人打球时最好能够提前预订，确保到达球馆后马上就能打球，避免现场排队等候。

### 2. 上场前更换鞋袜

打保龄球要提前更换自己的鞋袜。打球者要提前更换一双干净整洁、无异味无残破的袜子，这样可避免换鞋时的尴尬。为了保护球道，打球要穿专用的保龄球鞋，球鞋可自带也可租赁，不允许以其他类型的运动鞋充当。

### 3. 打球要保持安静

保龄球是一项室内运动，打球要尽量保持安静。在球馆内，不要大声喧哗、打手机或吵闹，打出好球时可欢呼鼓掌，但要适可而止。别人打球时最好不要与之攀谈，以免分散别人注意力。

### 4. 掷球要遵循规则

掷球时应选用自己选定的同一个球，不要错拿别人选定的球；不能在助走道之外掷球；掷球时不要越过犯规线；不要侵占别人正在使用的球道；掷完球后应转身返回球员席，不要在球道或助走道上滞留，以免影响他人。

### 5. 友谊第一，比赛第二

保龄球运动有一定的竞争性，比赛的分数难免有高低之分，但公司组织的保龄球赛主要是以休闲、娱乐为目的，不要太看重分数，更不要为了证明自己的能力而与别人一决高下。

思 考 题

1. 中国喝茶的主要礼节有哪些？禁忌有哪些？

2. 喝咖啡有哪些礼仪细节？

3. 在鸡尾酒会上饮酒有什么礼仪规范？

4. 参观访问有哪些常见的类型？其礼仪细节有哪些？

5. 跳舞的基本礼仪规范及禁忌有哪些？

6. 打高尔夫球要遵循哪些基本的礼仪要求？

# 第 11 章　世界主要会展国与
## 客源国的礼仪概述

【学习目标】认识到文化差异对礼仪规范的影响；了解世界上主要会展国与客源国的文化习俗和礼仪禁忌。

【主要内容】亚洲主要国家的礼仪习俗、欧洲主要国家的礼仪习俗、美洲主要国家的礼仪习俗、大洋洲与非洲主要国家的礼仪习俗。

会展行业是一个国际化程度比较高的行业，对于会展人员来说，接待外国客户、出国参展都已经相当普遍。不同国家、不同地区由于历史传统、宗教文化、社会环境与生活方式的不同，形成了各自不同的礼仪习俗。会展人员如果不了解这些跨国、跨地区的礼仪习俗，很可能在会展交往中出现一些尴尬、麻烦，甚至纠纷。了解异国文化差异、尊重对方的礼仪习俗，是获得对方好感，建立信任与合作关系的重要捷径。

## 11.1　亚洲主要国家的礼仪习俗

### 11.1.1　日本的礼仪习俗

日本是位于亚洲大陆东岸外的太平洋岛国。西、北隔东海、黄海、日本海、鄂霍次克海与中国、朝鲜、俄罗斯相望，东濒太平洋。领土由北海道、本州、四国、九州 4 个大岛和 3 900 多个小岛组成，国土面积约 37.78 万平方公里，现有人口约 1.2 亿。日本的国花是樱花，国鸟是绿尾虹雉，国石是水晶。

**1. 日本的特色文化**

（1）茶道，也叫做茶汤（品茗会），是一种独特的饮茶仪式和社会礼仪。现在，茶道被用于训练集中精神，或者用于培养礼仪举止，为一般民众所广泛地接受。茶道有"四规"和"七则"，"四规"即"和、敬、清、寂"，"和"即平安和谐的气氛；"敬"是尊敬长者、友人；"清"是环境清静；"寂"是达到幽闲境界。"七则"包括：茶的浓淡、水的质地、水温的高低、火候的大小、炉式和方法、煮茶的燃料和茶室的布置、插花等。

（2）花道，作为一种在茶室内再现野外盛开的鲜花的技法而诞生。因展示的规则和方法的不同，花道可分成20多种流派，日本国内也有许多传授花道各流派技法的学校。另外，在宾馆、百货商店、公共设施的大厅等各种场所，可以欣赏到装饰优美的插花艺术。

（3）相扑，来源于日本神道的宗教仪式。人们在神殿为丰收之神举行比赛，盼望能带来好的收成。在奈良和平安时期，相扑是一种宫廷观赏运动，而到了镰仓战国时期，相扑成为武士训练的一部分。18世纪兴起了职业相扑运动，它与现在的相扑比赛极为相似。神道仪式强调相扑运动，比赛前的踩脚仪式（四顾）的目的是将场地中的恶鬼驱走，同时还起到放松肌肉的作用。场地上还要撒盐以达到净化的目的，因为神道教义认为盐能驱赶鬼魅。

（4）歌舞伎，是日本最有代表性的传统戏曲之一。和中国的京剧一样，也是以音乐和舞蹈为中心，由台词、歌曲、武打场面等构成的综合舞台艺术。歌舞伎起源于17世纪初的一位叫做出云阿国的女性，她非常善于表演当时的社会习俗，受到人们的极大欢迎。然而，此后随着时代的变迁，歌舞伎改成了全部角色都由男性扮演，即使是女性角色也一样，这个传统一直延续到了现在。

（5）和服，是日本民族的传统服装，它是在中国唐代服装的基础上，经过1 000多年的变化改造而形成的服饰。日本和服种类繁多，男女和服差别明显。男式和服色彩比较单调，偏重黑色，款式较少，腰带较细，附属品不多，穿着方便；女式和服则比较复杂，不仅色彩缤纷艳丽，而且款式多样，穿着起来也很麻烦。穿和服时，讲究穿布袜，木屐或草鞋，还要根据和服的种类，梳理不同的发型，对腰带的结法也有不同的讲究。日本人很注意保持民族服饰传统，每逢节日或婚丧嫁娶，均根据不同的场合穿着各式不同的和服。如今的日本人在日常生活中则以穿着西装为主。在工作之余，年轻人更喜欢穿各种流行款式的时装和便装。

**2. 日本的礼仪文化**

（1）见面行鞠躬礼。日本人平时见面要互相问候，行鞠躬礼。15度是一般礼节，30度为普通礼节，45度为最尊敬礼节。初次见面，要行90度鞠躬礼。行鞠躬礼时，男士双手垂下贴腿鞠躬，女士将左手压着右手放在小腹前鞠躬，然后互相交换名片。老朋友久别重逢时则一边握手，一边鞠躬。

（2）坐榻榻米要正座。日本人对坐姿很有讲究。在公司里，日本人都坐椅子；但在家里，日本人仍保持着坐"榻榻米"的传统习惯。坐榻榻米的正确座法"正座"，即把双膝并排跪地，臀部压在脚跟上。轻松的座法有"盘腿坐"和"横坐"。"盘腿坐"即把脚交叉在前面，臀部着地，这是男性的坐法；"横坐"是双腿稍许横向一侧，身体不压住双脚，这常是女性的坐法。

（3）随声附和与点头称是并不表示同意。日本人有一种习惯，谈话时频繁地随声附和、点头称是。"是"、"嗯，是吗？"包括这种话语及点头俯腰姿势等，但值得注意的是，所有这一切并不全意味着"说得对"、"明白了"这种肯定含义，有些只不过是"啊，是吗？"、"有那么回事？"等，仅仅是听了对方的话之后所作出的一种反应而已。

（4）日本料理在吃上很讲究。日本料理讲究"色、形、味"，虽不讲究吃出什么滋味，但很注重"形"，所以说日本菜肴是用眼睛吃的。日本传统的烹调方式以生拌、清蒸为主，用油量非常少，因此日本料理被称为"水料理"。在日本吃料理，座次、筷子的使用、用餐方式、祝酒和饮茶、宴前宴后的言语都有较为严格的礼仪规范。

**3. 日本的礼仪禁忌**

（1）日本人不喜欢紫色，认为紫色是悲伤的色调；最忌讳绿色，认为绿色是不祥之色。

（2）日本人忌讳"4"，主要是"4"和"死"的发音相似，很不吉利；他们对送礼特别忌讳"9"，会误认为你把主人看做强盗；还忌讳 3 人一起"合影"，他们认为中间被左右两人夹着，这是不幸的预兆。

（3）日本人对送花有很多忌讳：忌讳赠送或摆设荷花；在探望病人时忌用山茶花、仙客来及淡黄色和白颜色的花。因为山茶花凋谢时整个花头落地，不吉利；仙客来花在日文中读音为"希苦拉面"，而"希"同日文中的"死"发音类同；日本人不喜欢淡黄色与白颜色花。他们对菊花或装饰花图案的东西有戒心，因为它是皇室家庭的标志，一般不敢也不能接受这种礼物或礼遇。

（4）日本人对装饰有狐狸和獾图案的东西很反感，认为狐狸"贪婪"和"狡猾"，獾"狡诈"。

（5）他们还很讨厌金、银眼的猫，认为见到这样的猫，会感到丧气。

（6）他们忌讳触及别人的身体，认为这是失礼的举动。

## 11.1.2　韩国的礼仪习俗

韩国位于朝鲜半岛的南半部，面临黄海，与中国山东省隔海相望，东濒日本海。韩国国土面积约为 9.9 万平方公里，人口约 4 854 万。韩国为单一民族，通用语为韩语。韩国的国花为木槿。

**1. 韩国的礼仪文化**

（1）思想文化受儒家思想影响深远。在礼仪方面强调长幼有序，男尊女卑。在韩国，对地位高、年龄长者、男性都要表示尊重，说话要用尊称，见面要首先问好。讲究"男尊女卑"。男女一同就座时，女人应自动坐在下座，并且不得坐得高于男子，女子不得在男子面前高声谈笑等。

（2）见面鞠躬礼和握手礼并行。韩国人在不少场合同时采用先鞠躬、后握手的方式，作为与他人相见时的礼节。韩国女性在一般情况下不与男子握手，而往往代之以鞠躬或者点头致意。同他人相见或告别时，若对方是有地位、身份的人，韩国人往往要多次行礼。行礼三五次，也不算多。个别韩国人，在这种时候，甚至会讲一句话，行一次礼。

（3）韩服是韩国的传统服饰。韩服是韩国富有民族特色的服饰，韩服的线条兼具曲线与直线之美，尤其是女式韩服的短上衣和长裙上薄下厚，端庄闲雅。如今，大部分民众在正式场合习惯穿着西服，但是在春节、秋夕等节庆日或婚礼时，仍有许多人喜爱穿传统的民族服装。女性的韩服是短上衣搭配优雅的长裙；男性则是短褂搭配长裤，而以细带缚住宽大的裤脚。上衣，长裙的颜色五彩缤纷，有的甚至加刺明艳华丽的锦绣。

（4）韩国饮食颇具特色。提起韩国美食这几个字眼，大家就会想起有名的韩式烤肉、辛辣爽口的泡菜、口感筋道的冷面及味美又补身的参鸡汤。不仅如此，说起韩国美食，还要提起的是韩国的传统饮食、宫廷料理、各地乡土料理及路边的小吃等。

（5）去韩国人家做客有讲究。进韩国人家里要脱鞋，因此一定要注意穿干净的袜子，袜子不干净或有破洞是失礼行为，被人看做没有教养。入座时，宾主都要盘腿席地而坐，不能将腿伸直，更不能叉开。在韩国吃饭不能端碗，左手要老实地藏在桌子下面，不可在桌子上"露一手儿"。敬酒讲究顺序，不能抢先出手。

**2. 韩国的礼仪禁忌**

（1）韩国人普遍忌"四"字。因韩国语中"四"与"死"同音，传统上认为是不吉利的，因此，在韩国没有四号楼、四层楼、四号房，军队里没有第四师，宴会厅里没有四桌，敬酒不能敬四杯，点烟不能连点四人。

（2）忌用左手。交接东西要用右手，不能用左手，因传统观念上认为"右尊左卑"，认为用左手交接东西是不礼貌的行为，给长辈或接长辈给的东西要双手等。

（3）忌谈论民族关系或韩日关系。韩国人的民族自尊心很强，需要对其国家或民族进行称呼时，不要将其称为"南朝鲜"、"南韩"或"朝鲜人"，而宜分别称为"韩国"或"韩国人"。在韩国，不宜谈论的话题有：政治腐败、经济危机、意识形态、南北分裂、韩美关系、韩日关系、日本之长等。

## 11.1.3  泰国的礼仪习俗

泰国全称泰王国，位于中南半岛中部，南临泰国湾和安达曼海，东部和东北部分别与柬埔寨和老挝接壤，南邻马来西亚，西部及西北部与缅甸交界，全国总面积约51.3万平方公里。泰国是一个多民族国家，有30多个民族，其中泰族约占40%，老族约占35%，现有人口6 300多万。泰国是一个佛教国家，上自王宫，下至普通百姓都普遍信佛，男子成年必须过僧侣生活，僧人穿黄衣，故人们称之为"黄衣之国"、"千佛之国"。

**1. 泰国的礼仪文化**

（1）见面行合十礼。除非在相当西化的场合，泰国人见面时不握手，而是双手合十放在胸前。行礼时双手合掌，十指并拢，置于胸前，掌尖对鼻尖，微微低头。双手合十的位置越高，所表示的敬意越深。地位低者或年纪轻者应先行礼。在面对特别尊敬的贵宾，如国王、佛僧等还要行跪合十礼或膝行礼。

（2）称呼上常用"名＋先生（女士）"。泰国人不是按姓来称呼对方，如"赵先生"、"张女士"，而是称"建国先生"、"秀玉女士"。

（3）泰国人热情友好，微笑待客，享有"微笑王国"的美誉。泰国人讲究礼仪，当有人迎面走来时，常微笑相应，并伴有略微躬身的动作。长者在座时，晚辈应坐地或蹲跪，头的高度一般不能超过长者。

（4）泰国的主要节日有：宋干节（也称为泼水节或求雨节，4 月 13 日至 16 日），是泰国最盛大的节日，家家户户大扫除，做年糕。春耕节（5 月 9 日）是泰国宫廷大典之一，国王亲自主持耕种仪式，表示该年春耕开始，并祈求风调雨顺、五谷丰登。水灯节（泰历 12 月 15 日）又称佛光节，在这一天身穿盛装的人们去河流两岸许愿、放水灯并观看河中千姿百态的水灯，它原意是答谢水神、驱灾祈福，后演变成男女求爱和祈求神佑。

**2. 泰国的礼仪禁忌**

（1）忌讳摸头。泰国人非常重视人的头部，而轻视两脚，认为头是灵魂所在，是神圣不可侵犯的，切记勿触摸别人的头，即使是摸小孩的头也不行（中国人常常因为喜爱孩子才去摸他们的头）。泰国人认为头部被他人触摸是奇耻大辱。拿着东西越过别人的头顶也不允许。

（2）忌讳对寺庙、佛像和僧人不敬。在泰国，如果对寺庙、佛像、和尚等作出轻率的举动，就被视为"罪恶滔天"。进入泰国人的寺庙，务必脱鞋，戴帽子的人也必须立刻脱去帽子。拍摄佛像尤其要小心，跨上佛像拍照有可能被判刑。在泰国不能随便议论有关寺庙、佛像和僧人的话题，更不能出言不逊、举止轻浮。

（3）忌讳对国王和王室不敬。国王和王室在泰国人心目中有着崇高的地位，对其不敬会招来泰国人的不满甚至愤怒。

（4）忌讳用左手传递东西。在泰国，左手被认为是不洁的，因此忌讳用左手给别人传递物品。交换名片，接受物品，都必须使用右手。

（5）忌讳盘腿而坐或以鞋底、脚趾对着人。无论是坐着还是站着，不要让泰国人明显地看到你的鞋底。商务谈判坐下时，千万别把鞋底露出来，因为这在泰国被认为是极不礼貌、极不友好的表示。脚除了走路之外，不可作其他用途。如用脚踢门，会受到当地人唾弃。用脚给人指东西，也是失礼。

（6）另外，泰国人绝不用红笔签名，因为按他们习惯当人死后是用红笔把他的姓氏写在棺木上的。鹤、龟、狗在泰国是忌讳的动物，不能作为图案出现在文件材料中。

### 11.1.4  印度的礼仪习俗

印度位于亚洲南部，是南亚次大陆最大的国家，与巴基斯坦、中国、尼泊尔、不丹、缅甸和孟加拉国为邻，濒临孟加拉湾和阿拉伯海。印度面积约298万平方公里（不包括中印边境印占区和克什米尔印度实际控制区等），国土面积居世界第7位。印度人口11.66亿，其中斯坦族是主要民族，约占46.3%。印度的国花是荷花和菩提树。

**1. 印度的礼仪文化**

（1）印度的宗教信仰。印度是一个多宗教的国家。印度教、佛教、耆那教和锡克教均起源于印度，伊斯兰教、基督教、犹太教等在印度都有信徒。在印度众多宗教中，印度教人数最多、分布最广、影响最大，印度现有印度教信徒8亿多。印度教徒是多神论者，他们崇拜三大神："创造神"梵天、"保护神"毗湿奴和"破坏再生神"湿婆。印度教认为人类灵魂永存，宣传因果报应和人生轮回，即所谓灵魂的转世。虔诚的印度教徒一般愿望是获得解脱，即脱离生死轮回，在一种永恒的状态之中获得安息，这种状态叫做梵我合一。印度教还主张非暴力，不杀生。

（2）印度的服饰。在印度，可以由不同的服饰和装扮，看出当地人的宗教信仰、种族、阶级、区域等。印度男性多半包有头巾，这种头巾称为Turban，有各式各样的包裹方法。印度男性多半穿着一袭宽松的立领长衫（Tunic），搭配窄脚的长裤（Dhoti）。印度妇女传统服饰是纱丽（Sari），纱丽是指一块长达15码以上的布料，穿着时以披裹的方式缠绕在身上。印度妇女擅长利用扎、围、绑、裹、缠、披等技巧，使得纱丽在身上产生不同的变化。少女常穿一件短袖、露出肚脐的紧身衣（Choli），下身是一条及地的直筒衬裙（Ghagra）。

（3）素食文化是印度饮食文化中最基本的特色。受宗教信仰的影响，吃素的人占印度人口一半以上，是典型的素食王国。印度人基本上不吃野味，印度没有野味店，不仅野味无人问津，就是鳝鱼、泥鳅、甲鱼、乌龟、蛇这些东西，印度人也不吃。至于吃狗肉、猫肉、鸽子肉等，更是想都不敢想的事。印度美食以咖喱、柠汁和飞饼为代表。

（4）印度瑜伽。瑜伽起源于印度，流行于世界，是东方最古老的强身术之一。瑜伽有一套从肉体到精神的完备的训练修持方法，分成八个阶段进行：道德首要，自身的内外净化，体位姿态锻炼，控制呼吸，控制精神感觉，集中意识于一点或一件事，冥想，静定状态，实现忘我状态。在瑜伽修炼过程中，修持者逐渐深化自己内在精神，从外到内，从感觉到精神、理性，而后到意识，最后把握自我同内在的精神融合为一，达到天人合一。

（5）见面行合十礼和拥抱礼。印度人见面常行合十礼，其礼仪规定与泰国的合十礼基本相同。印度人见面还常行拥抱礼。拥抱时彼此将双手搭在肩上，先是把头偏向左边，胸膛紧贴一下，然后把头偏向右边，再把胸紧贴一下。有时，彼此用手抚背并紧抱，以示特别亲热。

（6）摸足是行大礼。在很重要的场合，对于特别尊敬的长者用额头触其脚，吻其足，或摸其足。现在多用的是摸足礼，即先屈身下蹲，伸手摸一下长者的脚，然后再用手摸一下自己的额头，以示头脚已碰。

（7）献花环和点吉祥痣表示尊敬。尊贵客人驾到，主人要献上一个花环，戴到客人的脖子上。客人越高贵，所串的花环也越粗。点吉祥痣也是印度人欢迎宾客的礼数。每逢喜庆节日，印度人爱用朱砂在前额两眉中间涂上一个圆点。他们认为，吉祥痣可以驱邪避灾。有时，印度人为了表示隆重欢迎，不仅向宾客献上花环，而且还给客人点上"吉祥痣"。

（8）摇头肯定点头否定。在印度、巴基斯坦等南亚国家，摇头表示肯定，而点头表示否定。

**2. 印度的礼仪禁忌**

（1）印度奉牛为神圣，忌讳吃牛肉，忌讳用牛皮制品。崇拜蛇，视杀蛇为触犯神灵的举动。印度居民，尤其是女人皆不喝含酒精的饮料，锡克教（Sikhs）及袄教（Parsees）的信徒不准抽烟，回教徒则不吃猪肉。

（2）夫妻忌讳直呼对方姓名。在印度，夫妻之间忌讳直呼对方姓名。平时，妻子不叫丈夫名姓，即使在紧急时刻，即便丈夫不在面前也忌讳直呼其名。比如夫妻二人乘火车外出，途中不慎走散，妻子也不能喊丈夫的真名实姓。

（3）方向禁忌。一周之内，哪天去什么方向也有讲究，有些人对此非常重视。例如，在北印度流传这样一种说法：星期一、星期六莫去东，星期二、星期三勿北行；星期三、星期四往西者，路上必挨四耳光。在办公室和商业机构里，写字台只能放在房间的东北角或西南角。晚上睡觉忌讳头朝北，脚朝南。

（4）数字禁忌。印度教徒在施舍钱时，都是单数，如 101 卢比，1 001 卢比，5 005 卢比，总之不能是偶数。在婚嫁仪式、见面行礼上都是单数，禁忌偶数。但是在印度南方，如泰米尔纳德人却忌讳一些奇数。例如，他们认为一、三、五、七是不吉利的。

（5）言谈禁忌。与印度人交谈时，要回避有关宗教矛盾、和巴基斯坦的关系、工资及两性关系的话题。

## 11.1.5　沙特阿拉伯的礼仪习俗

沙特阿拉伯位于阿拉伯半岛。东濒波斯湾，西临红海，同约旦、伊拉克、科威特、阿联酋、阿曼、也门等国接壤。沙特的国土面积约为 225 万平方公里，但超过一半被沙漠覆盖。截至 2010 年，沙特全国总人口达到 2 713 万，其中出生于沙特本土的人口达到 1 870 万，而在沙特外籍人口则为 842.9 万，占据总人口的 30%。沙特是名副其实的"石油王国"，石油储量和产量均居世界首位。沙特是世界上最大的淡化海水生产国，其海水淡化量占世界总量的 21% 左右。

**1. 沙特阿拉伯的礼仪文化**

（1）伊斯兰教是沙特阿拉伯的国教。沙特阿拉伯全民信仰伊斯兰教，其中逊尼派穆斯林占 85%，什叶派穆斯林占 15%。沙特阿拉伯没有成文法和立法机构，伊斯兰教的"古兰经"是法律的依据。伊斯兰教的信仰主要包括理论和实践两个部分。理论部分包括信仰（伊玛尼），即信安拉、信天使、信经典、信先知、信后世、信前定（简称"六大信仰"）。实践部分包括伊斯兰教徒必须遵行的善功和五项宗教功课（简称"五功"）。所谓的五功即念"清真言"、礼拜、斋戒、天课、朝觐，简称"念、礼、斋、课、朝"。

（2）长袍服饰。沙特人喜欢白色，男子通常穿一种长袖外套，头戴一种四方形的帽子。女士一律穿黑袍，蒙头，蒙脸，穿长袖服饰，下摆盖住脚。也有人不喜蒙脸，所以不带面纱，只用头巾遮住头发。黑袍样式很多，上面机器绣花，路上女人基本都是只露眼睛。

（3）沙特主要有以下一些节日。① 开斋节，按伊斯兰教法规定，伊斯兰教历每年 9 月为斋戒月。凡成年健康的穆斯林都应全月封斋，即每日从拂晓前至日落，禁止饮食和房事等。封斋第 29 日傍晚如见新月，次日即为开斋节；如不见，则再封一日，共为 30 日，第二日为开斋节。开斋节当天要举行各种仪式，然后饱餐一顿，庆祝一个月的斋功圆满完成。② 宰牲节又称为"古尔邦节"，传说"先知"易卜拉欣夜梦安拉，命他宰杀自己的儿子伊斯玛仪勒，以考验他对安拉的忠诚。当易卜拉欣遵命举刀的一瞬间，安拉派遣特使牵着一只羊匆匆赶到现场，命以宰羊代替献子。从此在阿拉伯民族中形成了每年宰牲献祭的习俗。穆斯林在古尔邦节这天清晨沐浴更衣，到清真寺做礼拜、上坟缅怀先人。节前，穆斯林家家户户打扫干净，制作各种糕点，炸油馓子，烤馕，做新衣裳，为节日做好准备。穆斯林从清真寺做完礼拜之后，便回到家里杀牛宰羊，煮肉做饭，招待来宾。

（4）见面行吻颊礼和抚胸礼。沙特阿拉伯人见面时首先互相问候，说"撒拉姆，阿拉库姆"（你好），然后握手并说"凯伊夫，哈拉克"（身体好），然后会伸出左手放在对方的右肩上并吻双颊。有时也施行举拳抚胸礼，即人们彼此相遇时，要把右手握拳举在自己的额前，左手放在自己的心窝处，并且要说些问候和祝福的话，如早安、晚安和祝您平安、幸福之类的话语。有时候主人为表示亲切，会用左手拉着对方右手边走边说。当阿拉伯人拉着你的手在路上走时，你不要把手抽回来，和你拉手是友好的表示。

（5）沙特阿拉伯的周末和工作时间比较特殊。沙特阿拉伯的周末是星期四和星期五。所有的商行和一些办事机构将会在星期五停止办公，而有一些则在星期四就缩短了工作时间。沙特政府规定的工作时间是上午 7：30 至下午 2：30（从星期六到星期三）。斋月期间，这个时间表则改为上午 9：00 至下午 3：00。商务机构从星期六到星期三的工作时间为上午 8：00 到下午 13：00，然后又从下午 5：00 营业到晚 8：00；星期四则会在中午以前就关门。沙特阿拉伯的节假日则依据回历（希吉拉历）而定，因此每年都不一样，主要包括拉玛丹月（又称斋月，即回历第 9 个月）、先知归真节、回历新年和先知圣诞日。

（6）沙特人比较热情好客，慷慨大方。在与沙特人交往的过程中，不要随意流露对某件物品的喜欢，更不要老盯着看他的手表、衬衫链扣或其他东西，否则他会当场摘下来送给你。如果你拒绝的话，就会得罪他。

（7）沙特人时间观念不强。沙特人和其他中东地区的人们一样，时间观念比较差，约会迟到是常有的事情，因此不能在时间上苛求沙特人。另外很多事情谈完了也就忘掉了，对合同不是很重视，经常反悔，重要的事情一定要持续跟踪办理。

**2. 沙特阿拉伯的礼仪禁忌**

（1）沙特阿拉伯严禁饮酒。饮酒者如被抓住，要当众鞭责 80 下，购买酒、私酿酒或酒后开车均要处以重刑，最严厉是枭首示众。沙特所有餐馆和饭店都不供应酒类饮料。

（2）沙特人禁食猪、狗、猫、驴、马、蛇及猛禽和猛兽的肉。不愿闻到猪的气味，不愿见到猪和猪肉，甚至不愿提到猪的字眼，也不吃带壳类的海鲜，如螃蟹、扇贝等。

（3）沙特阿拉伯禁止百姓下象棋。他们认为按照国际象棋的规则，车、马、象，甚至兵卒，都可以进攻和消灭国王和王后，这其中含有煽动反对王室作用，故严禁下此类棋。

（4）沙特阿拉伯禁止娱乐活动。在沙特，无酒吧、无电影院、无夜总会，市面虽有香烟出售，但不能在公共场合、街上及主人宴会上抽烟，当地更没有抽烟的习惯。沙特阿拉伯全国禁电影、禁跳舞，禁止佩戴装饰物，还严禁一切偶像，因为崇拜偶像与伊斯兰教戒律背道而驰。

（5）对女士穿着、言行要求严格。女士不能穿短裙，不能开车；不能单独外出，外出必须由丈夫陪同；女士不能和男士握手，不能和男士同桌吃饭；男士在交往中不能随意询问对方老婆的信息，更不能给女主人送礼物。

（6）不能随便拍照。不能在沙特拍摄有关宗教方面的照片，更不能给当地女士拍照。

（7）在沙特忌谈中东政治，妇女权利及国际石油政策等话题。

# 11.2　欧洲主要国家的礼仪习俗

## 11.2.1　英国的礼仪习俗

英国的全名为大不列颠及北爱尔兰联合王国，简称联合王国（UK），由大不列颠岛上的英格兰、苏格兰和威尔士，以及爱尔兰岛东北部的北爱尔兰共同组成的岛国，还包括一些英国海外领地，隔北海、多佛尔海峡、英吉利海峡与欧洲大陆相望，陆界与爱尔兰共和国接壤。英国本土面积约 24.36 万平方公里（包括内陆水域），现有人口约 6 100 万。英国的国花是玫瑰花，国鸟是红胸鸲，国石是钻石。

**1. 英国的礼仪文化**

（1）英国人有以下方面的特征。① 英国人友好，热情，但多少有一点傲慢。② 英国人比较准时守约，讲究礼节，在正式社交场合特别注重服饰。③ 英国男人讲究"绅士风度"，英国女人严守"年龄秘密"。"女士优先"在英国已成为风气。④ 英国人不愿轻易吐露心扉，也无意打听别人的隐私，以"不管闲事"著称。⑤ 英国人不欣赏美味，不善于烹调，但却讲究席间礼仪。⑥ 英国人颇爱宠物，对马、狗、猫、鸟等动物感情很深。有"爱我就爱我的狗"之说。⑦ 天气是英国人经常谈论的话题。⑧ 英国人有付小费的习惯。

（2）饮食较简单，但早餐和茶点有特色。与法式西餐相比，英式西餐比较简单，肉类、禽类等大都整只或大块烹制。调味也较简单，口味清淡，油少不腻。英式菜的早餐却很丰盛，一般有各种蛋品、麦片粥、咸肉、火腿、香肠、黄油、果酱、面包、牛奶、果汁、咖啡等。另外，英国人喜欢喝茶，有在下午 3 点左右吃茶点的习惯，一般是一杯红茶或咖啡再加一份点心。不喝清茶，要在杯里倒上冷牛奶或鲜柠檬，加点糖，再倒茶制成奶茶或柠檬茶。如果先倒茶后倒牛奶会被认为缺乏教养。英国人把喝茶当做一种享受，也当做一种社交。

（3）英国人的穿着十分讲究。英国男子一般会有两套深色西装，上班或出席社交场合多穿西装，系领带或领结。若参加正式宴会、音乐会或看戏剧的时候，穿着更正式，要穿晚礼服。女士多穿西装套裙，保留在公共场所戴帽子的传统习惯。苏格兰男子的服装更是别具一格，长度及膝的方格呢裙，色调相配的背心和一件花呢夹克，无花纹的领带、长筒针织厚袜，裙子用皮质宽腰带系牢。但对年轻人来讲，衣着日趋随便，不成套的西装、便装夹克、牛仔服也都很常见。

（4）见面礼仪比较多样。握手是通用的见面礼仪，在社交场合，拥抱礼、接吻礼、吻手礼也是常见的见面礼仪。吻手礼是流行于欧美上层社会男士向已婚女士表示尊敬的一种见面礼仪。和上流社会贵族妇女或夫人见面，若女方先伸出手做下垂式，则将其指尖轻轻提起吻之。但女方如不伸手，则不吻。行吻手礼时，若女方身份地位较高，要支屈一膝作半跪式后，再握手吻之。

（5）英国有以下常见的节日。① 元旦（1 月 1 日）是苏格兰人重要的节日，在除夕夜要守岁，午夜 12 点，各教堂钟声大作，人们相互拥吻，祝贺新年；也有人会在午夜过后拜访亲友，并拿"顾迪"的小黑面包招待客人。② 复活节（春分月圆后第一个星期日），是基督教纪念耶稣被钉上十字架后死而复活的节日。这一天，虔诚的教徒要去教堂做礼拜，领取圣餐。复活节的传统食物有鸡蛋、野兔等。③ 国际劳动节（5 月 1 日），工人们举行集会和游行，农民载歌载舞，祈求风调雨顺。有的村庄还在这一天选一位少女做"少女皇后"并举行加冕仪式。④圣灵降临节（5 月最后一个星期一）。在这一天，英国各个教会组织要组织公益活动为慈善事业捐款，村镇的教堂会向做完礼拜的教徒投掷面包和干酪。⑤ 圣诞节是纪念耶稣诞辰的节日。当天，英国女王要通过广播和电视发表讲话，对英联邦居民表示祝贺。当天要吃圣诞餐，主菜是烤火鸡或烤鹅，还有一道圣诞布丁。圣诞餐后，全家人围坐在一起，享受天伦之乐。

**2. 英国的礼仪禁忌**

（1）不能加塞。英国人有排队的习惯。随时都可以看到他们一个挨一个地排队上公共汽车、火车或买报纸。加塞是一种令人不齿的行为。

（2）不能砍价。在英国购物，最忌讳的是砍价。英国人不喜欢讨价还价，认为这是很丢面子的事情。如果购买的是一件贵重的艺术品或数量很大的商品时，也需要小心地与卖方商定一个价钱。英国人很少讨价还价，如果他们认为一件商品的价钱合适就买下，不合适就走开。

（3）男士的收入和女士的年龄是禁忌话题。英国人非常不喜欢谈论男人的收入，甚至他家里的家具值多少钱，也是不该问的。如果问了一位女士的年龄，也是很不合适的，因为她认为这是她自己的秘密，而且每个人都想永葆青春，没有比对中年妇女说一声"你看上去真年轻"更好的恭维了。

（4）数字上的禁忌。英国人认为 13 和星期五是不吉利的，尤其是 13 日与星期五相遇更忌讳。这个时候，许多人宁愿待在家里不出门。他们忌讳四人交叉式握手，还忌点烟连点三人。

（5）动物上的禁忌。他们认为大象是愚笨的，孔雀是淫鸟、祸鸟，连孔雀开屏也被认为是自我吹嘘和炫耀。因此，英国人忌讳用大象、孔雀作服饰图案和商品装潢。

## 11.2.2　法国的礼仪习俗

法国位于欧洲西部，与比利时、卢森堡、瑞士、德国、意大利、西班牙、安道尔、摩纳哥接壤，其本土呈六边形，三边临水，南临地中海，西濒大西洋，西北隔英吉利海峡与英国相望。法国国土面积为 63.3 万平方公里，现有人口超过 6 500 万，是欧洲第二人口大国。法国的国花是鸢尾花，国鸟是公鸡，国石是珍珠。

### 1. 法国的礼仪文化

（1）法国人有如下特点。① 爱好社交，善于交际。对于法国人来说，社交是人生的重要内容，没有社交活动的生活是难以想象的。② 诙谐幽默，天性浪漫。法国人在人际交往中大都爽朗热情，善于雄辩，高谈阔论，好开玩笑。③ 渴求自由，纪律性较差。在世界上法国人是最闻名的"自由主义者"。"自由、平等、博爱"不仅被法国宪法定为本国的国家箴言，而且在国徽上明文写出。④ 自尊心强，偏爱"国货"。法国人拥有极强的民族自尊心和民族自豪感，在他们看来，世间的一切都是法国最棒。与法国人交谈时，如能讲几句法语，一定会使对方热情有加。⑤ 骑士风度，尊重妇女。在人际交往中法国人所采取的礼节主要有握手礼、拥抱礼和吻面礼。

（2）法国人对穿戴极为讲究。法国人对于衣饰的讲究，在世界上最为有名。所谓"巴黎式样"，在世人眼中即与时尚、流行含义相同。在正式场合，法国人通常要穿西装、套裙或连衣裙，颜色多为蓝色、灰色或黑色，质地则多为纯毛。出席庆典仪式时，一般要穿礼服。男士所穿的多为配以蝴蝶结的燕尾服，或是黑色西装套装；女士所穿的则多为连衣裙式的单色大礼服或小礼服。对于穿着打扮，法国人认为重在搭配是否得法。在选择发型、手袋、帽子、鞋子、手表、眼镜时，都十分强调要使之与自己着装相协调，相一致。

（3）法餐在西餐中享有盛誉，法国人也以自己的烹饪技术而自豪。此外，在法餐中不可或缺的香槟酒、葡萄酒、白兰地酒及甜品奶酪也都著称于世。法餐有以下基本特点。① 选料广泛、讲究。法餐的选料很广泛，如黑菌、洋百合、椰树芯、蜗牛等皆可入菜；而且在选料上很精细，这与普通的西餐有很大不同。② 讲究菜的鲜嫩。法餐要求菜肴水分充足，质地鲜嫩，如牛排一般只要求三四成熟，烤牛肉、烤羊腿只需七八成熟，而牡蛎一类大都生吃。③ 讲究原汁原味。法餐非常重视沙司的制作，一般由专业的厨师制作，而且什么菜用什么沙司，也很讲究，如做牛肉菜肴用牛骨汤汁，做鱼类菜肴用鱼骨汤汁。有些汤汁要煮8个小时以上，使菜肴具有原汁原味的特点。④ 用酒调味。法餐讲究做什么菜用什么酒，用量也很大，以致很多法餐都带有酒香气。典型的法餐有：洋葱汤、鱼子酱、鹅肝酱、牡蛎杯、焗蜗牛、西冷牛排、马令古鸡、马赛鱼羹等。

（4）法国有以下一些重要节日。① 帝王节（1月6日）。这一天人们纷纷购买含有蚕豆的一种甜饼。甜饼买到后，家中最小的成员，把眼睛蒙上，将甜饼分给大家，人皆有份。每人吃甜饼时都避免咬到蚕豆。吃到蚕豆的人将封为国王（皇后），并挑选他的皇后（国王）。全家人或朋友们举杯高颂：“国王干杯，皇后干杯。”② 圣蜡节（2月2日）。这是一个宗教及美食的双重节日。这一天，家家都做鸡蛋薄饼，鸡蛋饼煎得又薄又黄，像太阳似的金黄色，能引起孩子们极大的胃口。③ 法国国庆节（7月14日）。国庆前夕，法国所有的城市都会燃放烟火，整个巴黎的所有街道，人们载歌载舞。次日清晨，人们观看阅兵式。法国的大假开始了。④ 圣－喀德琳节（11月25日）。这是个地道的巴黎地方节日，为纪念当年的喀德琳女皇。25岁尚未婚嫁的年轻姑娘们梳妆成圣－喀德琳的模样。这些庆祝圣－喀德琳节的姑娘在位于与其同名的大街上的圣女雕像前献花圈。这一天人们戴上黄色和绿色的小帽子，一个比一个新颖。在大的女装店内，人们跳舞，喝香槟。当然复活节、圣诞节等也都是法国人的重要节日。

## 2. 法国的礼仪禁忌

（1）禁忌13和星期五。法国人大多信奉天主教，其次才是新教、东正教和伊斯兰教。他们认为“13”这个数字及“星期五”都是不吉利的，容易引发祸事。

（2）礼品赠送方面的禁忌。在人际交往之中，法国人对礼物十分看重，宜选具有艺术品位和纪念意义的物品，不宜选刀、剑、剪、餐具或是带有明显的广告标志的物品。男士向一般关系的女士赠予香水，也是不合适的。在接受礼品时若不当着送礼者的面打开包装，则是一种无礼的表现。

（3）鲜花赠送方面的禁忌。法国人喜爱花，生活中离不开花。赏菊是中国人的一种雅兴，但法国人却不同，菊花代表哀伤，只有在葬礼上才送菊花，切记不要送菊花。其他黄色的花象征夫妻间的不忠贞，千万别送。在法国，康乃馨被视为不祥的花朵，也不能送。牡丹花法国人也不喜欢。

（4）禁忌黄色和墨绿色。黄色在法国人眼里象征着不忠；因第二次世界大战期间德国纳粹军服是墨绿色，所以法国人讨厌墨绿色。

（5）法国人不喜欢的动物有孔雀、仙鹤和乌龟。

### 11.2.3　德国的礼仪习俗

德国位于欧洲西部，东邻波兰、捷克，南接奥地利、瑞士，西接荷兰、比利时、卢森堡、法国，北与丹麦相连并邻北海和波罗的海与北欧国家隔海相望。德国的国土面积约35万平方公里，现有人口8 200多万。德国的国花是矢车菊，国鸟是白鹳，国石是琥珀。

**1. 德国的礼仪文化**

（1）德国人有如下一些特征。① 守纪律，讲整洁。德国人非常注重规则和纪律，干什么都十分认真。凡是有明文规定的，德国人都会自觉遵守；凡是明确禁止的，德国人绝不会去碰它。德国人很讲究清洁和整齐，不仅注意保持自己生活的小环境的清洁和整齐，而且也十分重视大环境的清洁和整齐。② 守时间，喜清静。德国人非常守时，约定好的时间，无特殊情况，绝不轻易变动。德国人多喜欢清静的生活，除特殊场合外，不大喜欢喧闹。例如，许多人虽在城里上班，但却把家安在乡村或者城市附近的小镇，图的就是一个清静。③ 待人诚恳，注重礼仪。同德国人打交道没有太多的麻烦，多数情况下，他们都比较干脆。凡是他们能办的，他们都会马上告诉你"可以办"。凡是他们办不到的，他们也会明确告诉你"不行"，很少摆架子，或者给人以模棱两可的答复。德国人很讲礼仪，待人和气，彬彬有礼。

（2）德国人的穿着。德国人在穿着打扮上的总体风格，是庄重、朴素、整洁，不喜欢服装的花哨。德国人在正式场合露面时，必须要穿戴得整整齐齐，衣着一般多为深色。在商务交往中，他们讲究男士穿三件套西装，女士穿裙式服装。下班回到家里虽可以穿得随便些，但只要有客来访或外出活动，就一定会穿戴得整洁。在赴宴或到剧院看文艺演出时，男士经常穿深色礼服，女士则穿长裙，并略施粉黛。

（3）德国人的餐饮。德国菜以酸、咸口味为主，调味较为浓重，这符合日耳曼人和维京人这类粗犷的北欧人风格，讲究方便，粗犷，不拘小节。德国菜一般都是大分量，伴以啤酒，主食以肉类为主。德国菜最著名的是德国香肠，德国人喜欢肉食，尤其喜欢吃香肠。他们制作的香肠有1 500种以上，种类样式有咸的、烟熏的、酿馅的，有的加上芥末子，亦有用猪血做成的肉肠。著名的如"黑森林火腿"，可以切得跟纸一样薄，味道奇香无比。德国的啤酒也很著名，每年约产20亿加仑。德国于每年的9—10月间在慕尼黑市举办盛大的啤酒嘉年华会，每年吸引数百万世界各地的观光客前来参观。

（4）德国有以下主要节日。① 基尔周（每年6月第二周的周六开始，为期8天）。该节初为帆船节，后来增加了文艺活动，现已成为国际性的活动周。节日的第一天晚上，市政广场上点燃火炬，总统宣布活动周开始，来自各地的活动队、剧团在露天或室内舞台上争相献艺。基尔大学照例举办国际学术研讨会。在波罗的海的港口举行帆船比赛，场面十分壮观。② 啤酒节（每年9月和10月相交的两周中举行，为期14天）。啤酒节是德国巴伐利亚首府慕尼黑的民间传统节日。啤酒节开幕当天，由慕尼黑市长在黛丽丝草场上打开第一桶啤酒，拉开狂欢的序幕；然后人们载歌载舞，尽情畅饮两周。另外，基督教的各种节日也是德国的主要节日。

**2. 德国的礼仪禁忌**

（1）言谈的禁忌。与德国人交谈时，不宜涉及纳粹、宗教与党派之争。在公共场合窃窃私语，德国人认为是十分无礼的。

（2）禁忌使用纳粹标志。在德国使用纳粹标志的，最高可判有期徒刑 3 年。服饰、商品图案和包装上忌用纳粹标志。

（3）颜色的禁忌。德国人较为喜欢黑色、灰色，忌讳茶色、红色和深蓝色。

（4）赠送礼品的禁忌。向德国人赠送礼品时，不宜选择刀、剑、剪、餐刀和餐叉，因为有"断交"之嫌。按照德国送礼的习俗，若送剑、餐具，则请对方给你一个硬币，以免所送的礼物伤害你们之间的友谊。在赠送礼品时，忌用白色、黑色或咖啡色的包装纸装礼品，更不要使用丝带作外包装。

（5）鲜花使用的禁忌。德国人视郁金香为"无情之花"，送此花代表绝交。菊花象征着悲哀和痛苦，绝不能作为礼物相送。

## 11.2.4  意大利的礼仪习俗

意大利位于欧洲南部，包括亚平宁半岛及西西里岛、撒丁岛等岛屿。北以阿尔卑斯山为屏障与法国、瑞士、奥地利和斯洛文尼亚接壤，东、西、南三面临地中海的属海亚德里亚海、爱奥尼亚海和第勒尼安海。意大利国土面积为 301 318 平方公里，人口 6 000 多万。意大利的国花是雏菊，国鸟是红胸鸽，国石是珊瑚。

**1. 意大利的礼仪文化**

（1）意大利人有如下特征。① 热情、奔放，初次见面就会表现得十分热情。另外，意大利人对足球的狂热也看出这一性格特征。② 优雅。不要以为意大利人会热情得忘乎所以，他们可是欧洲有名的绅士，彬彬有礼绝不在英国绅士之下。意大利的球星基本上都是温文尔雅、风度翩翩。③ 散漫。散漫是意大利人的一种缺点。④ 实用。罗马人不同于古希腊人的最大特点就是实用主义精神。阿基米德在喊杀声中依然故我地研究数学，最终倒在罗马士兵的刀光剑影中。因此，意大利足球的防守反击战术有着极其深远的历史渊源。⑤ 艺术气质。意大利人的绘画、雕塑，无不精巧、华丽。

（2）意大利人的服饰穿着。意大利是一个很注重穿着的民族，如普拉达、古姿、芬迪、瓦伦帝若、迪赛、Miss sixty、范思哲、Maxmara 等都是意大利的服装品牌。意大利人非常的时尚，尤其是在那些国际性的展会上，从着装上一眼就可以看出谁是意大利人，他们很注重细节。每年流行什么，在你去他们国家的第一天，马上会知道。意大利人的民间服装，保留了许多古老的传统，所用质料有亚麻布、天鹅绒和丝绸。西西里岛上意大利男子的服装，以白色为主调。他们穿着白色的衬衣，衬衣领子是竖起的，并饰以刺绣。紧身裤也是白色的，有时罩上红色的背心和外套，上面也饰以刺绣花纹和穗带。白色的皮鞋上还装饰着红绒球。

（3）意大利菜是西餐之母。意大利的菜肴源自古罗马帝国宫廷，有着浓郁的文艺复兴时代佛罗伦萨的膳食情韵，素称"欧洲大陆烹调之母"，在世界上享有很高的声誉。意大利菜肴最为注重原料的本质、本色，成品力求保持原汁原味。意大利菜肴对火候极为讲究，很多菜肴要求烹制成六七成熟，而有的则要求鲜嫩带血。著名的意大利菜有佛罗伦萨牛排、罗马魔鬼鸡、那不勒斯烤龙虾、巴里甲鱼、奥斯勃克牛肘肉、扎马格龙沙拉、米列斯特通心粉、鸡蛋肉末沙司、板肉白豆沙拉子。与大菜相比，意大利的面条、薄饼、米饭、肉肠更上一层楼。意大利面条也叫意大利粉，名声很响。它分为线状、颗粒状、中空状和空心花式状4 个大类，用面粉加鸡蛋、番茄、菠菜或其他辅料经机器加工制成，最著名的是通心粉、蚬壳粉、蝴蝶结粉、鱼茸螺丝粉。意大利薄饼又名"比萨"，系将油蘸面胚置于比萨铁盘中添加多种馅料（如猪肉、牛肉、火腿、黄瓜、茄子、洋葱）烘烤而成，内有干酪番茄酱提味，上面还要点缀橄榄丝和鸡蛋丁。意大利米饭也叫"沙利托"。这是将洋葱丁、牛油与大米同炒，边炒边下葡萄酒使之吸干入味；或者是用豌豆、青菜、肉汤和大米同焖，口感香柔。意大利肉肠雅称"莎乐美"，形似粗长滚圆的擀面杖。外面有一层粉状的白霉，切开后嫣红欲滴，香气四溢。

（4）意大利有以下主要节日。① 宗教节日众多，90% 以上的意大利人信仰天主教，宗教节日如圣诞节、主显节、复活节、圣母升天节都是意大利人的主要节日。② 圣乔万尼节（6 月 24 日）。在这一天，佛罗伦萨市举行别开生面的传统足球赛，运动员们身穿16 世纪的古装参加比赛。赛前，身穿古代服装的仪仗队、乐队、舞旗手、裁判、教练员、运动员等浩浩荡荡从圣母玛利亚新教堂出发。他们敲着鼓、吹着号，边舞边唱，游行全城，最后来到举行比赛的圣十字广场。比赛的规则非常奇特，传球既可以用脚，也可以用手，奖品是一头牛。③ 赛马节（每年 7 月 2 日和 8 月 16 日）。锡耶纳（Siena）城在赛马广场举行街区之间的赛马，赛马争的是一面绘有圣母像的丝织锦旗。赛前，参加比赛的马先在教堂接受圣洗。然后，检阅穿着传统服装的仪仗队，舞旗手们则向观众献上一台精彩的耍旗表演。比赛的时候，赛马沿着跑道跑 3 圈。赛后，赢得胜利的街区举行盛大的庆祝活动，邀请各国旅游者出席他们的露天晚餐，豪饮葡萄酒。④ 水城威尼斯划船节（9 月份的第一个星期）。比赛这一天，一艘艘装饰特别的威尼斯小船列队组成了船队仪仗队，浩浩荡荡地行驶在威尼斯的大运河上。大运河两岸人山人海，人们在此争睹身穿古代服装的划船好手们的绝妙表演。

**2. 意大利的礼仪禁忌**

（1）意大利人的数字禁忌。受宗教信仰的影响，意大利人禁忌数字"13"和星期五，对数字"3"也没有好感。

（2）意大利人的言谈禁忌。意大利人比较忌讳外国人与其谈论政治观点、黑手党及美式足球等话题。在交往中忌讳使用爱人、老人家和小鬼等称呼。

（3）礼品赠送的禁忌。不宜将手帕、丝织品和亚麻织品作为礼物，在赠送鲜花时不宜赠送玫瑰和菊花，前者用于示爱，后者专用于葬礼，也不能送带有菊花图案的礼品。

（4）举止方面的禁忌。意大利人忌讳别人用目光盯视他们，认为目光盯视人是对人的不尊敬，可能还有不良的企图。在与不认识的人打交道时，忌讳用食指侧面碰击额头，因为这是骂人"笨蛋"、"傻瓜"。一般也忌讳用食指指着对方，讲对方听不懂的语言，这样做造成的后果将不可收拾。

（5）颜色方面的禁忌是紫色。

## 11.2.5　俄罗斯的礼仪习俗

俄罗斯全称是俄罗斯联邦，是世界上面积最大的国家，地域跨越欧亚两个大洲，与多个国家接壤。绵延的海岸线从北冰洋一直伸展到北太平洋，还包括了内陆海黑海和里海。俄罗斯的国土面积约为1 707万平方公里，人口约1.42亿。俄罗斯的国花是向日葵，国鸟是铁翅，国树是白桦树。

**1. 俄罗斯的礼仪文化**

（1）俄罗斯人有如下主要特征。① 勇敢顽强，坚忍不拔。俄罗斯人有很强的男子汉气概，对孩子从不娇生惯养，从小培养他们的勇敢精神。俄罗斯人崇拜英雄，新人的婚礼仪式之一就是向当地英雄纪念碑献花。俄罗斯军队具有很强的战斗力。② 自尊心很强。俄罗斯人很少崇洋媚外，更不会低三下四，甚至保留了一点大国沙文主义的味道。俄罗斯人自尊心很强的另一个表现是他们不容易认错。③ 急躁情绪。俄罗斯人总是急于解决问题，整个民族具有激进或偏激的倾向。俄罗斯人喜欢开快车甚至飙车。④ 真诚坦荡，豪爽义气。俄罗斯人做事喜欢直来直去，不喜欢拐弯抹角，遮遮掩掩，总是敢于直接表达自己的意见和看法。喜欢一是一、二是二的谈判风格，不喜欢耍阴谋和拖拖拉拉的作风。

（2）俄罗斯人的穿着。俄罗斯人很注重仪表。与吃相比较，俄罗斯人更偏爱穿，更看重外在的"包装"。所以，在穿着服饰上讲究色彩的和谐、整体的搭配。例如，他们家中的衣橱里起码备有3种不同场合穿着的衣服，即家居服、运动服、西服。在家穿休闲服，外出旅游穿运动服，上班则穿西服。三者不"张冠李戴"，也不马虎凑合，人们穿戴整齐，打扮得体。俄罗斯有两款大众化的传统服装——鲁巴哈和萨拉范，现在仍然受到女士的欢迎。"鲁巴哈"是传统的女装，其样式有点像长袖连衣裙，它没有腰身，穿着时须束腰带，上面点缀的漂亮图案是鲁巴哈的独特之处。鲁巴哈的款式多样，因地区而异。"萨拉范"为女士连衣裙，是一种在俄国曾十分大众化的服装，款式颇像今天人们穿的太阳裙或沙滩裙，但用途绝非像太阳裙那么单调，它是一年四季都可以穿的服装，常见的款式有冬尼卡式、科索科林式、直筒式、腰带式等。俄罗斯人很喜欢戴帽子。冬天当然是人人一顶大毛帽，春秋天还有不同的便帽，老太太在夏天会戴上一片棉布头巾。对俄罗斯人来说，一顶上好的毛帽子就是一融好行头，不惜花重金购买。

（3）俄罗斯人的姓名比较复杂。俄罗斯人的姓名全称由名字、父称和姓三部分组成，男女性别的不同，一般在词尾的变化中表现出来。此外，尚有各种各样的小名、爱称和昵称等。①"名字＋父称＋姓"的全称方式。在正式场合、陌生成年人之间相互介绍时、在正式公文、各种正式证件中，姓名的书写必须用全称，如"列夫·尼古拉耶维奇·托尔斯泰"。② 名字＋父称，这是俄罗斯人相互称呼的正式形式。在工作集体中，关系友好、熟悉的人之间的日常称呼可以直接使用名字；但是如果具有工作性质时，则要用正式的称呼，即名字＋父称。③ 名字＋姓，这是较为正式的称呼，是尊称，在各种场合都可使用，较为广泛。一个人成为名人后，有了一定的社会声望，一般使用名字＋姓的称呼；在海报、广播、剧场报幕等类似情况下，往往也用演员、作家、运动员的名字＋姓；记者、作家等在报道、摄影、写作等作品中，一般也只署名字＋姓。④ 只称姓氏。此外，在相互介绍和自我介绍时，往往只称姓氏，如"我来自我介绍一下，我姓彼得洛夫，是英语教师"等。大学生之间只用名字，少年儿童之间也只用名字，而且大多用爱称。成年人向少年儿童作自我介绍时，一般按儿童习惯，只说自己的名字。长者对年幼者、教师对学生、军官对士兵、技师对青年工人等，通常只用姓来称呼。

（4）俄罗斯美食有特色。相比精致的法餐，俄罗斯美食更加平民。俄罗斯美食的两个特点：肉多，油厚，口味比较重。俄罗斯大餐中，牛肉、鸡肉、鱼类出现的频率很高，蔬菜较少，最多是各种各样的沙拉；很多菜在做出来之后，都会额外地加上一层黄油，只有这样才能保证摄入更多的热量，以此抵御漫漫无边的寒冷。俄式菜的口味比较重，酸、甜、咸、辣各味俱全，并且喜欢用酸奶调味，喜欢生吃大蒜、葱头。典型的俄式菜有：鱼子酱、莫斯科烤鱼、红菜汤、黄油鸡卷、罐焖牛肉等。俄罗斯的酒最著名的就是伏特加。伏特加是俄罗斯的特色高度蒸馏酒，以谷物或马铃薯为原料，经过蒸馏制成高达95°的酒精，再用蒸馏水淡化至40°～60°，并经过活性炭过滤，使酒质更加晶莹澄澈，无色且清淡爽口，使人感到不甜、不苦、不涩，只有烈焰般的刺激，形成伏特加酒独具一格的特色。俄罗斯还有一种著名的饮料格瓦斯，也含有酒精。

（5）俄罗斯有如下主要的传统节日。① 送冬节（谢肉节），节期约在 2 月末、3 月初，为时一周。送冬节的前身是古斯拉夫人的春耕节。人们用烤成金黄色圆形小薄饼祭祀太阳，晚上则燃起篝火，烧掉用稻草扎成的寒冬女王像。这一周每天都有不同的安排，节日里，各地还举行化装游行，彩车上载着人们装扮的寒冬女神、俄罗斯三勇士等神话中的人物，人们载歌载舞送别寒冷的冬天，迎接温暖的春天。② 桦树节（节期在俄历每年 6 月 24 日）。桦树节的时候，家家户户都用桦树枝、矢车菊、铃铛装饰房间。节日里还要举行联欢会，女主持人被称作"小白桦"，还有化装游行，游行队伍簇拥着桦树，真是处处有白桦树。③ 祖国保卫者日（2 月 23 日）、卫国战争胜利日（5 月 9 日）、国家主权宣言通过日（国庆日）（6 月 12 日）、宇航节（为纪念加加林首次太空航行而定）也都是俄罗斯人的重要节日。

**2. 俄罗斯的礼仪禁忌**

（1）言谈话题方面的禁忌。俄罗斯人忌讳的话题有政治矛盾、经济难题、宗教矛盾、民族纠纷、前苏联解体、阿富汗战争，以及大国地位问题。

（2）数字方面的禁忌。和西方人一样，俄罗斯人禁忌"13"、"星期五"和双数，不喜欢数字"6"。俄罗斯人对数字"7"比较偏爱。

（3）礼品方面的禁忌有：忌赠送刀叉等有利刃或齿状物品；忌送手帕；忌送蜡烛；忌送野花；忌送黄色和三色以上混杂的花；忌送活猫；忌送空钱包。

（4）生活方面的禁忌有：忌黄色；忌坐桌角吃饭；忌看见兔子或黑猫横穿道路；忌左脚先下床；忌用死人触摸过的东西；忌亲人离家远行时打扫房间；忌打翻盐罐；忌就餐时照镜子；忌把面包底朝天倒放；忌在房屋里吹口哨；忌学猫头鹰叫；忌妇女不戴头巾进教堂；忌反穿衣服。

（5）俄罗斯人在饮食方面的禁忌有：忌食乌贼、海蜇、海参和木耳等食材。

# 11.3　美洲主要国家的礼仪习俗

## 11.3.1　美国的礼仪习俗

美国位于北美大陆。东临大西洋，西临太平洋，北接加拿大，南靠墨西哥湾，所属阿拉斯加州位于北美洲西半部，夏威夷州位于太平洋北部。美国，总面积937.26万平方公里，土地面积仅次于俄罗斯、加拿大、中国，名列世界第四位。美国现有人口已突破3亿。美国素有"民族熔炉"之美誉，这里几乎容纳了全世界各民族的人，80%以上是白人，其余有黑人、拉美移民、印第安人、华人等。美国的国花是玫瑰花，国鸟是白头海雕（秃鹰），国石是蓝宝石。

**1. 美国的礼仪文化**

（1）美国人有如下一些特征。① 开朗大方，易于接近。美国人大都喜交谈，不善隐瞒观点。经常看到几个美国人在一起侃侃而谈，其实，他们很多是才刚刚认识的。② 独立进取。美国人珍视自己的独立性，不依赖别人，也不喜欢别人依赖他们。在美国都鼓励孩子从小学会挣钱、独立自主。③ 信奉实用主义。这一特点从美国人的穿着上就可以看出来。美国人穿得很随便，他们认为舒适是最重要的，没有必要去搞那些华而无实的名堂。美国人不拘小节，不怎么注重修边幅，但是工作起来却非常认真，绝不马虎，喜欢自己动手做。④ 不安于现状，追求新奇。美国人常常搬家，经常更换工作，喜欢追求新奇和刺激的生活。⑤ 法制观念强。美国人认为法律是必须遵守的，如果当他们的权益受到侵害的时候，他们立即会用法律讨回他们应得的东西。

（2）美国人穿着追求随意、自然。总体而言，美国人平时的穿着打扮比较随意，崇尚自然，偏爱宽松，讲究着装体现个性，T恤牛仔就是这种着装文化的典型代表。但这并不表示美国人穿着没有规矩，他们在很多场合穿衣还是很讲究的。美国人有其穿衣规矩（dress code），在婚礼、派对、教堂礼拜、宗教节日、公务、工作、休闲等不同场合要穿不同的衣服，违背穿衣规范会被其他人耻笑。

（3）美国菜崇尚简单、便捷。一提到美国菜，人们便立马想到快餐。实际上美国菜并非快餐的代名词。美国菜是在英国菜的基础上发展起来的，继承了英式菜简单、清淡的特点，口味咸中带甜。美国人一般对辣味不感兴趣，喜欢铁扒类的菜肴，常用水果作为配料与菜肴一起烹制，如菠萝焗火腿、苹果烤鸭。从整体上来讲，美国人对饮食要求并不高。相对于传统西餐的烦琐礼仪，美国人的饮食文化简单多了。餐台上并没有多少刀叉盘碟，仅放着最基本的刀叉勺子各一把。据说，只有在非常正式的宴会或家庭宴客时，才会有较多的规矩和程序。

（4）美国有以下主要节日。① 元旦（1月1日）。在美国，元旦是辞旧迎新的节日，多数人喜欢在每年的最后一天聚集在一起，等候新年的钟声敲响。元旦的庆祝活动有两项特别引人注目，一是化装游行，二是玫瑰花比赛。它们与节日的保留节目——美式足球（橄榄球）一起构成了美国人欢度元旦的主要娱乐性内容。② 华盛顿诞辰日（2月第3个星期一）。这一天，人们喜欢吃一种用樱桃做的馅饼和玩纸制的小斧头。据说，这是因为华盛顿小时候曾用斧头砍坏了一棵樱桃树，事后他诚实地向父亲承认了错误。③ 美国独立日（7月4日）。1776年7月4日，由杰弗逊起草的《独立宣言》在费城大陆会议上正式通过，庄严地宣布美利坚合众国脱离英国而独立。通过《独立宣言》的这一天也成为美国人民永远纪念的节日，定为美国独立日。④ 感恩节（11月第4个星期四）。感恩节是美国人民独创的古老节日，也是美国人合家欢聚的日子。提起感恩节，人们自然就会想起火鸡这一味感恩节传统主菜。美国人吃火鸡很讲究，火鸡整只烤熟之后，主妇将它端到桌上，撒上各种配料，顿时满屋飘香。男主人用刀把火鸡切成薄片分给大家，浇上卤汁和盐花，味道十分鲜美。⑤ 圣诞节（12月25日）。圣诞节是美国最大、最热闹的节日。每年12月25日，全国都沉浸在一派喜气洋洋的节日气氛之中。12月24日被称为圣诞夜，圣诞节的庆祝活动从这一夜开始。半夜时分达到高潮，人们通宵达旦地进行各种庆祝活动，一直持续到天明，所以人们也称它是狂欢夜。

**2. 美国的礼仪禁忌**

（1）数字和日期的禁忌。美国人忌讳"13"、"星期五"、"3"，认为这些数字和日期，都是厄运和灾难的象征。

（2）动物的禁忌是讨厌蝙蝠，认为它是吸血鬼和凶神的象征。

（3）言谈方面的禁忌有三：忌问年龄；忌问别人买东西的价钱；忌在见面时说"你长胖了"。

（4）社交方面的禁忌有：忌握手时目视其他地方；忌向女士赠送香水、衣物和化妆用品；忌有人在自己面前挖耳朵、抠鼻孔、打喷嚏、伸懒腰、咳嗽等不文明行为；忌有人冲他伸舌头，认为这种举止是污辱人的动作。

## 11.3.2　加拿大的礼仪习俗

加拿大位于北美洲北部，处于美国的东北，东临大西洋，西达太平洋，南接美国本土，北濒北冰洋，东北隔着巴芬湾与格陵兰岛遥首相望，西北与美国阿拉斯加州接壤。国土总面积为997.61万平方公里，是世界第二大国，仅次于俄罗斯。加拿大现有人口约3 350万人，主要为英、法等欧洲国家的后裔。加拿大的国花是枫树叶，国鸟是加拿大黑雁，国石是麒麟石。

**1. 加拿大的礼仪文化**

（1）加拿大人有如下主要特征。① 加拿大人朴实、随和、友善、热情好客。见面一般握手致意，不像美国人那么随便。熟人之间用拥抱礼节。分手时也行握手礼。加拿大人常以家宴款待客人。② 加拿大人时间观念强，约会要事先约定，准时赴约。③ 加拿大多元化特征明显。加拿大是一个典型的移民国家，是世界各地人种的大熔炉，性格特征多元化。

（2）加拿大人穿着也较为随意。加拿大人的衣着与美国人相近，但不像美国人那么随便。在非正式场合，他们穿着随意，常着夹衫、圆领衫、便装裤等；在正式场合，如上班、上教堂、观看表演、赴宴等，他们着装整洁、讲究。男子穿西装，女子穿裙服。女子服装不太讲究面料，但讲究款式新颖、颜色协调、舒适方便。

（3）加拿大有以下主要节日。① 元旦（1月1日）。除夕夜好举行欢庆活动。他们将白雪作为吉祥物，堆放在住宅四周，筑成雪墙，认为这样可以阻挡妖魔。② 狂欢节（2月上旬至中旬）。庆祝活动持续10天，是魁北克省居民最盛大的节日，具有法兰西色彩。他们用白雪筑城堡，戴着红缨小绒帽，扎着红、绿、白三色腰巾，载歌载舞，选举"狂欢节王"和"狂欢节女王"，然后乘坐彩车游行，举行各种冰上体育比赛。③ 枫糖节（3至4月）。这是加拿大特有的节庆，人们欢歌曼舞，品尝枫糖糕和太妃糖。

**2. 加拿大的礼仪禁忌**

（1）加拿大有以下言谈方面的禁忌。① 不能询问年龄、收入、家庭状况、婚姻状况、女士体重等私人生活问题。② 不喜欢将加拿大与美国相比，不谈政治、家族、宗教、语言、魁北克法语区等社会敏感问题。③ 忌说"老"字，养老院称"保育院"，老人称"高龄公民"。

（2）加拿大社交方面的禁忌有如下几点。① 白色百合花用于丧礼，不能用作一般礼品。② 在家不吹口哨，不讲不吉利的事情，吃饭时不谈悲伤的事。③ 忌食动物内脏和肥肉。

### 11.3.3　墨西哥的礼仪习俗

墨西哥位于北美洲，北部与美国接壤，东南与危地马拉与伯利兹相邻，西部是太平洋，东部有墨西哥湾与加勒比海的阻隔，首都墨西哥城。墨西哥的国土面积约 197 万平方公里，现有人口约 1.12 亿。墨西哥的国花是仙人掌和大丽菊，国鸟是雄鹰，国石是黑曜石。

**1. 墨西哥人的礼仪文化**

（1）墨西哥人有如下特征。① 天生乐观豁达。有些墨西哥人为了去旅游度假，竟然会先把被子拿去当掉，然后高高兴兴地去度假，回来睡觉再想办法。只要他们有了一点钱，马上就会兴奋地计划去度假。② 对人热情坏心眼少。墨西哥人对人热情，刚刚认识感觉就像老朋友。他们人际关系简单，做人不势利，不会为了利益刻意结交和维持朋友关系。因此初次相识表现得十分热情，但可能很快就会把你忘得一干二净。③ 时间观念不是很强，效率不太高。最平常的情况是周五还在好好地上班，周一早上就不见踪影了，可是过了两个星期他还会像没事人一样地再回来上班。由于娱乐过度而耽误正常上班对墨西哥人来说更是家常便饭。

（2）墨西哥人的穿着兼具现代与传统。墨西哥人的穿着打扮，既具有强烈的现代气息，又具有浓厚的民族特色。在墨西哥人的传统服装之中，名气最大的是"恰鲁"和"支那波婆兰那"。前者是一种类似于骑士服的男装，看起来又帅又酷。墨西哥男士平时习惯戴一种宽沿的大草帽，穿着长条式的方格衬衫，有的还穿着紧身裤。女士一般穿裙式女装，穿起来让人显得又高贵，又大方。墨西哥人非常讲究在公共场合着装的严谨与庄重，在墨西哥出入公共场合时，男子一定要穿长裤，女士则务必要穿长裙。

（3）墨西哥的饮食文化。墨西哥是玉米之乡，许多人喜欢喝玉米面粥，吃玉米面饼，无论是穷人富翁，都视之为美味。他们款待外国宾客时，往往要上一道独具特色的家乡美味仙人掌佳肴，令客人赞叹不已。墨西哥盛产辣椒，墨西哥人也特别能吃辣椒，如若与中国四川人吃辣相比的话，他们是毫不逊色的。有些人甚至在吃水果时，都乐于撒上点辣椒面儿吃。墨西哥的土著阿斯特克人视青蛙、蝌蚪、龙舌兰虫、虾、蚂蚁、蟋蟀、水蝇、蝇卵等为美味食品，有些还被认为是上乘的佳肴。

（4）墨西哥有以下主要节日。① 2 月 5 日为行宪纪念日、2 月 24 日为国旗纪念日、3 月 21 日为华雷斯（Benito Jurez）诞辰纪念日、5 月 5 日为墨西哥战胜法国纪念日、9 月 16 日为国庆日、10 月 12 日为种族日、11 月 1 日为总统宣言纪念日、11 月 20 日为革命纪念日。② 宗教性节日有"圣周"宗教节、受难节、瓜达卢佩圣母节、圣诞节、亡灵节等。最著名的是亡灵节（11 月 2 日）。人们在墓地通往村庄或者小镇的路上撒了黄色的花瓣，让亡灵循着芬芳的小路归来。晚间，在家门口点上南瓜灯笼，为亡灵上门引路；在祭坛上摆着玉米羹、巧克力、面包、粽子、辣酱、南瓜、甜食、甜点等供品，让亡灵享用。在这一天，报纸会用整版的篇幅刊登总统、内阁部长与知名人士的骷髅漫画，配上墓志铭。被画成骷髅的人也引以为荣，表现出墨西哥民族乐观豁达的性格和对待死亡的幽默态度。

**2. 墨西哥人的礼仪禁忌**

（1）数字和日期禁忌。墨西哥人绝大多数信奉天主教，另有少部分新教徒。墨西哥人忌讳"13"、"星期五"，认为这些都是不吉利和令人可怕的数字和日期。

（2）颜色禁忌。黄色意味着死亡，红色花会给人带来晦气，紫颜色是一种不祥之色，因为只有棺材才涂这种颜色。墨西哥人普遍禁忌这3种颜色。

（3）动物禁忌。忌讳蝙蝠及其图案和艺术造型。因为他们认为蝙蝠是一种吸血鬼，给人以凶恶、残暴的印象。

（4）手势禁忌。墨西哥人忌讳用中国人惯用的手势来比画小孩的身高。用手心朝下，与地面平行地比画小孩头部的位置，在他们看来，这一手势只可用来表示动物的高度，他们会认为这是在侮辱人。

（5）饮食禁忌。墨西哥人在饮食上不喜欢油腻的菜品和用牛油烹调的菜肴，也不愿意吃用鸡油做的点心。

另外，墨西哥的某些土著族裔不喜欢照相和饮酒。恰姆拉人认为照相是一种十分可怕的巫术，相机能把人摄进黑洞里去，变成一个形体丑陋的魔鬼，所以他们非常反感照相。阿斯特克人把酒视为邪恶的源泉。如果青年人喝酒，定会被看成是大逆不道的行为，必然会受到严厉的惩处。

## 11.3.4　巴西的礼仪习俗

巴西位于南美洲东部。北界法属圭亚那、苏里南、圭亚那、委内瑞拉和哥伦比亚，西邻秘鲁、玻利维亚，南接巴拉圭、阿根廷和乌拉圭，东濒大西洋。面积851.49万平方公里，是拉丁美洲面积最大的国家，现有人口约1.87亿。葡萄牙语为官方语言。居民大部分信奉天主教。巴西的国花是毛蟹爪莲，国鸟是金刚鹦鹉。

**1. 巴西的礼仪文化**

（1）巴西人有如下特征。巴西友人很质朴，性格爽快善谈吐；心地善良又耿直，幽默风趣不粗鲁；坦率、豪放喜热闹，生来能歌又善舞；足球运动嗜成癖，人人酷爱又关注；待人友好又诚挚，热情礼貌世人瞩。

（2）巴西人的穿着。巴西的男子平时穿短裤和衬衫，但是上班或参加社交活动则必须衣冠楚楚。对于女士，在穿着上则没有严格的限制，她们通常喜欢穿色彩艳丽的裙装。巴西的黑人妇女习惯上身穿短上衣，肩披又长又宽的围巾，下身穿肥大的花裙。她们喜欢戴手镯，并在腰带上系上许多垂饰。

（3）巴西人饮食——咖啡＋烤肉＋黑豆。巴西菜讲究菜肴量少而精，注重菜肴的营养成分。一般不喜太咸，爱麻辣味道。巴西有"咖啡王国"之称。他们最爱喝咖啡，每天就像中国人饮茶一样，咖啡一杯接一杯地喝个够。"圣多斯"是巴西最有代表性的咖啡。巴西人的主食是"黑豆"，黑豆饭是巴西人每天必不可少的主食品。巴西的国菜"脍豆"也是用猪蹄、杂碎和黑豆做原料，放在砂锅内一起炖制的。"烤肉"是巴西人最喜欢吃的风味菜之一，又是一品国菜，还是一种大众菜。因此，许多巴西人家里都备烤炉，以备宴请宾客或自家享用。巴西人最爱吃里脊肉；大多数人都喜欢辣味菜肴。

（4）巴西人有以下主要节日。主显节（1 月 6 日）是纪念耶稣降生和受洗的双重节日，主显节又称"显现节"，上帝通过耶稣向世人显示自己。② 狂欢嘉年华（2 月中下旬）。巴西狂欢节被称为世界上最大的狂欢节。在巴西的狂欢节上，每个人都不愿表现自我，而是想成全别人。有的男人希望自己拥有女性的特征；而有的平时内向的女人则大跳狂热的舞蹈，尽量地模仿他人的敏捷和有力动作。狂欢节中常常出现"易装癖"，这是历史的产物。③ 复活节。复活节前有一个长达 40 天的大斋期，人们在斋期里禁止娱乐和肉食，进行反省和忏悔以纪念在复活节前三天遭难的耶稣，复活节要进行大肆的庆祝活动。④ 提拉登特斯日（4 月 21 日）。纪念 Tiradentes 这位独立运动英雄，会有大型的游行和各式各样的表演，最重要的是有当地的美食。⑤ 独立纪念日（9 月 7 日）。巴西最重要的节日之一，举国上下都会沉静在欢乐的气氛当中，有各种各样自行、官方组织的大型活动。

（5）巴西人的国技——足球和桑巴舞。足球是巴西人的生命和灵魂，足球不仅仅是体育运动，也是一种生活方式和生活态度。走在里约热内卢的海滩上，常常能看到一群人在沙滩上着迷地踢球，可是只要注意看就会发现，他们的乐趣并不在进球，而是与朋友们一起传球、盘带，享受快乐。巴西队历史上的足球名将有："球王"贝利、加林查、迪迪、瓦瓦、济科、法尔考、苏格拉底、罗马里奥、贝贝托、罗纳尔多。桑巴舞被称为巴西的"国舞"。在拉美这个最大的国度，桑巴舞之普及，有这样的说法：人不分男女老幼，平时跳，节假日更跳；在舞台上跳，在大街上也跳；白天跳，通宵达旦地跳。每当激越的音乐声起，人们总是激情难抑，不禁摆腿扭腰跳起来。

**2. 巴西人的礼仪禁忌**

（1）巴西人大多数信奉天主教，另外也还有少部分人信奉基督教新教、犹太教及其他宗教。他们忌讳数字"13"，他们普遍认为"13"为不祥之数，是会给人带来厄运或灾难的数字。因此，人们都忌讳见到、听到"13"。

（2）在同客人闲聊中，不愿议论与阿根廷有关的政治问题。他们对行文或通信中，别人代签或以印章替代签字的做法是不理解的，甚至认为这是不尊重对方的表现。

（3）他们忌讳紫色，认为紫色是悲伤的色调；忌讳绛紫红花，因为这种花主要用于葬礼上；他们还把人死喻为黄叶落下，因此，棕黄色就成凶丧之色，很为人们所忌讳。

（4）忌用拇指和食指连成圆圈，并将其余三指向上升开，形成"OK"的手势。认为这是一种极不文明的动作。

（5）对未经许可私人宅门的人是极为讨厌的。认为不怀好意的歹徒才爱这样做。送礼忌讳送手帕。他们认为送手帕会引起吵嘴和不愉快。

（6）巴西人饮食上忌吃奇形怪状的水产品和用两栖动物肉制作的菜品；也不爱吃用牛

油制作的点心。

# 11.4 大洋洲与非洲主要国家的礼仪习俗

## 11.4.1 澳大利亚的礼仪习俗

澳大利亚位于南半球，介于西南太平洋和印度洋之间，由澳大利亚大陆和塔斯马尼亚岛等岛屿及海外领土组成。它东濒太平洋的珊瑚海和塔斯曼海，西、北、南三面临印度洋及其边缘海。澳大利亚有"骑在羊背上的国家"、"牧羊之国"、"坐在矿车上的国家"、"岛大陆"、"南方大陆"、"古老土地上的年轻国家"、"淘金圣地"等别称。澳大利亚国土面积768万平方公里，人口超过2 000万。澳大利亚的国花是金合欢，国树是桉树，国鸟是琴鸟。

**1. 澳大利亚的礼仪文化**

（1）澳大利亚人有如下主要特征。① 无拘无束、崇尚自由。人们在日常生活中互相直呼其名（只称呼名，不称呼姓），老板和员工之间、教师和学生之间都如此。在澳大利亚的很多城市中午常常可看见穿笔挺西服的白领人士或白领丽人坐在建筑物门前的台阶上吃简单的午餐，如三文治或热狗。② 文明有礼，乐于助人。在人流稀少的街上行走的话，人们即使互不相识也会打招呼和问候。在路上遇到困难，其他人都会热心相助。③ 重视平等，互不歧视。他们认为谁也不比别人优越，谁也不能藐视别人，人们只有分工的不同，都是相互服务的，不应存在高低贵贱之分，理应相互尊重，强调友谊。④ 时间观念强，自律严格。澳大利亚人时间观念很强，会见必须事先联系并准时赴约。澳大利亚人有个绝对无法通融的习惯：每周日上午一定到教堂听道。澳大利亚人自古至今，一直严守"周日做礼拜"的习惯。

（2）澳大利亚人的穿着。澳大利亚人的穿着跟西方其他国家没有太多区别。男士多穿西服，打领带，正式场合打黑色领结；女士一年四季多穿裙子，社交场合则搭配西装上衣。年轻人比较喜欢穿牛仔裤，土著居民则赤身裸体或在腰间扎条围巾，比较讲究的土著会在身上也披条围巾。土著人的装饰品丰富多彩，有臂环、项圈、前额箍、骨制鼻针等。节日时，还会在身上涂抹各种颜色。

（3）澳大利亚人饮食特征同英国人近似。澳大利亚国内居民75%为英国移民的后裔。因此生活及饮食习惯基本与英国人相似，其口味喜清淡，忌食辣味菜肴，有的人还不吃酸味的食品，他们的菜肴一般以烤、焖、烩的烹饪方法居多。他们在就餐时，大都喜爱将各种调味品放在餐桌上，任其自由选用调味，而且调味品要多。澳大利亚一些岛屿上的人，把黏土视为美味佳肴。他们招待远方来客的最好食物就是各色黏土。澳大利亚物产丰富，特色饮食有袋鼠肉、皇帝蟹、鲍鱼和三文鱼等。

（4）澳大利亚的主要节日有新年（1 月 1 日）、澳大利亚日（1 月 26 日）、复活节（3 月份或 4 月份）、澳新军团日（4 月 25 日）、英女王寿辰（6 月的第二个星期一）、圣诞夜（12 月 24 日）、圣诞节（12 月 25 日）、节礼日（12 月 26 日）。这些节日中比较有澳洲特色的当属新澳军团日，英文名为"ANZAC Day"。主要是纪念 1915 年 4 月 25 日，在加里波利之战中牺牲的澳大利亚和新西兰军团将士，以缅怀他们为国牺牲的精神。

**2. 澳大利亚的礼仪禁忌**

（1）数字禁忌。澳大利亚人对"13"很讨厌，认为"13"会给人们带来不幸和灾难。

（2）称呼禁忌。澳大利亚人不喜欢"外国"或"外国人"这类称呼，认为这样会抹杀个性，因为人与人是不同的，应当区别对待，过于笼统的称呼比较失礼。

（3）举止礼仪。在澳大利亚，即使是很友好地向人眨眼（尤其是妇女），也会被认为是极不礼貌的行为。

（4）动物禁忌。澳大利亚人对兔子特别忌讳，认为兔子是一种不吉祥的动物，人们看到它都会感到倒霉，因为这预示着厄运将要临头。

（5）言谈禁忌。澳大利亚人忌讳"自谦"的客套语言，认为这是虚伪和无能或看不起人的表现。

## 11.4.2　南非的礼仪习俗

南非的正式名称是南非共和国。它位于非洲大陆的最南端。北部与纳米比亚、博茨瓦纳、津巴布韦、莫桑比克、斯威士兰诸国交界，东、南、西三面则分别为印度洋和大西洋所环抱。南非的国土面积约为 122 万平方公里，现有人口接近 5 000 万。南非的国花是普若蒂亚（帝王花），国鸟是蓝鹤。南非素有"彩虹之国"、"黄金之国"和"钻石之国"的美誉。

**1. 南非的礼仪文化**

（1）南非的文化变化无穷及多姿多彩。南非的建筑文化是欧洲、非洲及亚洲建筑特色的大熔炉，它有壮观的英国维多利亚式建筑、雅典的荷兰开普式建筑、回教清真寺及现代的房屋建筑，等等。南非的剧院、博物馆、艺术馆、土著村落及早期移民时期的欧式房屋都反映它足以傲世的文化内涵。南非的美食在大多数的餐厅里，都可享受到，无论是南非当地的或是国际的甚至娱乐、休闲文化在全国各地都可欣赏到。古典欧洲音乐、歌剧、芭蕾舞、非洲土著歌舞、亚洲印度舞及现代爵士、摇滚舞曲等都非常精彩。

（2）南非人的穿着。在南非，黑人受到西方文化的影响，也经常穿西装。但大部分黑人，特别是妇女保持着传统的服饰风格。城市中的南非人穿着打扮则基本西化，大凡正式场合，他们都讲究着装端庄、严谨。因此进行官方交往或商务交往时，最好穿样式保守、色彩偏深的套装或裙装，不然会被对方视为失礼。

（3）南非人的饮食。① 南非黑人的饮食，最家常的是一种称为 pap 的食物，它是用白玉米粉熬制凝结起来的粥，然后配以牛肉、羊肉或鸡肉与豆子炖的肉汁，以及各种酸甜可口的蔬菜沙拉。② 南非白人最喜欢的则是户外烤肉。每到周末假日，他们都呼朋唤友，或在自家院落，或在公园草坪围着烧烤炉及上面嗞嗞作响的肉排、香肠、玉米等。在某些地方能吃到非洲特有的野生动物（法律允许）的烤肉，如羚羊、斑马、鸵鸟等。③ 南非如宝茶是南非雪松山脉特有的一种香草药，是著名的南非特产，因具有其他名茶所无法比拟的神奇功效，被誉为"南非三宝"。南非如宝茶系纯天然绿色饮品，不含咖啡因，富含多种人体必备的天然元素，同时含有丰富的矿物质。

（4）南非人的主要节日有：人权日 3 月 21 日；独立日 5 月 31 日；自由日 4 月 27 日；青年日 6 月 16 日（纪念 1976 年索韦托惨案）；和解日 12 月 16 日（阿非利卡人的节日，祖鲁人称之为和解日）。另外，基督教、天主教、伊斯兰教的宗教节日也是南非人的重要节日。

**2. 南非的礼仪禁忌**

（1）不要说 negro 和 black 等强调肤色的词语。非洲人对 negro、black 二词不但有抗拒心理，而且不承认它的含义。强调肤色，在非洲是最大的禁忌。因此，称呼非洲人，最好照他们的国籍来称呼。非洲人一般说来国家意识相当强烈，直呼其国名，他们听来就很受用。

（2）不要随意拍照。若在那些脏乱地区兴致勃勃地拍照，同行的当地人会提出抗议，甚至不肯当向导。非洲人普遍认为相机对准某物，拍下镜头，某物的"精气"就给吸收殆尽，此事自是非同小可。人、房屋、家畜一律不准拍摄。如想拍摄，之前最好向对方先打个招呼，获得同意之后再行动，以免被投石、被吊或挨一顿揍。

（3）不要瞪着眼睛看当地人。南非有个迷信的说法：有人瞪着看你时，被瞪看的人不是灾祸必至，就是死神要找上门。在南非，跟当地人交谈或碰面的时候，不能目不转睛地瞪着对方，这么做对方一定大感不悦。

（4）南非人的言谈禁忌有：不要为白人评功摆好；不要评论不同黑人部族或派别之间的关系及矛盾；不要非议黑人的古老习惯；不要为对方生了男孩表示祝贺。

思 考 题

1. 礼仪规范受哪些因素的影响？
2. 基督教国家在礼仪上有哪些共同的节日和礼仪禁忌？
3. 佛教国家主要的礼仪活动有哪些？礼仪禁忌有哪些？
4. 伊斯兰教国家的礼仪规范和礼仪禁忌有哪些？
5. 谈谈在涉外会展实务活动中，哪些活动最易受到国家、民族差异的影响。

# 参考文献

［1］姜瑞华，张玉会．会展礼仪．大连：东北财经大学出版社，2009.
［2］姜桂娟．公关与商务礼仪．北京：北京大学出版社，2010.
［3］文源．礼仪常识全知道．北京：中国工人出版社，2011.
［4］金正昆．商务礼仪．北京：北京大学出版社，2006.
［5］饶雪梅．会展礼仪．北京：中国劳动社会保障出版社，2006.
［6］杨海清．会展礼仪商务．北京：对外经济贸易大学出版社，2007.
［7］金正昆．公司礼仪．北京：首都经济贸易大学出版社，2003.
［8］金正昆．服务礼仪教程．北京：中国人民大学出版社，2001.
［9］王思忠．礼仪基础知识．上海：华东理工大学出版社，2000.
［10］"会展策划与实务"岗位资格考试系列教材编委会．会展礼仪．北京：旅游教育
　　　出版社，2007.
［11］王水华．公关与商务礼仪．南京：东南大学出版社，2004.
［12］林有华．社交礼仪．北京：高等教育出版社，2003.
［13］东方晓雪．涉外礼仪．郑州：中原农民出版社，2005.
［14］高晓梅．商务应用文．大连：东北财经大学出版社，2008.
［15］http：//www. zhlyw. net.
［16］http：//lz. book. sohu. com/serialize – id – 9666. html.
［17］http：//lady. cn. yahoo. com/yxk/20091002/t5s_4. html.
［18］http：//hi. baidu. com/anyaohui/blog/item/b5cbd7fe03b786395c6008bd. html.
［19］http：//www. docin. com.
［20］http：//www. doc88. com.
［21］http：//www. 360doc. com/content/09/1204/18/130196_10368157. shtml.